JN437475

아버지의 향기

김경희 수필집

아버지의 향기

도서출판 청옥
ChungOk

아버지의 향기

2022년 11월 20일 초판발행
글_김경희
kkh6794@hanmail.net
펴낸곳_도서출판 청옥
25752 강원도 동해시 평원로 40
전화 033-522-5800
팩스 033-535-1116
okco@hanmail.net

ISBN : 978-89-92445-01-6

· 본 도서는 강원도·강원문화재단 후원으로 발간하였습니다.
· 본 도서의 국립중앙도서관 출판도서목록은 서지정보유통지원시스템 홈페이지(http://seoji.nl.go.kr)에서 이용하실 수 있습니다.

값 16,000원

작가의 말

늦깎이 대학생이었을 때 전공과목 교수님이 '문학은 무엇인가, 글은 왜 쓰는가?'라는 과제를 냈습니다. 1학년이었고, 문학이 무엇인지 한 번도 생각해보지 않았기에 당연히 내가 왜 글을 쓰려고 하는지도 몰랐습니다. 비평 서적을 찾아 읽었지만, 이해하기 어려운 말들만 가득했습니다.

인제 와서야 조금 보이는 것 같습니다. 문학은 글을 쓰는 학문이며, 글쓰기는 뿌리에서 주렁주렁 고구마가 달려 나오듯 나를 감싸고 있는 이야기를 꺼내는 것이라고. 누구나 마음속에 소설책 몇 권 지어낼 이야기가 있고, 그것을 풀어내는 것이 문학이며 글짓기라는 것을. 나의 경우에는 나를 보호하기 위해 스스로 장막을 치고 여기까지야, 더 나가면 안 돼, 하면서 억압이라는 도수 높은 안경을 쓰고 살았기에 세상과 사물을 바로 보지 못했습니다. 그렇게 갇혀 있던 나를 꺼내고, 나를 억압했던 늪에서 벗어나는 길이 글쓰기인 것 같습니다.

어릴 적부터 나는 사는 것에 아무런 의미를 두지 않았습니다. 오빠가 열아홉에 죽었고, 큰언니가 죽음의 문턱까지 갔다가 온 때가 열아홉 살이었습니다. 나도 아주 아팠고, 나의 생도 열아홉이 끝이었습니다. 그 이상이란 없는 줄 알았습니다. 은연중에 언제 죽을지도 모르니 죽을 때까지 잘해 주자는 부모님의 마음을 읽었는지도 모르겠습니다.

그렇게 나이를 먹고 제대로 할 수 있는 일 하나 없으면서 결혼했습니다. 부모에게서 아니 나를 억압했던 것으로부터의 도피처가 결혼이었습니다. 하지만 결혼 생활은 만만치 않았습니다. 나는 결혼이 모든 것을 해결해 줄 줄만 알았던 철부지였습니다. 받는 것에만 길들여졌고 아프다는 이유로 눈감아주던 부모 형제가 아닌 다른 사람과 생활해야 한다는 것을 미처 몰랐던 나는 다시 아프기 시작했습니다.

우연한 기회에 공부하게 되었고, 서툴게나마 글을 쓰게 되었습니다. 나의 글쓰기는 나를 지배하고 있는 억압에서 벗어나고자 하는 욕망에서부터 시작되었다고 할 수 있습니다.

아련한 유아적 기억을 떠올리노라면 뿌연 안갯속에 보일락 말락 한 보랏빛 물감을 뿌려놓은 듯 환상 속 같기도 한 그 빛의 생성 이유를 찾고 싶어졌습니다. 나에게 있어 그것이 불안의 표시였고 거기에서 벗어나고자 하는 내 자아에서 발산하는 빛이었다는 것을 나중에야 알게 되었습니다. 어릴 때부터 몹시 아팠던 나는 가위에도 자주 눌렸습니다. 그것은 늘 내 꿈에 살아있었고 누구나가 그런 꿈과 그만한 불안 속에 살아가고 있는 줄 알았습니다. 그건 아무나 경험한 것이 아니라는 걸 알게 되었지만, 그곳에서 빠져나오려고 해도 빠져나올 수 없었습니다.

이젠 그 보랏빛이 어디서 왔으며 왜 보랏빛이 나를 지배하는 색이 되었는지 조금 알게 되었고, 보랏빛 안개의 사슬에서 벗어날 수 있을 것 같습니다. 어느 날부터 나는 즐거운 꿈의 날개를 입고 꿈속을 유영하며 편안한 아침을 맞이할 수 있게 되었습니다. 그건 글을 쓸 수 있어서 내 마음 저 깊은 곳에 가라앉아 있던 불안이라는 쓰레기를 꺼내서 마주 대하게 되었기 때문입니다. 해서 내 글은 아름답지도 즐겁지도 않을 수 있습니다. 마음이 아프고 안타깝기도 합니다. 가끔 너무나 안타까워서 안고 다독여주고 싶기도 합니다. 앞으로 얼마나 내 안에 있는 나를 더 꺼낼 수 있을지 모르겠지만, 이제부터는 내 주위의 아픈 이들을 돌아보고 어루만질 수 있는 글을 쓰고 싶다는 소망을 가져봅니다.

사람은 혼자 살 수 없고 누군가가 무엇인가를 하려고 한다면 온 우주가 반드시 도와준다는 말이 있습니다. 내가 글을 쓰게 된 것도 오롯이 나만의 의지로 된 것은 아니라고 생각합니다. 많은 사람이 나를 아끼고 함께해 준 데에 힘을 얻었습니다. 역시 이 책을 엮기까지 주위의 많은 사람의 도움도 받았습니다. 나를 있게 한 부모님과 주위의 모든 분께 감사드립니다. 특히 곁에서 응원을 아끼지 않은 남편에게 고맙고, 글쓰기의 지도를 꾸준히 해주신 권석순 교수님께 감사의 마음 전합니다.

2022. 10.

차례

1부 아버지의 향기

2부 엄마와 기차

3부 열세 번째 이사

4부 호박이야기

5부 가을에 핀 목련

6부 엄마의 항아리

1부 아버지의 향기

아버지의 향기

가을의 향기는 언제나 달콤하다. 황금빛 들판이 달콤하게 느껴지기 때문일까. 아니면 수확하는 모든 것이 달콤한 맛을 내기 때문일까. 이런 것들을 포함해서 아버지의 가을이 달콤했기 때문인 것 같다. 그랬다. 아버지의 손끝에서 나는 모든 것이 가을의 향기였으며 달콤한 맛이었다.

논이 누렇게 익어갈 때쯤이면 아버지는 언제나 지게를 지고 집을 나가셨다. 동이 트기도 전에 깊은 산으로 퇴비 하러 가셨다가 해가 서산으로 넘어가기 직전에야 집으로 오셨다. 내가 온종일 뛰어놀다가 집으로 돌아오면 그제야 아버지는 당신의 몸피보다 몇 배나 되는 풀을 짊어지고 마당으로 들어오시곤 하셨다.

온종일 산을 오르내리며 풀을 베느라 땀을 흘린 고단함도 등 뒤에 감춰 버리고 환하게 웃으며 아버지는 지게 위를 손가락으로 가리키신다. 그곳에는 산 다래와 깨금이 주렁주렁 달려 있다. 아버지는 일부러 다래와 깨금을 가장 바깥에 올려놓고 지게에 끈을 묶어 놓으셨다. 우리는 때를 기다리고 있었듯 바로 지게로 몰려간다. 알맞게 익은 산다래는 몰랑몰랑하고 입 안에 넣으면 달콤한 맛이 부드럽게 녹았다. 다래를 다 찾아 먹었으면 그다음엔 깨금을 먹을 차례다.

깨금은 은행처럼 생긴 열매인데 어금니로 깨물면 딱 하는 소리와 함께 껍질이 두 조각으로 쪼개지고 그 사이에서 빠져나온 속살은 그야말로 깨소금보다 더 고소했다. 그때 우리는 그것을 깨금이라고 했는데 아무리 설명해도 우리 자매 외에는 이름조차 알아주는 사람이 없다, 아쉽게도.

우리가 깨금이라고 부르던 열매에 대해 오랜 세월이 흐른 후 알게 되었다. 표준어로는 '개암'이라고 하고 깨금발이라고도 한단다. 아마 '깨금발이'의 '발이'는 떼어 버리고 '깨금'이란 말을 우리는 그 열매의 이름으로 알고 있었던가 보다. 개암이 "혹부리 영감"이라는 동화에 나오는 열매라는 것을 알았을 때는 무척 신기하기도 했다.

그 시절 우리는 아버지의 지게에서 다래와 깨금을 따 먹는 즐거움에 빠져서 아버지가 먼 곳까지 다녀오시느라 얼마나 고단하신지 알지 못했다. 어쩌면 아버지가 우리를 위해 산 다래와 깨금이 달린 나뭇가지를 꺾어 오시는 것을 당연하게 여겼던 것 같다. 그리고 따서 먹기 좋게 지게에 얹어 오시는 것만 좋아했다.

아버지는 오일장이 서는 날이면 읍내에 가신다. 지인들 만나 막

걸릿잔 기울이시다가 저물녘이 되면 자반고등어 한 손을 들고 집으로 오셨다. 술이 거나하게 취한 아버지는 마당으로 들어서면서 내 손을 잡고는 손바닥에 무엇인가를 슬그머니 쥐여 주곤 하셨다. 담뱃재가 묻은 커다란 알사탕이다. 담뱃재를 툭툭 털어내고 입에 넣었는데도 매콤하면서도 쌉싸래한 담배 맛이 혀끝을 자극한다. 혀로 한 번 굴린 사탕을 다시 손바닥에 뱉는다. 입에 있는 침을 뱉어내고 다시 입에 사탕을 넣었다가 침 뱉기를 몇 번 반복해도 괜찮다. 다음에 음미할 달콤한 사탕의 맛은 담배 맛 정도쯤이야 금방 잊을 수 있으니까. 그 사탕이 얼마나 맛있는지 장에 다녀오시는 아버지 주위를 은근히 맴돌며 손잡아 주기를 고대했다.

아버지의 주머니에서 맛난 것이 쏟아질 때가 또 있다. 잔칫집에 다녀오실 때다. 그때는 사탕과 센베이 과자, 누런 종이에 싼 떡, 그런 것들이 있었다. 당연히 아버지 손에는 담뱃재가 묻어 있다. 그래도 우리는 서로 먹을 것을 받으려고 아버지 옆에서 서성이곤 했다.

어릴 적 우리 밭에는 가을이 참 풍성했다. 대추가 익어가고 알밤이 뒹굴었다. 사과는 빨갛게 익어 주렁주렁 탐스럽게 달렸다. 대추는 나무에서 따먹으면 되고, 밤은 주워서 까먹으면 되고, 사과도 빨갛게 익은 것을 따먹으면 된다. 하지만 아버지의 손을 거쳐서 우리 입으로 들어오면 더 달콤하고 맛났다.

아버지가 장대로 탁탁 떨어놓은 대추를 주워서 먹을 때가 가장 달다. 소죽 끓이는 아궁이에 아버지가 열십자로 칼집을 내어서 구운 후 껍질을 깨끗이 까서 주는 군밤을 야금야금 받아먹는 그 맛이 세상에서 제일이었다. 낮에는 신나게 밖에서 놀다가 저녁을 먹은 후 아버지가 썩은 곳을 도려내고 건네주는 사과는 참 달콤했다. 거의 잘려 나가고 반쪽만 남은 사과를 아버지는 그냥 주지 않는다. "깨끗하고 이쁘게 생긴 사과가 맛있나, 흠집 있는 곳을 도려내고 먹는 이런 사과가 더 맛있나?" 꼭 물어보신다. 우리는 누가 먼저랄 것 없이 "흠 있는 사과가 더 맛있어요"라고 큰 소리로 대답한다. 아버지께서는 성한 사과는 돈을 만들어야 해서 자식들에게 한쪽이 썩거나 새가 쪼아 먹은 그야말로 흠집이 난 사과를 먹게 하는 것이 미안하셨는지 그렇게 농담처럼 물어보시곤 했다. 아삭, 사과 깨무는 소리에 흐뭇한 웃음이 아버지 입가에 번지는 것을 동시에 느낄 수 있었다.

웃음 잃지 않고 즐겁게 살려고 하시던 우리 아버지, 그 여유와 유머가 우리에겐 활력소였다. 가을이 되면 아버지로 인해 달콤함을 즐겼던 유년의 기억을 떠올리곤 한다. 당신 입에 들어가는 것보다는 자식 입에 맛있는 것 한 번 더 먹이고 싶어 하셨던 그 마음, 가을이 익어가는 것을 느끼면서 아버지의 사랑이 배어 있던 달콤한 향기를 다시 꺼내 음미해 본다.

아버지의 구들장

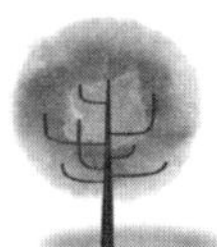

어둠이 걷히지도 않았는데 흔들어 깨우는 손길이 있다. 어제저녁의 약속은 까맣게 잊고 잠에 취해서 일어나지 않았다. 아니 일어나기가 싫었다. “못 일어나겠으면 그냥 더 자라”는 아버지의 말소리에 화들짝 잠이 달아났다.

아버지는 언제 일어나셨는지 벌써 달구지에 소까지 매어 놓으셨다. 먼 길 떠날 준비를 마친 것이다. 세수는 했는지 아침밥은 먹었는지 기억도 없다. 어쨌든 나는 아버지의 소달구지를 타고 한참을 갔다.

어릴 적의 기억은 조각조각이다. 아버지와 함께 구들장을 구하러 달구지를 타고 갔던 기억과 일어나기 싫어했던 가느다란 느낌이 있으나 연결되지는 않는다. 흩어진 퍼즐을 맞춰본다.

농한기가 되면 아버지는 집을 손질하셨다. 새끼를 꼬고 이엉을 만들고 지붕을 새로 얹었다. 그리고 구들이 내려앉을 때는 구들장을 새로 놓기도 하셨다. 주위에서 구들장이 될 만한 돌을 구할 수가 없어 먼 곳까지 가셔야 했다.

전날 아버지를 졸라서 데리고 가겠노라는 약속을 받아내고서야 잠이 들었던 것 같다. 아버지는 소달구지를 타고 반나절을 혼자 가셔야 하는데 어린 딸이지만 동무 삼아 같이 가는 것을 좋아하셨을까, 아니면 일하는데 방해꾼을 데리고 가는 것 같아서 귀찮게 생각하셨을까. 가물가물 아지랑이처럼 떠오르는 아버지의 얼굴은 환했던 것 같다. 그러니까 아버지는 어린 딸을 데리고 가는 것이 즐거우셨나 보다.

햇볕이 뜨겁게 쏟아지는 낯선 곳에서 나는 소와 달구지를 지키며 아버지를 기다린다. 아버지는 지게를 지고 산속으로 들어가셨다. 나는 지게가 조그마한 점으로 사라진 곳을 마냥 바라보고 있었다. 아버지는 널따란 돌 한 장을 지고 오셨다. 두 장도 아니고 겨우 한 장을 내려놓고 아버지는 크게 숨을 내쉬셨다. 반기는 나를 뒤로하고 아버지는 다시 산속으로 사라지곤 하셨다. 머리 위에 있던 해가 서쪽 산꼭대기에 다다를 즘에야 아버지는 나를 구들장 위에 앉히고는 이랴, 하며 소를 몰았다. 덜거덕덜거덕 달구지 위에서 잠이 들었는지 집에는 언제 도착했는지 기억에 없다.

아버지는 손수 진흙을 반죽해서 구들장을 놓아 방바닥을 완성하셨다. 그러고는 생솔가지를 아궁이 한가득 밀어 넣으셨다. 굴뚝 밖으로 연기가 힘차게 솟구치는 것을 보시면서, “이만하면 잘 됐지, 내가 일은 잘하지”라며 벙글벙글 웃기까지 하셨다.

며칠 전 몸이 아주 아팠다. 힘에 부칠 만큼 일을 하지 않은 것 같은데, 이대로 못 일어나고 병원에 실려 가는 건 아닐까 할 정도로 겁이 났다. 온몸에 고통이 심했다. 척추에 지병이 있어서 몸으로 하는 일을 할 때는 조심해야 하는데 무리했나 보다. 평소에 아프던 허리에는 통증이 없고 다른 곳이 아팠다. 병원에 다니고 약을 챙겨 먹어도 계속 아팠다. 의사 선생님도 이유를 모르겠다고 하니 쉬는 수밖에 방법이 없었다. 지병 때문에 언젠가는 큰 수술을 해야 한다고 각오하고는 있었지만, 아직은 수술 받고 싶지 않다.

머리가 쑤시고 다리도 아프다. 허리에 조금씩 통증이 일더니 종아리 쪽으로 저릿저릿하게 통증이 느껴졌다. 다리를 옮겨 놓기가 힘에 겨웠다. 부디 척추에 무리가 가지 않았기를 바랐다. 물리치료를 받을까 아니면 사우나에 가서 뜨겁게 찜질해 볼까, 이런저런 궁리를 하다가 우선 집에서 할 수 있는 방법을 찾아서 해보기로 했다. 마침 아버지가 놓은 구들장, 아랫목에서 잠을 자던 어릴 적이 생각났다. 배가 아플 때 따뜻한 아랫목에 엎드려 있으면 어느새 아픈 것이 사라지고 스르르 잠이 들곤 했던 그때가.

집에 숯 침대가 있다. 숯 침대는 아버지의 구들장은 아니지만, 숯을 압축시켜 만든 네모난 조각을 맞추어 놓은 것이 구들장을 깔아놓은 모양과 어딘가 닮았다. 따뜻하게 해놓고 누워있으면 아픈 곳이 낫지 않겠느냐는 생각이 문득 들었다.

침대에 열을 가하고 이불을 덮고 누워있자니 포근하고 편안했다. 매일 잠을 자던 곳인데 마음먹기에 따라 이렇게 느낌이 다를 수 있다는 것에 놀랐다. 평소보다 온도를 높여 놓아 뜨거웠고 답답했다. 이불을 걷어내고 싶었지만, '이 자리는 옛날 아버지가 놓은 구들장이야'라며 억지로 나를 세뇌했다. 허리와 다리에서 오는 통증 때문에 며칠 동안 잠을 못 잤는데 오랜만에 푹 잤다.

아침에 일어났는데 몸이 가벼웠다. 오른쪽 다리에 힘이 생긴 것이 느껴졌다. 이리저리 흔들어 보았다. 머리에서 명령하는 대로 움직여주었다. 하나도 아프지 않았다. 아버지가 놓은 구들장 위에서 편하게 자고 일어난 그때처럼.

아버지의 두 얼굴

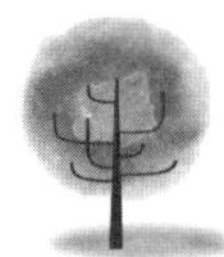

파란색 신호등이어서 길을 건너려는데 파란색이 점멸한다. 뛸까 망설이다가 걸음을 멈춘다. 신호등이 빨간색으로 바뀐다. 파란색에서 빨간색으로 바뀌는 얼굴. 눈앞에 클로즈업된다. 아버지의 얼굴이다.

아버지는 술만 드시면 딴 얼굴이 된다. 아버지가 왜 그럴까 하는 생각을 늘 했다. 평소에 아버지는 참 좋은 사람이었다. 모든 일에 솔선수범이었고 불의를 보면 참지 못했다. 아버지는 평생 손에서 일을 놓지 않을 만큼 부지런하셨다.

그와 동시에 아버지는 두려운 사람이기도 했다. 붉은 얼굴로 바뀌는 신호등과 마주하자 시시때때로 우리 가족을 떨게 했던 아버지의 모습이 눈앞에 떠오른다. 1920년에 태어난 아버지는 18세 때에 세 살 어린 엄마를 만나 가장이 되었다. 아버지는 원래 두 얼굴이었을까.

술자리 즐기시고 노래 좋아해서 아버지 주위에는 늘 사람들이 많았다. 동네에 크고 작은 행사가 있을 때도 늘 앞장섰기 때문에 아버지는 환하게 돋보였다. 사람들에게 아버지는 좋은 사람이었다. 동네에 장례식이 있는 날이면 꽃상여 앞에서 요령을 흔드는 상두꾼이 아버지다. 맨 앞에서 요령을 딸랑딸랑 흔들며 구슬프게 선창했다. "간다, 간다, 나는 간다"고 하는 아버지의 소리에 이어 상여를 메고 뒤따르는 상두꾼들이 "간다, 간다, 나는 간다"를 후창했다. 애도의 날이라는 것도 잊어버리고 나는 어떤 다른 세계로 여행하는 것 같았다. 꽃상여도 예뻤지만, 아버지의 애절한 그 목소리에 빨려 들어가 어느 꽃밭에서 편안한 휴식을 취하고 있는 것처럼 아늑한 기분에 젖기도 했다.

포도가 익을 때쯤 우리 마을에서 풋구라는 행사가 있었다. 사전에 찾아보니 내가 알고 있는 풋구는 풋굿이 지역마다 이름을 다르게 불렸다고 쓰여 있다. 풋굿은 호미씻기라는 순수 우리말이 있으며, 농촌에서 논매기를 마치고 벌이는 행사라고 한다. 음식을 장만하고 마을 전체가 즐기는 연례행사이다.

우리 마을에서도 풋굿은 연례행사였다. 풋굿 날은 동네잔치이니만큼 온 동네에 기름 냄새가 진동한다. 땅의 평수만큼 부침개를 부친다. 우리 집 마당에는 동네 아주머니들이 모여서 부침개를 부쳤다. 솥뚜껑을 뒤집어 놓고 끝을 납작하게 다듬은 감자로 기름을 고루 두르고 부침개를 부쳤다. 우리는 입맛을 다시며 옹기종기 앉아 있다. 그래도 부침개가 큰 소쿠리에 가득 찰 때까지 우리의 입으로 들어오지는 않는다. 어쩌다가 예쁘게 부쳐지지 않았거나 찢어진 것이 있으면 굽고 있는 아주머니의 입으로 들어간다. 그때 엄마가 조금 떼서 건네주는 부침개 맛은 진짜 맛났다.

그렇게 정성껏 장만한 음식은 우리가 평소에 숨바꼭질하며 놀던 동네에서 가장 큰 나무인 당산나무로 가져간다. 남자 어른들이 제사 지내고 나면 본격적인 잔치가 시작된다. 장구·북·꽹과리·징 소리가 신명 나게 동네를 한 바퀴 돈다. 그중에서 징 소리가 가장 크게 울린다. 꽹과리처럼 여러 번 두들기지 않아도 놀이의 중심이 되는 소리, 그것은 아버지의 손에서 났다. 나는 그런 아버지가 자랑스러웠다. 아버지의 뒤를 따라간다. 아니 흥겨운 소리에 끌려간다. 동네를 다 돌고 나면 아버지는 용돈을 주셨다.

그때쯤이면 아버지의 얼굴은 조금 변해 있다. 하지만 그때까지는 괜찮다. 아버지가 기분이 좋다는 신호이기도 하고, 신호등이 파란색에서 빨간색으로 바뀌기 전에 켜지는 주황색 정도다. 그 정도에서 아버지 주머니가 열리는 때다. 그 시점에 아버지와 맞닥뜨리면 아버지는 틀림없이 주머니에서 돈을 꺼내 내게 준다. 그것도 동전이 아니고 지폐다. 그 돈으로 나는 늘 포도를 사 먹었다. 그래서일까, 나는 풋굿을 떠올리면 포도의 그 달콤한 맛이 입에 느껴지는 듯하고 포도를 보면 풋굿의 흥겨운 정취가 눈 앞에 펼쳐지는 듯하다. 철이 들고부터는 포도의 달콤한 맛을 음미하면서도 저녁의 아버지 모습을 떠올리며 두려움에 조금 떨기도 했다.

낮의 아버지가 푸른 신호등이었다면 밤의 아버지는 붉은색이었다. 그것도 동네의 행사가 있었던 밤이면 아버지의 얼굴은 불이 활활 타오르는 붉은색이 된다. 어느 때 뭉크의 '절규' 그림을 본 순간 깜짝 놀랐다. 그 그림은 활활 타오르는 불길에 휩싸인 아버지의 모습 같았다. 그리고 아버지 앞에서 벌벌 떨고 있는 엄마와 우리들의 모습 같기도 했다. 어쩌면 그때의 우리 가족의 모든 얼굴을 형상화한 것 같았다. 실제 뭉크는 저녁노을에 피처럼 불타는 구름을 보았다. 붉게 타오르는 모습을 보고 전율을 느꼈고 그때 자연을 꿰뚫은 큰 목소리의 '절규'를 느꼈다고 했다. 그 느낌을 표현하려고 큰 노력을 기울여 '절규'를 완성했다고 한다. 술에 취한 아버지는 낮과는 다른 얼굴이 되었다.

그렇게 아버지는 완전히 딴사람으로 변했다. 얼굴이 온통 붉은색 물감을 뒤집어쓴 것 같다. 거기다가 아버지의 눈에서는 붉은 광채가 번득였다. 아버지의 눈과 마주치지 않으려 했다. 아버지의 눈에서 발사하는 빛에 찔릴 것 같았기 때문이다. 엄마는 아버지가 술 취하는 날이면 으레 저녁을 준비해 놓고 자취를 감추기 일쑤였다. 아버지의 눈에 뜨이면 차마 들을 수 없는 폭언과 아무도 말리지 못할 폭행을 당해야 했기 때문이다.

동네잔치가 있는 날처럼 엄마가 바쁜 탓으로 미처 집에서 몸을 피하지 못하는 날도 있다. 그런 날은 아버지가 집으로 들어서면서 소리치면 엄마는 하던 일을 멈추고 우리를 데리고 대문을 나선다. 아버지의 손에 잡히면 엄마는 이리저리 끌리며 폭행당한다. 주위의 물건은 무엇이든 무기가 되어서 엄마에게 휘둘린다. 그래서 가능하면 빨리 몸을 피해야 한다. 멀리 가지도 않는다. 엄마는 누군가의 눈에 뜨일까 봐 대문 옆 어두운 곳에 자리를 잡는다. 우리는 엄마 옆에서 한 덩어리가 된다. 짐승처럼 으르렁대던 소리가 잠잠해지면 엄마는 우리를 데리고 대문 안으로 들어선다. 모두 발소리가 나지 않게 걷는다. 아버지는 마루에 큰 대자로 누워 코를 골고 있다. 엄마는 아버지가 엎어놓은 밥상을 챙겨 부엌으로 들어간다. 이것이 우리 아버지의 또 다른 얼굴이다.

술이 조금 덜 깼을 때도 딸이 아닌 엄마가 옆에 얼쩡거리면 다시 시비가 시작된다. 한잠 자고 난 아버지가 술이 덜 깬 목청으로 "다 어디 갔어. 여편네가 지 서방 밥도 안 주고 어데로 서방질하러 갔나. 이거 잡히면 가만 안 둘 테다"라고 소리쳤다. 그땐 내가 나설 차례다. 나는 아버지 옆에 바짝 다가가서 "아버지 우리 여기 있어요. 여기서 주무시면 안 돼요. 방에 들어가서 주무세요"라고 한다. 다른 사람 목소리보다 내 목소리에는 아버지가 크게 화를 내지 않는다는 것을 여러 번의 경험으로 안다. 그래서 나는 아무 두려움 없이 아버지를 끌어안고 방 쪽으로 이끈다. 아버지가 뿜어내던 붉은빛이 조금 사그라져 주황색쯤으로 약간 부드럽게 변하면서, "어어. 그래, 우리 딸이구나. 오냐, 니 말대로 하마. 허허" 하며 방으로 들어가시곤 했다. 이렇게 동네에 행사가 있는 날이면 으레 우리 집은 큰 진통을 치러야 했다.

술에서 완전히 깬 아버지는 또 다른 얼굴이 된다. 그야말로 푸른 신호등이다. 밭으로 논으로 부지런하게 일하러 다니시다가, 비라도 내리는 날이면 아버지는 아무 말씀 안 하시고 나에게 주전자를 들려주신다. 아버지와 나는 우리가 거랑이라 부르던 하천으로 향한다. 나는 주전자를 들고, 아버지는 반도를 어깨에 메고 억

수같이 쏟아지는 빗줄기에도 아랑곳하지 않고 간다. 황토물이 큰 파도처럼 밀리며 요동쳐도 아버지는 끄떡도 하지 않는다. 물살을 헤치며 반도로 고기를 잡아 올린다. 잡은 물고기는 잔잔한 물가를 찾아 깨끗이 손질해서 엄마에게 건넨다. 엄마는 아버지가 잡아 온 물고기로 맛난 매운탕을 끓여 온 식구를 먹인다. 아버지가 물고기 잡아 오고 엄마는 음식을 만들고, 이 얼마나 따뜻한 풍경인가. 이런 날만 계속되었으면 나의 유년 시절은 푸근한 추억으로만 가득 찼을 것이다.

내 기억으로 아버지는 우람한 체격이거나 씨름 선수처럼 힘이 세 보이지는 않았다. 하지만 힘쓰는 일을 피하지 않았다. 동네 사람 중에 아버지를 찾아 헐레벌떡 뛰어오는 사람이 있다. 그건 분명 도망간 황소를 잡아달라는 부탁을 하러 오는 경우다. 얼마 지나지 않아 쇠코뚜레를 쥔 아버지가 온다. 소는 허연 거품을 내뿜으며 씩씩거릴 뿐 아버지의 서슬에 꼼짝 못 하고 끌려온다. 동네 사람들은 아무리 사나운 황소도 아버지 앞에서는 사족을 못 쓴다고 말하기도 했다.

억세게만 보이는 아버지도 자식에게만큼은 더할 수 없이 부드러웠다. 술을 드시지 않고 시간의 여유가 있을 때면 먹을 간식을 마련해 주기도 하셨고, 우리가 놀 수 있는 장난감을 만들어주셨고, 우리가 사는 세상이 아닌 다른 세상을 상상할 수 있게 이야기꾼이 되기도 하셨다.

이른 봄에 소나무 여린 가지를 꺾어 낫으로 쓱쓱 껍질을 벗겨서 우리에게 건네주는 송구는 정말 달콤했다. 단물을 줄줄 흘리면서 맛나게 먹었다. 아버지가 먹으라고 건네주는 송구는 살이 통통 오른 생선 살을 발라 먹을 때처럼 맛났다. 한겨울엔 논바닥이 얼음으로 꽁꽁 언다. 아버지가 새로 만들어주는 썰매(시캔토:경북지방 방언)로 얼음 위를 달리며 전율을 즐긴다. 우리가 어릴 때는 넓은 나무를 덧대고 밑바닥에 두 줄의 철사를 붙인 썰매를 타는 것이 겨울의 큰 재밋거리였다. 두 개의 창은 손 하나에 쏙 들어갈 만한 둥근 나무를 적당한 길이로 자른 후, 아래에 못을 거꾸로 박아 넣는다. 그때 못 머리는 불에 발갛게 달구어서 망치로 두들겨 납작하게 해야 나무 안으로 잘 들어간다. 아버지가 만들어주는 썰매는 얼음 위를 정말 잘 달렸다. 아버지가 들려주는 어사 박문수·장화홍련전을 들을 때면 웃다가 울다가 가슴이 울렁거리기도 했다. 겨울의 긴긴밤에 들려주는 아버지의 옛날이야기는 밤새 듣고 싶을 만큼 재미있었다.

자식들에게 다정다감하기 그지없는 아버지가 왜 술만 드시면 폭군이 되었을까, 그것도 유독 엄마에게만. 아직도 그 이유를 모르겠다. 아버지도 청년 시절 장래에 대한 꿈을 꾸었을까. 어떤 남편이 되고, 어떤 아버지가 되겠다는 각오도 하였을까. 일제 강점기의 한가운데를 살아왔고, 6·25라는 전쟁을 겪으며 정신이 피폐해졌기 때문이었을까. 열심히 살아도 입에 풀칠하기 녹록지 않았던 삶에 회의를 느끼지는 않았을까. 그래서 술을 마시고 술을 마시면 평소에 차곡차곡 쌓아두었던 환경에 대한 불만이 터져 나온 것이 아니었을까. 그때 가장 가까이 있는 배우자, 가장 만만한 아내, 무슨 말을 해도 참아주고 견뎌내며 가정을 지키고 있는 배우자에게 할 수 있는 모든 패악을 다 부린 것이 아니었을까. 그래도 그러면 안 되는 것이었다. 아버지는 돌아가시기 전에 한 번이라도 엄마에게 진정으로 사죄하였을까. 아마 마음속으로는 미안했을지언정 직접 사과하지는 않았을 것 같다. 그게 우리 아버지의 모습이니까.

신호등이 항상 푸른색만 있으면 안 되겠지만, 신호등 붉은색이 그야말로 '조금 기다리세요, 이 시간을 조금만 참아 보세요'라는 경고등으로 제 할 일을 하면 얼마나 좋을까. 자식에게는 푸른 신호등, 아내에겐 붉은 불을 수시로 번득이던 아버지. 아버지는 엄마를 반겼을까. 아버지는 엄마가 편안하게 쉴 자리를 마련해 놓고 계셨을까. 엄마에게 미안했다고 말하면서…….

아버지의 눈물

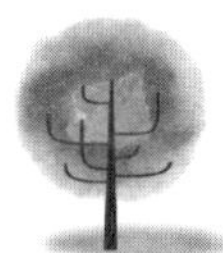

"안 된다, 안 돼. 내가 안 된다고 하면 안 되는 거다."

아버지의 말은 완고한 벽이었다. 그대로 꼼짝 말든지 뒤돌아서 갈 길 가든지 더 이상 앞으로 다가서지 말라는 높고 강한 벽. 지은 죄도 없이 그는 죄인이었다. 고개를 푹 숙이고 꼼짝하지 않고 서 있는 그는 숨조차 쉬지 않는 것 같았다. 스물일곱 살의 총각은 스물세 살 처녀 집에 인사하러 왔다가 예상하지 못했던 봉변을 당하고 있었으니.

사십 년 전 그때, 그는 이미 부모 그늘을 떠나 객지 생활을 몇 년 했기 때문에 자신의 미래는 스스로 결정하고 걸어가는 나이였다. 나름대로 결혼 적령기라고 생각했던 그는 나의 부모님에게 인사한다고 갑자기 찾아왔다. 그때 무슨 생각으로 아버지는 그렇게 화를 내셨을까. 그저 막연하게 아버지가 딸 중에서 나를 별나게 예뻐해서 시집보내기가 싫었을 것이리라 생각했다. 예상치 못한 일에 부닥쳤을 때 화부터 내거나, 평소에 하지 못했던 말은 술의 힘을 빌려 소리치는 아버지였기에 나는 긴장했다.

장남인 큰아버지가 줄줄이 딸을 낳았을 때 차남이었던 우리 아버지는 줄줄이 아들을 낳았다. 그래서였을까. 귀한 아들이 태어날 때마다 아버지 어깨에는 날개가 돋는 것 같았다. 숟가락 하나 물려받지 못했지만, 아버지는 자식들을 위해 열심히 일했고 부지런한 만큼 살림도 일어났다.

슬하에 아들 넷을 두었지만, 홍역을 심하게 앓던 넷째 아들을 안타깝게 잃었다. 아버지는 그때도 울지 않았다. 눈물 흘리는 나약한 모습을 보이기보다는 더 열심히 일하는 것을 선택했다. 그 뒤로 딸 넷이 태어났다. 쓸데없는 계집애가 줄줄이 태어났다고 구박하는 말을 농처럼 하면서도 "니들이 없으면 내가 무슨 재미로 살았을지 모르겠다"라는 말을 수시로 하셨다. 넷째 아들은 저세상으로 보냈지만, 아버지는 아들의 죽음에 대해 깊이 생각하지 않았다. 부지런히 일하면서 가끔 술을 마시고 큰소리 한번 치면 그만이었다.

그런 아버지 앞에 인생 최대의 고비가 왔다. 아버지가 거처하는 사랑방 쪽 지붕을 다 덮을 만큼 큰 오동나무에 아마 보라색 꽃이 만발했을 때였을 것이다. 내 기억 속에서 아버지는 사랑방에 혼자 누워계셨다. 내가 들어가도 움직이지 않았다. 멍하게 눈을 희번덕이면서 천정만 응시할 뿐이었다. 밤이 되어도 낮이 되어도 아버지는 눈을 감거나 눈을 뜨거나 만 반복했다. 그 시절을 떠올리면 내 주위에 온통 보라색 물감을 뿌려놓은 것처럼 세상이 보라색이다. 힘없이 누워 있는 아버지, 그때 아버지의 약한 모습을 보았다. 언제부터인지 모르지만 나는 보라색을 마주 보지 못했었다. 보라색을 바라보면 어떤 두려움이 나를 감싸는 것만 같았기 때문이었다. 보라색이 아버지의 깊은 병환과 셋째 오빠의 죽음을 떠올리게 한다는 것을 어른이 되어서야 알게 되었다. 이제는 보라색의 두려움에서 벗어나 보라색이 예쁘기도 하고 보라색 옷 입기를 즐기기도 한다. 하지만 어른이 되기까지 보라색은 앞을 가늠할 수 없을 만큼 자욱한 안개처럼 나를 감싸고 있는 막연한 두려움이었다.

열아홉, 나는 열아홉이 두려운 적이 있었다. 셋째 오빠가 열아홉에 죽었고, 큰언니가 열아홉 살에 아주 아팠다. 큰언니가 며칠 동안 혼절한 상태에서 깨어나지 않아 우리 가족은 또 한 사람을 저세상으로 보내야 하는 줄 알았다. 셋째 오빠는 영영 아버지를 떠났지만, 다행히 큰언니는 아버지 곁을 떠나지 않았다. 거기다가 나와 몇 살 차이 나지 않았던 사촌 오빠가 열아홉 살에 죽었다. 나는 늘 생각했었다. 나도 열아홉 살이 되면 죽을지도 모른다고. 어쩌면 그것도 나를 감싸고 있는 보라색의 영향이었을까. 그렇지만 나는 열아홉 살에 아무 일도 겪지 않았다. 다만 맹장을 떼어내는 간단한 수술을 받았을 뿐이다. 보라색은 이제 두려움을 동반하지는 않지만, 친정과 관련된 어떤 기억을 떠올리면 희뿌연 안개가 아니라 보라색 안개가 눈앞에 나타나는 것은 어쩔 수 없는 것 같다.

셋째 오빠는 우리 집에서 제일 잘 생겼고 섬세한 성격에 재미있는 농담도 잘해서 동생들이 좋아했다. 형들의 사랑을 받았고, 여동생들의 존경도 받았다. 특히 엄마는 셋째 아들의 섬세함으로 웃는 날이 많았다. 아버지 또한 말을 하진 않았지만 셋째 아들에 대한 기대도 남달랐다.

그러던 어느 날 조용하던 동네가 발칵 뒤집혔다. 셋째 오빠가 친구들과 어울려 어느 집 밭을 서리했다는 것이다. 요즘에는 남의 밭의 농산물을 가져가면 절도죄가 되지만, 그때만 해도 웬만한 서리는 서로 눈감아 주는 시대였다. 그때 오빠와 오빠 친구들이 무엇을 훔쳤고, 밭 주인에게 얼마나 큰 손해를 끼쳤는지 모른다. 단지 밭 주인이 우리 집과 오빠 친구 집을 하나하나 찾아다니며 고소한다느니 보상하라느니 하면서 큰 죄인으로 몰아붙였다는 것만 선명하다.

그 사실을 알고 오빠는 집을 나갔다. 아버지에게 잡히기만 하면 죽을 만큼 매질을 당할 게 뻔했기 때문이다. 오빠는 집을 나가서 죽었는지 살았는지 소식이 없는데, 밭 주인은 아침저녁으로 와서 손해를 보상하라고 아버지를 다그쳤다. 아버지는 수치심으로 고개를 들지 못했다. 남에게 손가락질당하는 일은 평생 해보지 않고 남들에게 좋은 소리만 듣고 살았는데, 모든 것이 한꺼번에 무너진 느낌이었을 것이다. 지금까지 자식을 낳고 살면서 자랑스러워했던 당신이 가장 미운 순간이었을지도 모른다. 이렇게 아들을 기다리는 조바심은 아버지의 마음을 병들게 했다.

아버지는 가장 먼저 말을 잃었다. 그다음엔 자리에 보존하고 누운 채 일어나지 못했다. 아버지는 울음을 속으로만 삼켰을 것이다. 오빠가 나타나서 아버지가 소리 지르고 한차례 때리기라도 했다면, 아버지의 화가 밖으로 돌출되어 몸져눕지 않아도 되었을까. 어쨌든 며칠이 지났는지 몇 주가 지났는지 모르지만, 오빠가 돌아왔다. 싸늘한 주검이 되어서…. 동네 사람의 말을 빌리면 그 무렵 아버지는 산송장이었다.

그 당시 아버지는 여전히 사랑방에 죽은 사람처럼 누워 있었고, 엄마와 큰오빠와 올케 그리고 올망졸망한 자매들이 아침밥을 먹고 있을 때였다. 우리 집 뒤란과 붙어 있는 밭 주인 할머니가 마당에 들어서면서 "이 집 아들이 우리 밭에 누워 있다"라고 했다. 그 소리에 안방에 있던 식구들이 우르르 밖으로 나갔다. 엄마가 가장 먼저 달려갔을까. 아니면 시체처럼 누워있던 아버지가 벌떡 일어나서 달려 나갔을까. 그 기억은 없다. 명확하지 않다. 하지만 아버지가 벌떡 일어났다는 것에 우리 가족을 비롯해 동네 사람들까지 신기해했다. 누군가가 말했다. 아들이 떠나면서 아버지를 제자리로 데려다 놓았다고.

오빠는 멀리 가지도 않았던 것 같다. 집 주위를 배회하면서 몇 번이고 집으로 들어오려고 했지만 무서움에 용기를 내지 못했을 게 뻔하다. 나중에 알게 된 일이지만 집에서 무엇이 조금씩 없어졌다고 했는데, 그중에 없어진 것이 농약이었다. 오빠는 마지막에 아무도 모르게 집에 들어와서 농약을 가지고 갔던 모양이다. 집 가까운 조용한 곳을 찾아 집을 바라보며 누워서 약을 먹은 것이다.

장례라 할 것도 없었다. 남의 밭에 누워 있는 오빠의 시신을 안고 와서 집에 있는 멍석에 둘둘 말아 지게에 얹는 것으로 끝이었다. 아버지는 그때 마음이 어땠을까. 눈물을 흘렸을까. 아버지는 그때도 눈물을 참았을 것이다. 시체처럼 누워 있던 그 몸에서 무슨 힘이 솟구쳤는지 누구에게도 맡기지 않고 아버지는 지게를 지고 산으로 갔다. 동네 사람 몇 명이 아버지 뒤를 따랐다. 끝까지 해야 할 일을 해야 했기에 아버지는 이를 악물었을 것이다.

엄마는 그 아픔의 후유증을 오랫동안 앓았지만, 아버지는 전혀 내색하지 않았다. 아픔을 겉으로 드러내지 않는 아버지로 인해 우리는 아무 일도 일어나지 않았던 것처럼 지낼 수 있었는지도 모른다.

그런 아버지가 나를 찾아온 남자에게 돌아가라고 소리친다. 엄마는 안절부절못하면서 남의 귀한 아들한테 그러면 안 된다며 작은 소리로 아버지에게 신호를 보냈지만, 아버지는 마음을 바꾸지 않았다. 무릎 꿇고 앉아 꿈쩍 하지 않는 상대를 어쩌지 못하고 아버지는 자리를 박차고 일어났다. 마당을 가로지르며 쐐기를 박듯 "내가 안 된다면 안 되는 거다"라고 뱉고는 대문을 나가셨다.

얼큰하게 술에 취해서 돌아오신 아버지는 방에 돌부처처럼 앉아 계셨다. 아버지는 밑도 끝도 없이 갑자기 찾아온 청년을 어떻게 대해야 할지 방법을 몰랐다. 또 딸과 사귀고 있으니 허락해 달라고 말하는 젊은 사내를 의심했다. 어디에서 굴러먹다 온 놈인지 도대체 믿음이 가지 않았을 것이다.

나를 늘 곁에 두고 싶어 했던 아버지는 읍내에 있는 친척에게 내 일자리를 부탁하기도 했다. 번번이 거절당하고 집으로 오는 아버지의 발걸음은 힘이 없었다. 고등학교도 졸업하지 않은 아이가 일할 곳은 없다는 것이다. 할 수 없이 서울이라는 먼 곳에서 직장생활하게 했지만, 시집이라도 가까이 보내고 싶어 했다. 면사무소 직원에게 시집보내 자주 보며 살고 싶어 했던 아버지였다. 하지만, 나는 집 가까이에는 살고 싶지 않았다. 가능하면 먼 곳에서 살고 싶었다. 그래서 나는 아버지의 가슴을 아프게 하는 딸이 되었다.

아버지가 내 결혼하는 날 우셨다고 한다. 같은 경상북도라고는 하지만 영주와 포항은 도 경계선의 서북쪽과 동남쪽의 끝이다. 그래서 아버지에게는 딸을 다시 만나지 못할 먼 곳으로 시집보낸 것 같은 마음이었을까. 결혼식을 마치고 관광버스로 돌아오신 아버지가 밤늦은 시간까지 거나하게 술을 드시고는 사랑방에서 혼자 우셨다고 했다. 시집보낸 딸 중에서 가장 멀리 간 딸이 안쓰러워서였을까. 아니면 언니들 말대로 아버지가 데리고 온 딸처럼 특별히 나를 사랑해서였을까. 그 이유를 아버지에게 물어본 적 없고, 아버지도 나에게 말한 적 없다.

결혼하고 첫 친정 나들이 왔다가 돌아가는 길에 아버지는 "니가 시집간 곳이 어떤 데인지 가서 봐야겠다." 하시며 따라나섰다. 버스를 여러 번 갈아타고 가면서 아버지는, 이렇게 먼 곳에 딸을 보냈으니 다시 볼 날이 언제가 될지 몰라 가슴이 먹먹했을 것이다. 나를 따라 시댁에 온 아버지는 사랑방에 온종일 앉아 계셨다. 밥상을 들고 방으로 가면 아버지는 나를 반기시며 무슨 말이라도 주고받고 싶어 하셨다. 하지만 나는 아버지가 집으로 가시겠다는 말씀을 언제 할까, 그것만 기다렸다. 시어머니가 어려운 사돈 대접하느라 힘들어하는 것 같아서 마음이 불편했다. 아버지가 묵고 계신 사랑채로 가서 작은 소리로 "아버지 인제 그만 집에 가시면 안 돼요"라고 했을 때 아버지는 웃으셨는데, 막상 집에 가셔서 몰래 우셨다고 한다. 그 얘길 엄마한테 전해 듣고 나는 내내 죄송스러웠다. 나는 아버지를 여러 번 울게 만든 못난 딸이었다.

아버지를 회상하며 문득 하늘을 바라본다. 눈물을 훔치는 내 눈앞에 활짝 웃는 아버지의 얼굴이 나타난다. "나는 울지 않는다. 나는 너를 지켜주는 수호신이다. 내가 옛날에는 모르고 니 신랑을 홀대했지만, 겪어보니까 최 서방이 제일 좋더라. 신랑 잘 만났다"라고 말씀하시는 아버지 음성이 들리는 듯하다.

아버지라는 이름으로

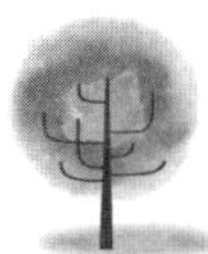

세상의 아버지는 모두 힘이 셀까. 외국 드라마에 나오는 맥가이버처럼 모든 것을 잘할까. 아니면 슈퍼맨처럼 도움이 필요할 때면 언제나 나타날까. 혹 인조인간 마징가 제트처럼 강할까. 가족을 위해서 희생하는 아버지가 진짜일까. 아버지에 대해 생각해 본다. 우리 아버지와 내 아들의 아버지. 그리고 손자의 아버지를.

우리 아버지는 정말 힘이 셌다. 아무리 무거운 구들장도 거뜬히 들어 올리셨다. 몇 아름이나 되는 나무도 아버지가 휘두르는 도끼 앞에서는 힘없이 쪼개졌다. 아버지의 손에 잡혀 온 황소는 큰 숨을 몰아쉬면서도 감히 도망치려고 하지 못했다.

대문을 들어서면 가장 먼저 반기는 것이 거름더미다. 소똥과 풀을 섞어서 만들어 놓은 퇴비는 산더미처럼 쌓였다. 뒤꼍에 쌓여 있는 땔감은 매일 때는데도 줄어들지 않았다.

아버지는 돈이 되는 일이면 무엇이든 닥치는 대로 하셨다. 젊을 때는 숯을 구워서 엄마와 같이 먼 동네까지 팔러 다니기도 했다. 조금 나이 들어서는 기와 공장에서 기와 굽는 일을 하셨다. 그 노력 덕분으로 해가 거듭될수록 아버지 소유의 전답이 늘어갔다.

아버지는 늘 자랑했다. 다른 사람은 평생 한 번 할까 말까 한 일 했다고. 아버지는 집을 세 번 지었다. 처음에는 동네에서 멀리 떨어진 외딴곳에 조그마한 땅을 장만하고 할아버지 집에서 독립해 나갈 집을 지으셨다. 두 번째 집은 동네에 땅을 사서 지은 집이다. 동네에서 가장 좋은 곳에 집을 지으려고 비싼 값을 치렀다고 우리에게 늘 큰소리 땅땅 치셨다. 새마을운동이 일어나자 마을 입구에 있는 집이라 지붕 개량을 가장 먼저 한 집도 우리 집이다. 세 번째는 내가 집을 떠나서 있을 때였다. 그때는 자식들 거의 다 키워서 집안 형편이 좋아져서인지 모르지만 집을 허물고 현대식으로 다시 지었다.

집을 세 번 지었다고는 하나 나는 그곳에 없었다. 첫 번째 집을 지을 때는 내가 태어나기 전이었고, 두 번째 집을 지을 때는 너무 어려서 기억에 없다. 새마을운동으로 지붕을 개량할 때는 지켜보았다. 우리 지붕은 주황색이고 다른 집은 파란색으로 예쁘게 변해가는 모습을. 신작로에서 보면 우리 집이 가장 먼저 눈에 들어왔다.

세 번째 집을 짓기 전에 엄마는 아버지를 말리려고 무진장 애를 썼다. 깨끗하게 수리하고 살면 된다며 좋은 말도 했다. 집 짓는 일이 얼마나 힘들고 고된 일인데 왜 그 짓을 또 하려고 하느냐고,

이제 고생 그만하고 싶으니까 하고 싶으면 혼자 하라면서 집을 나가겠다고 협박해 보기도 했다. 엄마는 협박도 하고 달래기도 하다가 싸워보기도 했지만, 아버지의 고집을 꺾지 못 했다.

명절을 쇠러 간 집은 집도 아니었다. 마당이었던 곳에 그야말로 다리 밑의 거지 집처럼 누덕누덕 움막을 지어놓고 아버지 엄마 동생 셋이 살고 있었다. 움막에서 명절 휴가를 보내고 나는 서울로 갔다. 집이 다 지어진 다음에 가서 번듯한 집을 보고 감동했지만, 그곳에서 예민한 사춘기를 보내야 했던 동생은 지금도 말한다. 그때 그곳에서의 생활이 너무 끔찍했다고.

원래 우리 집은 바깥 대문을 들어서면 큰 마당이 있었다. 오른쪽으로 재를 넣어두는 잿간, 그다음이 화장실, 그리고 소 마구간과 아래채 사랑방이 하나 있었다. 그리고 토담이 둘러쳐진 안대문을 지나 안채로 들어갔다. 그런데 새로 지은 집은 토담이 있던 자리로 나와서 지어졌다. 오른쪽에 있던 것은 모두 허물고 마당 왼쪽에 옥상을 머리에 인 작은 건물이 또 하나 생겼다. 화장실 겸 창고다.

아버지의 의지대로 예쁜 집이 지어졌다. 예쁘게 집을 지어놓고도 아버지와 엄마는 또 싸웠다. 잘 지어놓았는데 신작로에서 보면 집이 안 보여서 집을 가리고 있는 나무를 다 베야 한다는 것이다. 아버지 의견에 엄마는 도저히 찬성할 수 없었다. 어림도 없는 소리다. 자두·살구·밤은 자식들 주전부리시켜주던 것이고, 지금도 자식들 집에 갈 때면 보따리를 채워주는 것이다. 먹을 입이 줄어든 지금에는 동네 사람들에게 인심 쓰며 인사 듣게 해주는 고마운 나무이니 그럴 수 없다고 했다. 엄마는 자식들에게 아버지 좀 말려달라고 응원을 청했지만, 아버지 고집을 꺾을 사람은 없었다. 누가 뭐래도 고집을 꺾을 아버지가 아니다. 그래서 결과적으로 우리 집 담장 주위는 휑해졌고, 면 소재지를 벗어나면 예쁜 우리 집이 한눈에 들어오게 되었다.

나에게 남자의 기준은 아버지였다. 상상의 나래를 펼칠 때 늘 아버지가 있었다. 아버지 같은 사람을 만나지 않을 거라는 것이 내 최종 결론이었다. 결혼하면 잔소리 안 하는 아내로 살겠다고 다짐했다. 그러려면 나보다 똑똑한 남자를 만나면 될 것 같았다. 엄마는 항상 아버지한테 잔소리하고, 잔소리 듣기 싫어하는 아버지가 술 마시고 술기운에 엄마한테 주정 부렸다. 나는 그렇게 살고 싶지 않았다. 어느 날 언니에게 내 생각을 이야기했을 때, 조그마한 게 그런 생각을 했다며 대단하다고 했다.

부모님처럼 아주 어린 나이는 아니었지만, 우리도 그야말로 철이 들기 전에 결혼했다. 신혼여행 중에 속옷 상자를 찢어 '우리 싸우지 말고 평생 재미나게 잘 살자'라고 쓰며 약속했던 기억은 까맣게 잊어버리고 가끔 다투기도 한다. 부부는 왜 의견이 안 맞을까. 누군가 말했다. '부부는 로또다'라고. 그 말을 들었을 때 웃음이 터졌다. 정말 맞는 말 같았다. 부부의 의견이 일치하는 게 그만큼 어렵다는 의미도 있을 것이고, 로또를 맞으면 큰일 나듯이 부부가 맞으면 큰일 난다는 뜻일 것이다.

아버지나 엄마처럼 집을 짓지는 않았지만 우리는 여러 번 이사했다. 열세 번의 이사를 하면서 많이 부딪혔다. 상대의 말에 귀 기울이기보다는 상대가 자신과 다르게 생각하는 것에 답답해 했다. 돌이켜보면 남편은 모든 것이 자기 책임이라는 것 때문에 많이 고민했던 것 같다. 가족이 최소한의 고생을 해야 한다는 전제하에 계획하고 결론 내렸다. 어쩌면 그때마다 나는 힘들고 어려운 상황을 피하고 싶어 했던 것 같다. 아버지와 엄마도 다투는 것에는 이유가 있었고, 우리의 다툼에도 이유가 있었다.

그런데 지금의 나는 남편을 보면서 아버지를 떠올린다. 가족을 책임져야 하는 가장으로서의 무게가 얼마나 무거웠을까. 가끔 남편이 말한다. "당신 장모님하고 똑같아. 잔소리 많고 욕심도 많다"라고. 아버지와 같은 남자를 만나고 싶지 않았지만, 나와 남편도 부모님처럼 사는 건 아닐까. 그는 한 여자의 남편인 동시에 아버지다. 두 아들의 아버지.

아버지를 보면서 장래의 내 남편은 이렇지 않았으면 하고 바랐듯, 아들을 키우면서 남편의 이런 모습은 닮지 않았으면 하고 바랐다. 하지만 나이가 들면서 남편에게서 아버지의 모습을 보게 되고, 아들에게서 남편의 모습이 보인다. 아들 또한 결혼했고, 자식을 봤지만 내 눈에는 아기다. 남편 역시 나에게는 든든한 기둥이지만, 그의 어머니에게는 보호해 주고 싶고 안타깝기만 한 아들이었을 것이다.

아버지가 걸어갔고, 내 남편이 걸어왔던 길을 내 아들이 걸어야 한다는 것이 가슴 아리다. 무거운 물건을 옮겨야 할 때 혈기 왕성한 아들을 시키면 좋으련만 늙은 남편에게 시킨다. 아들이 힘이 더 셀 텐데도 아들은 아까워서 못 시킨다. 아버지는 자식을 위해 당연히 모든 일을 해야 하고, 남편은 가장이니까 힘들어도 힘들다는 내색하지 않아야 한다. 그렇지만 아들이 힘든 일을 하는 걸 나는 볼 수가 없다. 차라리 내가 하면 했지. 이게 이치일까. 아버지께 죄송하고 남편에게 미안하다.

세상에 엄마 없는 아들이 없고, 자식 없는 아버지가 없다. 아버지는 슈퍼맨도, 맥가이버도, 힘이 센 천하장사 마징가 제트도 아니다. 단지 하루하루를 살아가고 있는 한 사람일 뿐인데, 아버지라는 이름에 너무나 큰 짐을 얹어 놓고서 그 이름을 가졌다고 무거운 짐을 지게 하는 건 아닐까.

2부 엄마와 기차

엄마와 기차

하늘을 향해 보고싶다고 소리쳐 봐도 그리운 엄마는 오늘도 대답이 없다. 오늘 같은 날 나의 발길은 묵호역으로 향한다. 역 입구에서 엄마의 가슴처럼 커다랗고 풍성한 화분에 담긴 분홍 꽃이 환하게 웃으며 반겨준다. 역사 안에는 사람의 모습을 찾을 수가 없다. 조용한 공간이다. 나 혼자 있다는 안도감에 주위를 천천히 살핀다.

물레방아가 있었던 자리는 텅 비었다. 비록 조그마한 물레방아였지만, 옛날 친정 동네의 물레방아가 돌아가던 그 정취를 옮겨 놓은 듯해서 좋았는데, 조금 아쉽다. 조그마한 물레가 돌아가면서 뱉어내는 물줄기를 보고 있노라면 방아 찧어지기를 기다리던 엄마가 옆에 있는 것 같기도 했는데, 언제 치워졌는지 허전하다.

얼마 전만 해도 나는 역을 피해서 다른 길로 다녔다. 역 앞으로 지나가야 할 때도 걸음을 더 걸어야 하는 수고로움을 감수하면서까지 돌아서 다녔다. 그리고 역에 대한 기억을 잊으려고 애썼다. 아니 기차에 대한 모든 기억을 지우고 싶어 했다. 하지만 피하려고 해도 피할 수 없는 것이 기차 소리였다. 기찻길을 지나가는 바퀴 소리는 안 들으면 되었다. 하지만 기차가 역에 들고날 때 내는 기적소리는 어쩔 수 없이 들어야만 했다. 아니 들려왔다. 그럴 때면 가슴이 아파왔다. 어떤 때는 가슴을 부여잡고 울기도 했다. 그것은 엄마에 대한 그리움의 통증이었다.

엄마를 생각하면 함께 떠오르는 것이 무거운 보따리와 기차다. 어찌 그리도 챙길 것이 많았는지 내 힘으로는 들지도 못하는 보따리를 엄마는 여러 개 가지고 다녔다. 예닐곱 개나 되는 보따리를 어떻게 기차에 싣고 내리고 했느냐고 엄마에게 물어본 적이 있다. 그때 엄마는 "세상에는 좋은 사람이 참 많아. 내가 짐을 들려고 하면 너도나도 하나씩 옮겨 줬어"라고 했다. 평소에 엄마는 남에게 폐 끼치는 걸 싫어했다. 그런데도 다른 사람의 도움을 받으면서까지 나에게 많은 것을 가져다주려고 했다. 보따리 속에는 계절마다 다른 것이 가득하였다. 봄에는 부추·미나리·쑥떡·도라지. 여름에는 복숭아·자두 그리고 갖은 푸성귀. 특히 가을에는 보따리가 더욱 무거웠다. 내가 좋아하는 침감과 사과·호두·밤 그리고 참기름과 잡곡 등이 들어 있었다. 겨울에는 도라지 가루, 말린 고구마 같은 것이 있는 사이사이에 종자 씨앗이 조금씩 들어 있는 신문 뭉치들이 나오기도 했다. 다음부터는 빈손으로 다니라며 내가 짜증을 내도 엄마는 그냥 웃으면서 그러겠다고 하고 만다.

하지만 올 때마다 마찬가지였다. 엄마와 나 사이가 기차로 연결된 것은 내가 고향을 떠나 서울에 살게 된 때부터였다.

열일곱의 어린 나이에 부모에게서 멀리 떨어져 직장에 다녔다. 별 탈 없이 잘 지내다가 어느 날 배가 아주 아팠다. 병원에 갔더니 맹장염이라며 수술해야 한다고 했다. 그때 내 나이 열아홉 살이었다. 수술받는 전날 “엄마 나 내일 맹장 수술해”라고 송화기에 대고 말했다. 엄마는 어린 딸이 서울이라는 곳에서 타향살이하는 것이 가련했는데, 게다가 수술까지 한다는 소릴 들으니 가슴이 철렁했을 것이다. 병원이라는 곳에는 한 번도 가지 않은 엄마였다. 웬만하면 집에서 약을 구해서 먹었고 잠깐 누워있는 것이 치료의 전부였다. 병원이란 곳에는 불치병에 걸려 죽을 날을 기다리는 사람이 가는 곳으로만 평생 알고 있었다. 그런데 딸이 수술한다는 소리를 들었으니 많이 놀라고 걱정되었을 것이다.

오후 늦게나 올 줄 알았던 엄마가 병원에 도착한 시각은 내가 수술 받고 마취 상태에 있을 때였다. 마취에서 깨어나 눈을 떴을 때 엄마가 근심이 가득한 눈으로 나를 내려다보고 있었다. 수술실에 들어갈 때는 친구들이 옆에 있었는데, 눈을 뜨니 엄마가 내 옆에 있어서 얼마나 든든하고 좋았는지 모른다. 하지만 내 마음을 털어놓기 전에 엄마는 호통을 쳤다, 그래서 나는 엄마가 돌아가실 때까지도 ‘그때 엄마가 옆에 있어서 정말 좋았어요’라는 말을 하지 못했다. 나중에라도 말했으면 좋았으련만 그럴 기회는 영영 오지 않았다. 아니 그런 감정쯤은 굳이 말하지 않아도 괜찮을 줄 알았다. 하지만 지금 생각해 보니 눈을 뜨자마자 엄마가 무슨 말로 꾸짖고 화를 내더라도 내 옆에 엄마가 있어서 정말 좋았다고 말할걸. 그랬으면 엄마가 참 좋아했을 것을 하는 후회가 된다.

안개가 서서히 걷히는 것같이 마취에서 깨어나는 내게 엄마는 "수술을 왜 했어. 내가 도착하기 전에 수술하면 어쩌나 하고 조마조마한 마음으로 왔는데"라며 화부터 내더니 숨을 헐떡이며 계속 말했다. "수술은 하지 말라고 했잖아. 나는 니가 꼭 죽는 줄로 알았어. 새끼 하나 또 잃어버리는 줄 알았다. 수술하면 산 너를 못 볼 것 같아서 아침까지 기다릴 수 없었제"라는 말끝에 엄마는 눈가에 맺힌 눈물을 닦았다.

수술한다는 딸의 전화를 받고 밤을 하얗게 지새운 엄마는 새벽에 기차역으로 나가 역에 근무하는 사람 아무나 붙잡고 사정했다고 한다. 내 딸이 수술받는다는데 죽을지도 모른다고. 빨리 가서 수술 못 하게 막아야 하니까 제발 서울까지 가게 해 달라는 엄마의 간곡한 부탁에 역무원은 화물 열차에 태워주었다. 그래서 엄마는 내가 수술하고 얼마 지나지 않은 오전에 병원에 도착할 수 있었다. "수술하지 못하게 하려고 왔는데 벌써 수술했더라. 너무 놀라서 화가 났는데, 너는 생긋이 웃기만 하더라." 나중에 엄마는 그렇게 말했다.

엄마가 놀라고 긴장한 가슴을 부여잡고 기차를 타고 나에게 온 적이 또 있었다. 결혼하고 아들 둘을 낳아서 키우며 살고 있었는데, 어느 날 갑자기 앞이 보이지 않았다. 남편이 엄마에게 전화했고, 엄마는 기차를 타고 우리 집에 왔다. 아이 둘을 엄마에게 맡기고 나는 남편을 따라 병원에 다녔다. 우리나라에서 내로라하는 병원이란 병원은 다 찾아다녔고, 할 수 있는 것은 무엇이든 다 했다. 원인을 알 수도 찾을 수도 없었다. 다행히 석 달 정도 지나자 조금씩 앞이 보이기 시작했다. 그때까지도 엄마는 아무 말하지 않고 내 옆에서 필요한 모든 것을 해주었다. 그리고 아이들을 보살펴주었다. 가끔 엄마의 깊은 한숨 소리는 기차가 역에 들어올 때 길게 수증기를 뿜어내는 그런 소리 같았다. 걱정하는 엄마보다 내가 더 힘들다고 생각했기 때문에 엄마의 그 한숨 소리를 그저 듣고만 있었다. 엄마의 아픔과 염려가 얼마나 깊고 큰 것인지 알지 못했고 알려고 하지도 않았다.

내가 볼 수 있게 되었을 때 엄마가 "알토란같은 아기들하고 네 식구가 한창 재미나게 살 땐데, 하늘이 무너지고 땅이 꺼지는 것 같더라. 젊디젊은 것을 죽이지도 못하고 살리지도 못하고. 한숨만 나오더라"라고 말했을 때 나는 아무 말도 할 수가 없었다.

엄마를 생각하면 함께 떠오르는 것이 기차다. 기차 소리를 들으면 아직도 가슴이 먹먹해 진다. 세월이 흘렀는데도 가슴 두근거림은 완전하게 멈추질 않는다. 엄마가 우리 집에 올 때 묵호역으로 왔다. 엄마는 올 때 환하게 웃었지만, 갈 때는 고개를 외로 돌렸다. 뒤돌아서며 "언제 또 니들 집에 올 수 있을까나." 혼잣소리했다. 엄마가 위독하다는 연락을 받고 내가 기차를 탔던 곳도 묵호역이었다. 엄마가 돌아가신 후 나는 기차 소리를 들을 수 없었다. 기차는 고통이었고 아픔이었다. 하지만 많은 시간이 흘렀고 몇 해가 지난 요즘에 난 엄마가 생각날 때면 묵호역으로 간다.

엄마가 돌아가시기 전에 많은 이야기를 하지 못했던 일이 후회

된다. 그럴 때면 역 한쪽에 놓여있는 의자에 앉아 못다 한 이야기를 엄마가 듣고 있기라도 하는 것처럼 혼자서 중얼거리기도 한다. 엄마가 우리 집에 올 때 마중하던 집찰구 쪽을 둘러보기도 하고, 엄마를 배웅할 때 기차에 타는 모습을 보기 위해 매달렸던 곳, 역 바깥쪽 울타리로 가 보기도 한다. 역을 들고 나는 기차 소리 들으며 철로를 내다본다. 무거운 보따리를 들고 기차에서 내리는 엄마 모습이 그립다.

엄마와 몽돌

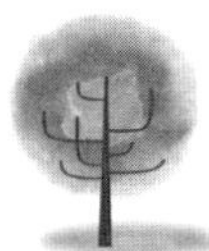

철썩철썩, 해안을 향해 달려와서 부딪치는 파도 소리는 언제 들어도 변함이 없다. 짜그락거리며 구르다가 쓸려간 바닷물 사이로 잠깐 햇살을 받아 반짝이는 동글동글 하얀 돌 하나가 눈길을 끈다. 한 주먹에 쏙 들어온다. 어떤 세월을 살아왔는지, 아픈 곳이 하나 없다. 어느 날 잡았던 엄마 손처럼 부드럽다. 이렇게 깎이기까지 얼마나 많은 속울음을 울었을까. 손바닥에 닿는 부분이 살갗을 간질이는 것 같다. 엄마가 속내를 내보일 때 가슴 저 밑에서 올라오던 그날의 낯선 울림처럼.

"니 아버지도 뭅시 나쁜 사람은 아니었을지 몰라"라는 엄마의 뜬금없는 말에 놀라기까진 아니었지만, 조금 긴장하긴 했다. 마음속으로 엄마가 왜 저런 말을 할까 생각하면서 다음 말을 기다렸다.

"다 내 탓이었을 거다. 내가 좀 더 여자답게 나긋나긋했으면 니 아버지가 그러지는 않았을 거야. 내가 애교 있는 여자였다면, 니 아버지가 나한테 그렇게 술주정을 안 했을지도 모르지"라고 말하는 엄마의 표정은 너무나 생소했다. 엄마의 한숨 끝에 실려 나오는 말은 언제나 아버지에 대한 원망이 태반이었기에 내가 잘 못 듣고 있는 게 아니냐는 생각을 잠깐 했다.

엄마가 아버지에 대해 긍정적으로 말하는 것을 한 번도 들은 적이 없었다. 아버지는 가해자였고, 엄마는 항상 피해자였다. 우리가 생각해도 아버지는 강자였고 엄마는 약자였다. 여자이니까 일방적으로 당했다고 생각했다. 그래서 아버지가 술주정하면 우리는 모두 엄마와 한 몸이었다. 마루의 한 귀퉁이에서도 한 덩어리였고, 대문 밖에서도 하나의 그림자였다. 하지만 아버지는 늘 혼자였다. 엄마는 당신 없는 집에서 며느리 밥 얻어먹던 아버지의 초라하기 그지없는 그때의 모습을 기억해 낸 걸까. 평소에 보고 들었던 엄마의 표정과 목소리가 아니었다.

내 기억으로 엄마는 늘 날이 서 있었다. 다슬기를 잡다가 발을 헛디뎌 미끄러질까 봐 조심하듯, 뾰족한 돌을 밟으면 크게 다칠까 봐 유심히 물속을 들여다보며 걷는 것처럼 엄마와 마주하지 못하고 눈치를 봐야 했다. 엄마에게서 어떤 꾸중 들을까 봐 늘 안절부절못했다. 돌이켜보면 엄마는 약하지 않았다. 아버지의 물리적인 공격에 맞서지 않으려고 잠시 몸을 피했을 뿐이었다. 어쩌면 아버지도 평소에 긴장하며 엄마의 서슬 퍼런 날에 베이지 않으려고 눈치를 보지 않았을까 싶다. 그러다가 술을 마시면 술기

운을 빌려 엄마에게 큰소리치며 억지소리를 했을 것 같다. 그건 내가 어느 정도 철이 든 후 생각해 낸 것이었다. 하지만 엄마는 늘 아버지 탓을 했다. 그래서 우리는 당연히 엄마 편을 들었다. 철이 조금 들었을 때쯤에 엄마에게 말한 적이 있다. "엄마도 만만찮아. 아버지가 술 드시고 들어오면 가만히 좀 있으면 안 돼? 엄마가 아버지 말에 대꾸하니까 아버지가 더 화를 내는 것 같아"라고.

엄마는 그때 아무 말도 하지 않고 나를 처연히 바라보기만 했다. 엄마를 이해 못하는 나쁜 딸을 보는 것 같은 표정을 지었다. 그 후로 나는 묵인했으며 모른척했다. 그냥 어서 빨리 집을 떠나는 날이 오기만을 바랐다. 어쩌면 엄마를 이해 못하고 집을 떠나서 엄마와의 소통이 단절되었는지 모르겠다. 몇 년의 세월이 흐른 후 엄마가 하는 말을 머리로는 듣지만, 가슴으로 들은 적이 없었던 것 같다.

엄마가 아버지에 대해 말하는 것을 들었을 때 정말 의아했다. 세월의 흐름이 엄마를 변화시킨 것이었을까. 이미 아버지는 저세상으로 가셨고, 지난 일을 회상하며 후회하는 것은 남은 사람의 몫이기 때문이었을까.

엄마는 그때 무엇을 생각했을까. 모녀간에 평소 대화가 많았다면, 엄마에게 이런 질문을 했을 것 같다. 악착같이 앞만 보며 살아온 시절을 후회하냐고. 엄마의 아픔을 아버지에게 내보이고, 아버지의 아픔을 받아들이지 못한 것이 후회 되냐고. 하지만 아버지가 돌아가신 허한 공간을 한숨 섞인 하소연으로 채우던 엄마처럼, 질문을 해도 대답할 수 없는 엄마를 보낸 지금에 와서 나는 무엇을 물어볼 것이며 어떤 대답을 기대할 수 있을까.

엄마가 말할 땐 뜬금없는 소리처럼 들렸지만, 요즘 가끔 생각나는 엄마의 목소리가 있다. "내가 일 갔던 그 집 내외가 얼마나 사이가 좋던지, 저래 사는 사람들이 세상에 다 있구나 싶었다."

그때까지 엄마는 주위 사람들의 다정한 삶의 모습을 보지 못했던 것 같다. 어린 나이에 부모를 다 여의고 열다섯에 시집이라고 오니 시부모는 엄했으며, 시아주버니 부부는 늘 다투었다. 뼛속 깊이 남존여비 사상이 강했던 집이라 여자는 존중받지 못했던 모양이다. 맏아들인 큰아버지에게 재산을 다 물려주고 차남인 아버지에게는 숟가락 하나도 물려주지 않은 시부모를 원망하기보다 엄마는 스스로 악착같이 사는 방법을 선택했다. 부부가 다정한 모습으로 오순도순 사는 것이 엄마에게는 사치였다. 아버지는 낙천적이며 노는 것을 좋아했다. 아버지가 원하는 부부생활을 하기보다는 자식 입에 풀칠해야 했기에 엄마는 하루가 바빴다. 심신이 지쳐 있을 수밖에 없었다. 그래서 엄마의 표정은 항상 무겁게 가라앉아 있어서 아버지조차 쉽게 말을 걸지 못할 정도였다. 아버지가 술을 마시면 늘 "나는 원숭이띠고 니 엄마는 소띠다. 소는 억세고 원숭이는 순하다. 내가 항상 니 엄마한테 꼼짝 못 한다"라고 했는데 그게 아버지의 진짜 마음이었을까. 우린 아버지의 그 말을 진정으로 듣지 않았다. 하지만 아버지는 그렇게 자신을 표현했고, 술만 마시면 가족 모두를 공포에 떨게 했다. 엄마는 엄마대로 목표와 기준이 있고, 누구보다 잘살고 싶은데 그게 녹록지 않으니 싸움이 잦은 집이 되었다. 서로 의논하고 존중하며 사는 방법을 몰랐다.

아버지가 돌아가시기 몇 해 전부터 엄마는 아버지를 멀리했다. 요즘에 졸혼이라는 것이 유행이 된 시대인데 엄마는 아버지와 졸혼 비슷한 걸 했다. 아버지는 혼자된 며느리에게 맡겨졌다고 해야 맞을 것이다. 이유는 있었다. 돈 벌러 가는 것이었다. 숙식을 제공하는 곳을 찾아 집을 떠났으며, 입주 도우미 일로 집에 가지 않았다. 일거리가 없을 때는 딸들 집을 다녔다. 그렇게 집에 머물지 못하고 마음을 잡지 못하고 떠돌이 생활을 하는 엄마에게 아무도 무슨 말을 하지 못했다. 엄마에게 집은 절대로 편안한 안식처가 아니라는 것을 모두 알기 때문이었다.

남편의 폭행과 폭언이 존재하는 곳이고, 아들 잃은 아픔을 상기시키는 혼자된 며느리가 있었다. 엄마는 현실을 부정하고 외면하고 싶었다. 엄마는 어쩌면 정말 여린 사람이었을 것이다. 살아야 한다는 일념이 엄마를 강한 사람으로 보이게 만들었고, 아들들이 줄줄이 세상을 등지는 아픔을 겪었기에 웃음을 잃었을 수밖에 없었을 것이다. 그것을 이해하고 보듬어주는 이 아무도 없었다. 하물며 남편까지도 자신이 더 아프다고 엄살을 부릴 뿐이었다. 그래서 더 강해야 했고, 날을 세워야만 버틸 수 있었다. 그렇지 않으면 무너져서 영영 일어날 수 없을지도 모른다는 두려움이 컸을 것이다.

그랬던 엄마가 자신이 아주 부족해서 아버지가 주사를 부렸을지도 모른다고 말했다. 그 말을 들었을 때 나는 왜 의아하게만 생각하고 바보처럼 엄마에게 아무 말도 안 했을까. 정말로 못한 것이 아니라 안 한 것이다. 엄마를 온전히 이해하지 못한 못난 딸은 엄마가 고슴도치처럼 세우고 있던 가시가 다 없어진 줄도 몰랐다. 뾰족한 날이 다 닳아 뭉텅해지고 있다는 것도 몰랐다. 아무런 힘이 없이 부드럽다기보다 맥이 없는 엄마를 이해하지 못했다. 지금 엄마에게서 그런 말을 듣는다면 이렇게 말할 수 있을 것 같다.

'우리 엄마도 세월에 많이 깎였네. 얼마나 힘들었을까, 이렇게 부드러워지기까지 살아내느라 고생 많았어요. 자랑스러운 우리 엄마, 사랑해요'라고.

엄마 닮은 몽돌을 다시 들여다본다. 햇살을 받아 따뜻하게 보였지만 역시 돌은 돌이었다. 손에서 돌의 차가운 느낌이 전해진다. 있던 자리에 놓고 일어서려다가 마음 바꿔 두 손을 모아 돌을 쓰다듬는다, 마음 다해 맞잡아보지 못했던 엄마 손을 잡듯이. 차가웠던 부분이 내 손의 온기로 따뜻해졌다. 촉감은 부드럽고 따뜻한 기운이 느껴지지만 조그맣고 하얀 돌은 여전히 단단하다.

엄마의 그늘

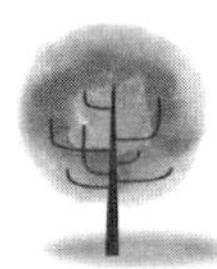

옷을 너무 두껍게 입어서일까. 오랜만에 걸어서일까. 덥다, 등에서 땀이 흐른다. 얼굴이 벌겋게 달아오르더니 땀방울이 맺힌다. 앞서가던 사람들이 시원한 곳을 찾아든다. 덥지만 빨리 걷는다, 그늘을 향해서. 덥거나 쉬고 싶을 때 커다란 나무 그늘로 들어가듯 어릴 적 나는 엄마 품에 파고들곤 했다. 그때마다 엄마는 나를 밀어냈다. 그럴 때면 산과 들에 봄꽃이 만발해도 겨울눈을 끌어안고 있는 먼 산의 시린 그늘처럼 엄마의 품은 포근하지 않을 거라 짐작하며 포기할 때도 있었다.

엄마는 원래 찬바람을 가두고 있는 사람이 아니었을까 하고 가끔 생각했다. 외조부와 외조모가 몇 세에 돌아가셨는지 나는 모른다. 외할머니는 외삼촌을 낳다가 돌아가셨다는 말만 어렴풋이 들었다. 삼 남매는 아주 어린 나이에 고아가 되었고, 엄마는 소녀

가장이 되었지만, 동생들을 건사하지 못하고 결혼해야만 했다. 그 때 이미 큰 돌덩어리 하나 엄마 가슴 자리에 얹혀 있었을까.

1925년 음력 7월 15일 엄마는 외할머니의 배를 빌려 태어났다. 엄마의 나이 15세 때 아버지와 결혼했다. 엄마는 18세에 큰아들을 낳았고, 세 살 터울로 아들 넷, 딸 넷을 낳았다. 내 밑으로 동생이 한 명 더 있으니까 정확하게 39세까지 아이를 낳았다.

오빠들과 밥을 먹은 기억보다 외삼촌과 같이 밥을 먹은 기억이 더 많은 걸 보니 외삼촌이 우리 집에 자주 왔나 보다. 외삼촌은 아버지가 일 나가시고 없는 사랑방에 앉아 있거나 누워 있었다. 앉아 있을 땐 화투를 하고 놀았다. 어떨 땐 엎드려서 화투패를 떴다. 놀아주는 사람 아무도 없이 늘 혼자였어도 삼촌은 우리 집에 자주 왔다. 나중에 생각났지만, 외삼촌에게는 우리 엄마가 누나이면서도 엄마처럼 의지의 대상이었던 모양이다. 엄마는 어린 나이에 가장이었고, 가장이었지만 동생들을 보살피지 못하고 가정을 이루었기 때문에 그때 벌써 그늘을 만들었나 보다.

외가에 가자고 하는 엄마를 따라간 적이 있었다. 그곳에는 외삼촌이 없었다. 외삼촌은 왜 없냐고 물었던 것 같다. 삼촌은 시장에서 장사하고 있다고 엄마는 짧게 말했다. 외갓집에 가면 외삼촌이 있을 줄 알았는데, 어떤 할머니가 사는 집이었다. 엄마가 그 할머니를 보고 작은엄마라고 불렀다. 우리 집만큼 그 집에도 식구가 많았다. 할머니와 그의 아들과 며느리 그리고 손자에 손녀까지. 나하고 나이가 똑같은 아이도 있었다. 그녀는 명랑하고 쾌활했으며 잘 웃었다. 그 아이와 조금 놀았다. 그녀가 어떻게 하지도 않았는데 나는 주눅이 들었다. 주눅 든 엄마의 영향이었을까 아니면 할머니와 같이 사는 그 아이가 한없이 부러웠기 때문이었을까.

할머니가 엄마를 안타까이 바라보던 그 눈빛, 가엽고 측은하다는 표정으로 엄마가 하는 말에 그래, 그래만 하던 그 목소리, 잊히지 않는다. 인사하고 돌아서는 엄마를 따라 걷는데, 할머니가 내 손을 잡았다. 조용히 웃으면서 건넨 것은 동전 몇 개였다. 난생처음으로 누군가에게서 돈을 받았다. 내가 할머니가 된 지금도 뭐라고 형용할 수 없는, 가슴 뭉글뭉글 피어나던 그때의 그 감정을 잊을 수 없다. 할머니는 우리가 불쌍하고 측은해서 내게 동전 몇 닢을 주었을 것이다. 그것이 동정이든 사랑이든 나는 돈이란 걸 생전 처음 받았다는 것만 좋았다.

큰 그늘을 만드는 나무를 생각한다. 그리고 나무가 끼치는 영향에 대해 생각한다. 엄마의 마음을 몰랐기에 두려웠다. 말이 없는 엄마는 행동으로 본을 보였다. 엄마는 열심히 아내로의 역할과 엄마로서 해야 할 일만 했다. 그래서 더 두려웠을까. 엄마는 기쁨은 물론 슬픔도 겉으로 드러내지 않는다. 큰 그늘은 강요하지 않는다. 누구를 향해 손을 내밀지도 내젓지도 않는다. 다만 그곳에 찾아들면 그냥 그대로 둔다. 엄마는 그런 사람이었다. 본인이 해야 할 일과, 할 수 있는 것을 열심히 할 뿐이었다.

세상살이란 것이 평탄하기만 하면 지루할 거라고 누군가가 하는 말을 들은 것 같다. 아마 그 사람은 장미가 활짝 핀 담장 안에서 평생 안락한 길만 걸었던 사람이 아니었을까. 물론 조금의 시련과 굴곡을 겪으면서 산다는 것은 인생에 있어 동기부여도 되고 살아야 한다는 의지력을 고취할 수 있겠지만, 그 아픔이 너무나 깊고 넓어서 삶을 끝내고 싶다고 느끼는 사람에게는 철부지의 낭만적인 넋두리로 들린다.

그렇지 않아도 말이 없던 엄마는 더 말이 없어졌다. 그건 셋째 오빠의 죽음 이후였다. 겉으로는 아무 일도 일어나지 않았던 것처럼 보였다. 그 속에 사는 나는 일곱 살이었다. 그때를 기억하려고 하면 나는 보라색 안개에 갇혀 있는 것같이 답답하다.

자매들과 만나서 그때의 이야기를 나눌 때가 있다. 같은 상황을 겪었는데도 각자 기억하는 게 다르다. 죽음을 기다리고 있는 것 같던 아버지가 아무렇지도 않게 털고 일어나서 생활하는 것과 반대로 엄마는 무너졌다.

엄마는 쌀을 안치다가도 밖으로 나가고 불을 때다가도 누가 부르기라도 하는 것처럼 대문을 나섰다. 덕분에 우리 집은 몇 번 불이 날 뻔했다. 내 어렴풋한 기억으로 막내는 항상 울었다. 나는 그 옆에서 불안에 떨었고, 언니 둘은 아궁이에서 번져 나오는 불 단속하랴 거리로 뛰쳐나가는 엄마 붙잡아오랴 하루도 편할 날이 없었다. 뛰어가서 엄마를 붙잡아 집으로 데리고 오려 하면 엄마는 "니 오래비 저기 온다. 오래비하고 같이 집에 가야지. 이것 좀 놔라, 왜 이래 난리나"하며 신작로를 향해 손을 허우적거렸다.

어쩌면 엄마가 아버지를 원망했을지도 모른다. 아버지가 너무 엄해 아들이 무서워서 집에 들어오지 못했다고. 그래서 술을 마시지 않은 아침 시간에는 엄마의 어떤 말에도 일언반구 대꾸가 없는 아버지다. 그러다가 술을 마실 일이 있으면 잔뜩 취해서 엄마에게 술주정했다. 그러면 엄마는 속수무책으로 당하고, 다음 날 아침이면 아버지에게 자분자분한 목소리로 잔소리를 늘어놓았다. 엄마의 목소리는 크지 않았지만, 우리 아침잠을 깨우기에 충분했다.

엄마를 이해하는 데는 오랜 시간이 걸렸다. 아픔이라는 우물 속에 갇혀있었기 때문이다. 각자의 아픔이 컸고, 상대방의 아픔까지 보듬을 수 없을 만큼 괴로웠다. 엄마는 자식을 잃었지만, 우리는 엄마의 품에서 보살핌을 받아야 할 때였다. 그런데 엄마는 몸과 마음을 단속하지 못할 만큼 허약해 있었다. 막내는 네 살, 나는 일곱 살, 위로 열 살, 열세 살이었다.

엄마는 늘 말했다. 사는 게 지겹다고. 나는 엄마가 살아왔고 살아가고 있는 삶이 당신의 힘에 부쳤기 때문이라고 이해하면서도 그 말을 할 때마다 눈을 흘겼다. 지금 생각해 보면 엄마는 시적 언어를 사용한 것 같다. 많은 뜻을 함축하고 있는 짧은 문장이 엄마의 말이다. 이를테면 "사는 게 이렇게 힘든데 쑥은 봄이라고 또 쑥 올라온다"라든가, "나는 어디론가 가고 싶었다. 니들 때문에 못 갔다. 여자는 어디서든 혼자서 살 수 있어"라고. 엄마가 나를 꾸짖을 때도 "일을 이래 해서 시집이나 가겠나. 나한테 하듯 시어머니한테 할 거나"라고만 말했다.

엄마는 몸뿐만 아니라 감정의 휴식을 한 번도 갖지 못했다. 그래서였을까. 엄마의 신경은 언제나 날이 서 있었다. 어쩌면 말이 없는 엄마가 나를 향해 잔소리라도 해 줬으면 하고 바랐는지도 모르겠다. 나는 어렸을 때부터 아주 아팠다. 아프면 엄마가 나를 보는 눈길이 달라진다. 아픈 내가 안타까워 평소보다 살뜰히 챙겨주는 엄마의 눈길을 한 번이라도 더 받고 싶어서, 어린아이의 영악함으로 나는 자주 아팠던 게 아닌지, 요즘엔 가끔 그런 생각이 든다. 그만큼 나는 엄마의 관심과 사랑을 받고 싶어 했다. 엄마의 사랑을 받고 싶어 하는 만큼 엄마를 미워하기도 했다. 참 이상한 것은 엄마와 가까이 있는 것이 싫으면서도 엄마의 품속을 파고들려고 애썼다.

엄마의 품속을 차지하지 못한 나는 다른 사람을 찾았다. 큰 올케였다. 하지만 큰 올케는 아직 어른이 되기에는 미숙했다. 결혼해서 어른이라는 명찰을 달았지만, 어른은 아니었다. 철부지 시누이의 어리광을 다 받아주기에는 삶의 경험이 많지 않았다. 큰 올케의 친정어머니는 딸을 보러 우리 집에 자주 오셨다. 나는 그분의 품이 엄마 품인 양 파고들었다. 그분은 나를 밀어내지 않았다. 그래서 나는 그분을 기다렸고, 올케가 친정에 갈 때면 떼를 써서라도 따라갔다.

큰오빠가 하늘나라로 간 후 엄마는 말이 더 없어졌고, 감정 표현에 더 인색해졌다. 큰오빠가 떠난 걸 인정하지 못하는 엄마는 아무것도 달라지지 않았다. 셋째 오빠가 사라졌을 때와는 완전히 달랐다. 그때 우리 자매들은 다 성장해 있어서 엄마가 하는 행동에 큰 영향을 받지 않았지만, 엄마는 더 가여운 사람이 되었다. 매사에 의욕이 없고 그냥 하루하루를 살아갈 뿐이었다. 엄마의 변화는 집에서 자꾸 벗어나려는 것이었다.

큰오빠가 하늘나라로 떠나고, 십여 년 후에 엄마의 네 아들 중에 오로지 한 명 남은 작은오빠마저 큰 병에 걸렸다. 엄마는 오빠를 살리려고 백방으로 노력했다. 엄마의 갖은 노력에도 불구하고 작은오빠마저 엄마를 떠났다. 큰오빠는 사십 대, 작은오빠는 오십 대의 젊은 나이에 먼 길을 가버렸다. 그 무렵 엄마는 집에 있으면 가슴이 터져버릴 것 같다고 했다. 숙식 제공하는 일자리가 있으면 떠났고, 일이 없을 때는 딸의 집을 전전했다.

우리 집에 온 엄마가 "내 니들 집에 살면 안 되겠나"라고 말했을 때 나는 솔직히 두려웠다. 그냥 다니러 올 때는 엄마가 왔다가 언젠간 또 가겠지, 라고 생각했기 때문에 상관이 없었다. 그런데 엄마의 무거운 그 말을 듣는 순간 그렇게 하겠다고 대답하면 엄마가 돌아가실 때까지 내가 책임져야 할 것 같았다. 생각나는 대로 주저리주저리 엄마에게 변명을 늘어놓았다. 엄마에겐 엄마 집이 있고, 언니들도 있는데 왜 하필 우리 집에 있겠다고 하느냐. 만약 엄마를 끝까지 모신다면 시어머니도 우리가 모셔야 하는 짐을 져야 한다. 그건 너무 힘들 것 같다. 엄마는 엄마 집에 가 있고, 내가 자주 엄마를 보러 가겠다. 아마 그렇게 말했던 것 같다. 그렇게도 엄마 집에 있기 싫어하는 엄마를 이런저런 핑계를 대며 내몰았다.

엄마한테 못 할 짓을 했다는 죄의식이 있었는지, 내가 한 말에 책임이라도 지려고 한 것이었는지, 시간이 날 때면 엄마를 보러 갔다. 하지만 지금도 그건 아주 야비한 속임수였다는 것을 안다. 내 양심을 속이고 엄마를 속이는 속임수, 나는 엄마에게 씻지 못할 죄인이다. 만약 지금 그때로 돌아간다고 해도 '그래 엄마, 우리 집에서 편하게 살아. 그러다가 엄마가 가고 싶으면 그때 가. 엄마가 가고 싶지 않으면 언제까지나 우리하고 같이 살자'라고 말할 자신이 없다. 그러면서도 '엄마의 마지막이 그렇게 빨리 올 줄 알았더라면, 이런저런 가당찮은 핑계를 대며 엄마의 그 말을 무시해 버리지 않았을지도 모르는데'라는 넋두리를 늘어놓는다. 그럴 때면 엄마를 그렇게 보내지는 말았어야 했다고 후회하는 마음이 들어 눈물을 찔끔거리기도 한다. 이 무슨 알 수 없는 애매한 변덕인지 모르겠다.

사는 것이 후회의 연속이라고 어디선가 들은 것 같다. 엄마가 하늘나라로 간 후에서야 엄마의 사랑 표현을 이해하게 되었고, 엄마가 나에게 했던 꾸지람도 쌉싸래한 사랑이었다는 것을 알게 되었다. 이제야 엄마를 이해하는 마음이 드는 이 어리석음을 어떻게 해야 할지 모르겠다. 엄마가 내게 바랐던 건 내가 어릴 적 엄마에게 바랐던 바로 그것이었다. 함께 있어 주고, 살펴주는 것.

나약해지고 쓰러질 것 같으면 자신도 모르게 의지할 곳을 찾는다. 엄마는 그게 나였을까. 성숙하지 못한 나는 엄마의 울타리가 되어주지 못했다. 부모는 열 자식을 키워도 열 자식은 한 부모를 못 모신다는 말이 있다. 그래서 엄마와의 영원한 이별이 너무나 빨리 왔다.

햇볕이 쨍쨍 내리쬐는 거리에 서 본 사람은 안다. 그늘의 소중함을, 그 그늘의 시원함을. 온몸의 땀을 식혀줄 뿐만 아니라 지친 마음을 어루만져주는 포근함은 엄마만이 만들어낼 수 있는 큰 그늘이었다. 엄마가 떠난 후에야 알았다. 엄마의 그늘이 얼마나 높고 넓었던가를. 철부지 자식은 그늘이 없어진 후에야 쉴 곳을 찾아 갈팡질팡한다. 엄마의 품은 아니지만, 나무 그늘로 찾아든다. 시원하면서도 포근하다. 엄마의 그늘도 이런 곳이었다.

엄마의 유산 1

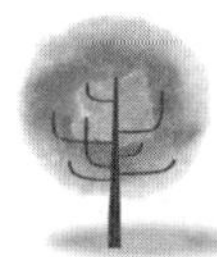

햇살이 좋은 날은 어느 구석에 있는지 까맣게 잊어버렸다가, 날씨가 흐려지면 우산을 생각해 낸다. 친구들과 즐겁게 놀 때는 아무 생각 없다가, 해가 뉘엿뉘엿 서쪽으로 넘어가고 어둠이 밀려올 때 집에서 기다리는 엄마를 생각하는 것처럼 말이다.

내 어린 시절에는 우산이 참 귀한 물건이었다. 어쩌다 멀쩡한 비닐우산이라도 내 손에 들어오면 횡재한 날이다. 비가 오는 날 아침에 우산대가 부러져서 한쪽으로 기울어졌거나 반 정도 찢어진 우산을 들고 학교에 가기도 했다. 창피했지만 어쩔 수 없었다. 하지만 그 시절에는 비가 오면 뛰는 것이 다반사였으니까 우산이란 걸 들고 다니는 것이 다행이기도 했다. 어쨌든 멀쩡한 우산을 들고 다닌 기억이 거의 없다. 비닐이 찢어진 우산이었어도 혹시 잃어버리고 오는 날은 크게 혼이 나곤 했다.

요즘에는 흔한 게 우산이다. 길을 가다가 버려진 우산이 자주 눈에 띈다. 자꾸만 손이 가려고 한다. 살이 한 개 망가진 우산을 보면 저것 고쳐서 쓰면 되는데 라는 생각이 들지만, 막상 멀쩡한 우산을 봐도 들고 오지는 못한다. 우산의 종류도 다양하다. 우리 집 신발장 한쪽에 우산 넣어두는 곳엔 크기와 색깔이 다른 우산들이 그득하다. 그래도 옛날 버릇을 버리지 못하고 혹시 밖에 나갔다가 비가 그치면 우산을 잃어버리고 올까 봐 날씨 정보를 미리 확인한다. 비가 갤 것 같은 날은 가장 낡고 오래된 우산을 챙겨 들고 나간다. 우산을 잃어버리고 집으로 와도 혼낼 사람이 없는데도.

엄마가 변하고 있다는 것을 그때는 몰랐다. 우리 집에 다니러 온 엄마는 내가 어디에서 무엇을 하든 내 옆을 떠나지 않았다. 설거지하고 있으면 식탁 의자에 앉아서 나를 보았고, 청소하려고 진공청소기를 들라치면 걸레를 빨아 와서 청소기가 지나간 자리를 재빠르게 닦아나갔다.

"엄마 가만히 좀 있어요"라고 핀잔을 줘도 소용이 없었다. 청소를 마치고 낮잠이라도 자려고 침대에 누우면 어느새 걸레를 던져버리고 내 옆에 와서 누웠다. 그러고는 내가 이해하지 못할 말을 계속 웅얼거렸다. 말대답하기도 귀찮고 엄마가 옆에 있다는 것도 부담스러워 눈을 감고 가만히 있으면 엄마는 "그렇게 잠이 잘 오면 얼마나 좋으냐"라는 말을 작은 목소리로 혼잣말하며 침대에서 일어나 앉아 내 손을 잡고 만지작거렸다.

나는 이런 엄마의 행동이 낯설었다. 어색하면서 부담스럽기까지 했다. 엄마가 잡은 내 손을 빼내고 싶었다. 그러나 차마 그것만은 하지 못하고 가만히 있었다.

내 어린 시절 기억에 엄마는 나를 다정하게 안아주지 않았다. 가난한 농부에게 시집와서 세 살 터울로 줄줄이 팔 남매를 낳아 기르느라 눈코 뜰 새 없이 바쁘게 살았다. 그러느라 어느 자식에게도 다정한 눈길 건네지 않았고, 푸근히 가슴 한번 내주지 않았다. 엄마는 항상 바빴고, 늘 힘겨워했다. 그래서 어린 자식이 옆에 가면 귀찮아했다. 그런 엄마였기에 나는 당연히 엄마 옆에 가는 것을 삼갔다.

그 무렵 엄마는 우리 집에 왔다가 갈 때면 나에게 뭔가를 꼭 주려고 했다. 그때마다 나는 엄마의 손을 뿌리쳤다. 어린 시절 잠결에 엄마 품속에 손을 넣다가 매몰차게 저지당했던 때에 입었던 상처가 생각나서였을까. 지금도 그 일을 생각하면 눈물 나게 미안하다. 그런 때 엄마는 많은 돈은 아니지만 전 재산이 들어있는 통장을 주려고도 했다. 그것을 내가 왜 받느냐고 거절하자 손가락에 끼고 있던 반지를 빼서 내 손바닥에 놓기도 했다. 나는 아무것도 받으려고 하지 않았다. 그러자 엄마는 가방에서 우산을 꺼내 나에게 주는 것이었다. 오랫동안 엄마가 사용했는데도 우산은 새것 같았다. 찢어지거나 녹슨 곳도 없고, 우산대도 반듯했다.

우산을 받을 때만 해도 엄마는 이곳저곳 이집 저집을 마음대로 다닐 수 있을 때였다. 그런데도 혹시 엄마가 비를 만나면 어쩌지, 하는 염려도 했을 법한데. 왠지 모르지만, 아무튼 나는 이런 것 필요 없다는 말을 차마 하지 못하고 우산을 받았다. 내가 우산을 받자 엄마는 환하게 웃었다. 그 모습이 지금도 눈에 선하다.

그때쯤 엄마는 치매 초기였던 것 같다. 평소에 보이지 않던 행동을 보고도 알아채지 못한 것이 지금도 너무나 죄스럽다. 평소에는 옆의 사람을 배려해서 음식에 먼저 손을 대지 않던 엄마였다. 그런데 아이들이 먹고 있는 과자를 집어서 맛나게 드시는 모습이라니. 어린아이처럼 과자를 드시는 모습을 보면서 단지 우리 엄마도 늙으셨나 보다고 생각했다. 그래서 엄마를 보러 갈 때면 부드럽고 단맛이 나는 과자를 골라 들고 갔다. 그것을 아주 맛있게 드시던 엄마의 모습이 지금도 눈앞에 어른거린다.

해가 쨍쨍한 날에도 엄마 가방 아래쪽 구석에는 오래된 우산이 들어 있었다. 엄마는 그 우산을 도대체 사용한 적이 있었는지 모르겠다. 나는 엄마 흉내라도 내고 싶었는지 우산을 가방에 늘 넣어 다녔다. 크지 않은 가방에도 우산이 쏙 들어가서 좋기도 했고, 우산이 가방에 있으면 왠지 마음이 든든했다.

며칠 동안 길 떠날 일이 생겨서 당연히 그 우산을 챙겼다. 예고도 없이 소낙비가 쏟아졌다. 내가 우산을 꺼내 들고 사진을 찍자, 동행했던 사람이 우산을 빌려달라고 했다. 아무런 망설임 없이 우산을 건네주었다. 여러 사람이 차례로 우산을 펼쳐 빗속에서 사진을 찍고 접고 하는 사이 나는 그 우산을 챙기려고 하지 못했다. 우산을 사용하고 난 후 차에 올려놓았는데 그것이 어느 사람의 발아래 있었던 모양이다. 내가 챙기려고 할 때는 이미 늦었다. 다른 장소에서 우산을 펼쳤을 때 비는 그쳤지만 내 마음속에서는 소낙비보다 더한 비가 쏟아졌다.

이제는 그 우산을 가방에 넣고 다니지 않는다. 그때 그 일이 많이 후회되지만 이젠 돌이킬 수 없다. 녹이 슬고 살이 부러진 우산을 가끔 꺼내 볼 때가 있다. 그러면 엄마의 가방이 떠오르고 그 가방을 들고 다니던 엄마의 모습이 생각난다. 우산을 보면서 엄마 생각하라고 마지막으로 나에게 준 선물이었을까.

엄마의 유산 2

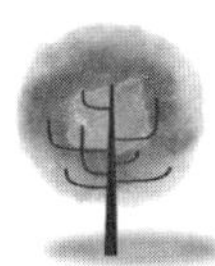

어제 닦았는데 창으로 들어오는 햇살 때문인지 또 먼지가 보인다. 얼른 일어나 수건에 물을 묻혀 가장 높은 곳에 있는 나뭇잎부터 천천히 닦는다. 파란 잎이 내 손을 어루만지던 엄마 손길처럼 촉촉하면서도 살갑게 와 닿는다.

엄마가 사준 고무나무는 거실 한쪽을 차지하고 있다. 머지않아 천정에 닿을 것 같다. 언제 이렇게 자랐는지 대견하면서도 천정에 닿을 만큼 자라면 어떻게 해야 할까 걱정된다. 어떤 이는 키우던 화초가 너무 커서 화원에 가져다줬다고 말했고, 어떤 사람은 커피숍 하는 친척 집에 줬다고도 했다. 단독주택에 살고 있다면 이런 걱정 안 해도 될 터라는 생각을 잠깐 해본다.

'너는 누구에게 줄 수 있는 게 아니야. 너를 다른 집에 준다는 것은 엄마를 다른 집에 보내는 것과 같아. 그러니까 천천히 자라야 해.' 이런 말이 무슨 소용이 있을까마는 그래도 혼자 중얼거린다.

1989년 처음으로 우리 집을 장만할 무렵에 이 나무가 이사 왔으니까, 벌써 32년을 넘게 같이 살았다. 처음 만났을 때 마음에 쏙 들었다. 그리 크지 않은 화분에 가지가 두 개로 뻗어 있는 고무나무는 예뻤다. 고무나무를 사 준 엄마에게 고맙다는 말을 몇 번이나 했다.

결혼하고 매달 월급 받으면 얼마씩을 내야 하는 방 하나를 빌려 여러 곳에 이사 다니면서 살았다. 방 한 칸에 장롱·냉장고·서랍장을 놓고 네 식구가 누우면 방이 꽉 찼다. 그래도 큰아이가 초등학교 입학하기 전에는 우리 집을 살 거라는 꿈이 있었기에 불편하다고 생각하지 않았다.

돈이 어느 정도 모였고, 큰아들이 다음 해엔 초등학교 입학할 때가 되었다. 돈이란 게 이상한 힘을 가지고 있는 것 같다. 돈이 모였다 싶으면 왜 그리 빌려달라는 사람이 많은지. 나는 천성이 거짓말을 할 줄 모르는 착한 사람인지, 아니면 그 상황을 슬기롭게 벗어나는 지혜가 부족해서인지, 누군가가 돈을 빌려달라고 하면 거절하기가 어렵다. 그것이 없다고 하지도 못할뿐더러 다른 곳에 써야 하므로 못 준다는 핑계 대지도 못한다.

큰아이가 초등학교에 들어가기 전에 작은 집이어도 우리 집을 사려고 다짐하며 알뜰하게 살아서였는지 다행히 작은 집 살 만큼 돈이 모였다. 하지만 조금 망설였다. 조금만 더 모으면 계단이 아닌 엘리베이터를 타고 쉽게 오를 수 있는 아파트로 이사할 수 있을 것 같았다. 그런데 돈을 빌려달라는 전화가 여기저기서 왔다. 이대로 있다가는 돈을 빌려줘야 할 것 같았다. 돈에 맞춰서 집을 사기로 하고 남편에게는 통보만 했다. 그 또한 마음이 약해서 어렵다는 형제들을 외면하지 못할 것 같아서였다.

단독주택을 사고 싶어 다녀보았지만, 마땅한 것을 찾지 못했다. 버스를 타고 시장을 보러 가는데 아파트 공사하는 게 눈에 띄었다. 다음날 분양사무소를 찾아갔다. 분양을 시작한 지 한참 지난 5층 아파트였는데, 이미 좋은 층은 남아 있지 않았다. 다행히 4층이며 남향이 한 개 남아 있다고 해서 바로 계약했다. 몇 차례의 중도금을 내려고 분양사무실에 갔다. 요즘엔 여러 번 중도금을 내지도 않지만, 그때는 현금을 가지고 분양사무실에 가야 했다. 어느 눈 내리는 겨울날, 분양사무실에 갔다가 오는 길에 나무 계단에 미끄러져서 많이 다치기도 했다. 며칠 동안 집 밖에 나가지 못하고 집 안에서 겨우 아이들 밥만 해줄 정도였다. 그래도 좋았다. 아파트가 완공되고 이사할 날이 다가오고 있기에.

남편은 그때 거의 집에 없었기 때문에 집 계약하는 것과 중도금을 내는 것은 물론 이사도 혼자서 해야 했다. 이삿날을 정해놓고 엄마에게 전화하자 한달음에 오셨다. 엄마는 그랬다. 내가 필요하다고 부르면 만사 제쳐놓고 달려와 주셨다.

집을 사서 이사한다는 소리에 엄마는 놀라워했다. 엄마의 눈에 나는 항상 부족한 딸이었다. 부족해서 염려되었고, 세상을 어떻게 살아낼지 엄마는 늘 노심초사했다. 내가 하는 행동 모든 것이 불안하고 마음에 차지 않아 엄마는 항상 지적하고 타일렀었다. 나는 그런 엄마에게 잔소리만 한다고 투덜거렸었는데, 그때야 나는 엄마로부터 난생처음으로 칭찬을 들었다. 얼마나 알뜰하게 살았으면 그 월급으로 벌써 집을 살 수 있게 되었냐고 하면서 대견해하기까지 했다.

무엇보다 엄마에게 인정받는 것 같아서 뿌듯했다. 엄마의 칭찬을 받으니 내가 집을 산 것이 새삼 잘한 일이 되었고, 내 집 살 돈을 빌려주지 않았다는 죄책감에서 벗어나는 것 같았다. 엄마가 해줄 수 있는 게 뭐냐고 묻기에, 아무것도 없으니까 이사할 때 같이 있어만 달라고 했다. 또 엄마는 이사 가면 이웃에게 떡을 나눠줘야 한다면서 시루떡을 맞춰주었다. 엄마가 준비해 간 따뜻한 떡으로 이웃에게 인사했고, 이사를 도와준 지인과도 나누어 먹었다.

이사하는 날 겨울비가 내렸다. 몹시 추운 날이었고 비까지 내리니까 정신이 없었다. 이사 도와주겠다고 온 지인들은 새 가구가 젖으면 안 된다며 수건으로 열심히 닦았고, 아이들과 엄마는 난방이 되지 않는 집에서 오들오들 떨었다. 거기다가 난방유를 배달해 주지 않았다. 주유소로 달려갔지만 배달할 수 없다는 말만 들었다. 철물점에 가서 난방유 통을 네 개 사서는 장롱 배달 온 가구점 운전사 아저씨에게 부탁해 겨우 난방유를 사 올 수 있었다. 4층까지 네 통을 들고 올라가는데 팔이 빠질 것 같았다. 이사하는 날 혼자 이리 뛰고 저리 뛰어다니며 속상해서 많이 울었다. 그래도 엄마가 옆에 있었고, 새 가구와 새 가전제품, 새집으로 이사하는 것이 좋아서 금방 안정이 됐다.

그 집으로 이사하고 엄마가 자주 우리 집에 오셨는데, 어느 해

봄이 시작되려고 할 때였을 것이다. 당시 나는 집 꾸미는 재미에 푹 빠져 있었다. 조그마한 화분을 사다 놓기도 하고 이웃에서 화초를 얻어다가 화분에 심기도 했다. 엄마가 집을 샀으니 선물을 해주마고 해서 같이 시장에 갔다. 이사한 지 한참 지났는데 무슨 선물이냐고 했지만, 은근히 기대했다.

엄마는 꽃봉오리가 많이 맺힌 영산홍 화분을 골라주셨는데, 그것 하나만으로도 만족했다. 집을 꾸민다고는 했지만, 값이 싸거나 얻은 화초들만 있는데 영산홍 화분을 놓으면 베란다가 환해질 것 같았다. 나는 정말 좋았다. 그런데 엄마가 자리를 뜨지 않고 망설이고 있었다. 이것저것 구경하고 있던 엄마가 고무나무를 가리키면서 같이 계산하라고 했다. 처음에 내 것이 된 영산홍 화분도 예뻤지만, 고무나무는 더 마음에 들었다. 화분 두 개를 들고 오는데 그렇게 기분이 좋을 수가 없었다. 마치 화원을 우리 베란다에 옮겨오는 것만큼 기뻤다. 고무나무와 영산홍은 조잡한 우리 베란다를 멋진 화원으로 변하게 해주었다. 아쉽게도 영산홍은 한 해 꽃을 피우고는 죽었다. 내가 관리를 못한 탓이었다. 엄마가 사 준 화분을 살리지 못해서 미안했다. 그런데 고무나무는 키를 쑥쑥 키우며 잘 자라주었다.

고무나무는 우리가 처음 장만한 집에서도, 그다음 이사 간 집에서도 잘 자라다가 이 아파트에 와서 수난을 당했다. 이곳으로 올 때 다른 화분은 다 정리하고 고무나무만 가지고 왔다. 막상 가지고 와서 보니 베란다가 없어서 난감했다. 천정에 닿을 만큼 자란 고무나무를 거실에 놓기도 부담스러웠다. 안방에 달린 햇볕이 조금밖에 들지 않는 좁은 공간에 놓을 수밖에 없었다. 그런데 한 해 겨울이 지나자 고무나무가 얼어 죽은 것처럼 보였다. 미안했다. 그리고 고무나무를 사 준 엄마에게 죄송했다.

나에게 고무나무는 단순히 화초가 아니었다. 어떤 것에 의미를 부여하면 보잘것없는 것도 대단해 보이고 소중하게 여기게 되는데, 나에게 고무나무는 그런 존재였다. 대견한 딸이라는 칭찬을 대신해서 엄마가 준 선물이 고무나무였다. 고무나무를 보고 있으면, 대견하다는 그 말보다 엄마가 진짜 내게 하고 싶었던 말을 해 주는 것 같았다. '이젠 가녀린 화초로 살지 말고, 줄기가 굵고 튼튼한 가지를 쭉쭉 뻗는 나무처럼 살아라'라고. 엄마가 돌아가신 후에는 고무나무가 더 소중했다. 자라는 것을 보면서 엄마를 떠올리곤 했는데, 너무 속이 상했다. 죽게 내버려 둔 것 같아서 죄책감마저 들었다. 버릴 수가 없었다.

봄도 한참 지난 어느 날 남편이 나를 불렀다. 남편이 손가락으로 가리키는 곳에 새잎이 돋고 있었다. 고무나무는 죽었던 것이 아니었다. 돌아가셨지만, 내 마음 어느 한 곳에 존재하는 엄마처럼 살아있었다. 우리는 엄마가 준 귀한 선물이 다시 왔다며 크게 기뻐했다. 정성들여 나무를 손질했다. 볼품없이 얼어서 죽은 큰 가지를 잘라내고 큰 화분을 사 와서 심었다.

그때도 그랬었다. 아침마다 화초에 물을 주면서 고무나무 잎을 닦았다. 엄마가 우리 집에 오실 때면, 그때 그 나무를 이만큼 키웠노라고 자랑했었다. 잎을 닦아놓고 저만치 떨어져서 바라보면 나뭇잎이 빛을 받아 반짝반짝 빛났다. 엄마가 돌아가신 후에는 고무나무를 보며 엄마 생각을 했다.

마른 고무나무 뿌리에서 조그마한 잎 하나 겨우 올라오더니 혼자서 옆으로 가지를 뻗고 멋있게 자라주었다. 엄마가 사줄 때의 멋진 모습과 비슷하게 컸다. 그런데 그 조그맣고 귀엽던 나무가 이제는 내 키를 훌쩍 넘어 천정에 닿으려고 한다. 머지않아 어떤 결딴을 내야 할 것 같다. 남편은 위의 가지를 잘라 꺾꽂이해서 예쁘게 키워보자고 한다.

아마 내년 봄쯤에는 엄마 고무나무 옆에 딸 고무나무가 자라고 있을 것이다. 먼지 닦인 나뭇잎이 거실로 들어오는 햇살을 받아 반짝반짝 빛난다. "너무 알뜰하게만 살지 말고 먹고 싶은 것 먹으며 살아라"라는 엄마 말이 들린다.

엄마의 유산 3

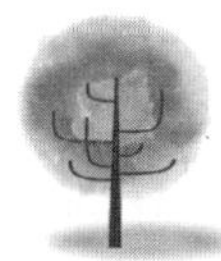

도종환의 수필 「너도밤나무」라는 작품을 접하면서 너도밤나무에 대한 의문이 풀렸다. 그리고 엄마가 나를 꾸짖을 때 "예쁘장하게 생겨가지고 인물값도 못한데이"라고 하시던 말씀이 같이 떠올랐다. 생긴 것에 비해 먹을 수 없는 밤을 떨어뜨리는 나무를 향해서 '너도밤나무냐?'라고 누군가 말했듯, 나보고 생긴 것보다는 딴판이라던 엄마 목소리가 지금도 들리는 것 같다.

엄마는 내가 하기 싫어하는 일을 과하게 시켰다. 책을 빨리 읽고 싶은 조급한 마음에 띄엄띄엄 말더듬이 되어 읽듯이 나는 일을 엉성하게 처리하곤 했다. 콩을 까라고 하면 깐 콩 바구니에 콩꼬투리가 절반이고, 봄나물을 캔 바구니에는 온갖 풀과 각종 낙엽이 먹을 수 있는 나물과 뒤섞여 있었다. 어쩌면 엄마는 너도밤나무의 이름과 열매에 관한 이야기를 옛날부터 알고 있지는 않았을까, 억지로 꿰맞춰 본다. 엄마는 내가 가짜가 아닌 진짜 열매로 자라기를 바라는 마음에서 잔소리했던 것일까.

두 해 전인가. 가을쯤이었다. 걷고 있는데 탐스러운 열매가 한눈에 들어왔다. 내가 생각할 때 모든 열매는 먹을 수 있는 것이었다. 풀을 헤치면서까지 열매를 주웠다. 양쪽 주머니에 가을의 풍성함을 가득 담은 것처럼 흡족했다.

생전 처음 보는 것이었지만, 유난히 반짝이고 통통한 것 하나를 골라 알밤 까듯 까보려고 하다가 멈추었다. 지나다니는 사람이 많은데도 열매가 떨어진 자리에 있다는 것은 먹을 수 없는 것일지도 모른다는 의심이 언뜻 들었기 때문이었다. 먹지도 못하니까 버려야겠다면서도 열매가 탐스럽기도 하고 반질반질 예뻐서 한꺼번에 버리지 못했다. 길가에 흙이 있는 곳에 하나씩 떨어뜨리면서 걸었다. 두 개는 끝내 버리지 못하고 집에 가져왔다. 그 열매의 이름이 무엇이며 먹을 수 있는지 없는지 알아봐야겠기에.

여러 사람 중에 열매에 대해 아는 사람이 있을지도 모른다는 생각에 모임 장소에 가지고 갔다. 그 자리에 모인 사람은 하나같이 모른다고 했다. 신기해하면서 맛있어 보인다는 사람도 있었다. 한 사람이 사진을 찍어 인터넷에서 검색했다. 거기에서 얻은 답은 외국에서 자라는 나무의 열매이고 먹을 수 없다는 것이었다. 참고로 다람쥐 같은 동물도 이 열매를 먹지 않는다고 했다. 이름은 끝까지 알아내지 못했다.

자주 그 나무 아래를 지난다. 그때마다 생각했다. 먹지도 못하는 열매가 왜 이렇게 먹음직스럽게 생긴 걸까. 열매의 사진으로 알게 된 정보는 나에게 궁금증을 더 키우게 했다. 지금껏 수수께끼를 풀지 못한 찝찝함에서 벗어나지 못했던 이유는 나무의 이름을 몰랐기 때문이었다.

너도밤나무, 낯선 곳을 헤매다가 낯익은 길을 만난 듯 답답함에서 벗어나는 느낌이다. 외국 소설을 읽을 때 많이 접했던 단어다. 너도밤나무 숲이라든가. 너도밤나무가 늘어진 거리라든가 하는 단어를 읽을 때 눈 앞에 펼쳐진 풍경은 그윽했으며, 문학적 상상력을 자극하기에 안성맞춤이었다. 너도밤나무를 묘사하는 문장을 읽을 때면 소녀적 느티나무가 그늘을 만들어주던 신작로를 떠올리기도 했다. 너도밤나무 여러 그루가 무성한 가지를 늘어뜨리고 있는 길이, 내 어릴 적 걸었던 그 길과 다르지 않다는 것을 알았다. 또 너도밤나무는 외국에서만 자라는 서구적인 나무가 아니라 우리나라 울릉도에도 많이 자란다는 것도 알게 되었다.

「너도밤나무」에서는 '생긴 건 분명 밤나무처럼 생겼는데 쓰고 아려서 도저히 씹을 수 없는 너도밤나무처럼, 우리도 생긴 모습과는 달리 도저히 남들로부터 그런 이름에 걸맞은 사람으로 인정받을 수 없는 삶을 살고 있지는 않은지 자신에게 물어보아야 한다.'라고 글을 마무리하고 있다. 그랬다. 나는 엄마의 기대만큼 일하지 못했고, 앞으로 잘하라는 꾸중을 늘 들었다. 일은 마무리가 가장 힘들다는 것을 그때 알았지만 깨달은 대로 실천하는 것은 너무나 어려웠다. 엄마는 잘못한 일에 대해 그냥 넘어가지 않았다. 도와주지 않았으며, 스스로 감당하게 했다. 풀과 낙엽이 절반이 담겨 있던 나물을 끝까지 다듬게 했다. 그런 줄 알면서도 나는 번번이 일을 거칠게 했고, 한 번에 깨끗하게 마무리하지 못했다.

엄마는 내가 생긴 것 같이 행동하지 않는다고 항상 걱정했다. 그 소리를 들을 때마다, 듣기 싫은 잔소리 또 한다며 엄마에게 대들기도 했다. 나는 반항이라도 하듯, 더 거친 결과물을 내놓곤 했다. 다른 자매들은 얌전하고 곱게 삼을 삼아서 엄마에게 칭찬 들었지만, 나는 언제나 엄마에게 퉁바리를을 들었다. 양은 다른 사람에 뒤지지 않는데 제대로 하지 못했다는 이유에서였다. 빠른 시간에 많이 하고 싶은 욕심에 가늘게 찢어야 하는 줄기는 두껍게, 작고 짧게 매야 하는 매듭은 굵고 길게 해 놓았다. 갈포 공장에 가서 싫은 소리를 또 들어야 한다면서 엄마는 한심하다는 표정으로 나를 봤다. 말하기도 귀찮다는, 제대로 좀 하라는 무언의 꾸지람이었다.

엄마의 기준으로 생각했을 때 딸이 기대했던 만큼 일을 못 한다는 것이고, 나로서는 엄마가 버거운 일을 시킨다는 것이었다. 그렇지만 가끔 엄마는 칭찬하기도 했다. 집 청소를 해 놓고 엄마의 평을 기다리고 있을 때였다. 어디의 먼지가 남아 있고, 어느 곳이 덜 닦였다는 꼬투리를 잡아서 엄마가 꾸중할 게 뻔했다. 그런데 "어째 이래 청소를 말끔히 잘했나"라고 뜻밖의 말이 엄마 입에서 흘러나올 때도 있었다. 그때 엄마 얼굴은 평소의 모습이 아니고, 편안하면서도 조금 웃는 것 같기도 했다. '뭘 잘했다는 거지, 평소하고 똑같이 했는데'라고 얼떨떨했지만, 칭찬 들었다는 것에 은근히 기분이 좋기도 했다. 돌이켜보면 엄마가 시킨 일을 할 때 딴생각 하지 않고 그것에만 집중하며 끝냈을 때였다.

어떤 이는 부모로부터 건물을 받았고, 어떤 사람은 땅을 물려받았다고 한다. 대부분 사람은 집을 살 때 혹은 차를 살 때 부모에게서 지원받았다고 말했다. 그럴 때 나는 꿀 먹은 벙어리가 된다. 나는 받은 것이 없다고, 하나도 없다고, 그렇게 속으로 생각하면서.

돌이켜 보면 내가 부모로부터 받은 것이 왜 없을까. 건물을 받지 않았다고 해서, 돈을 지원받지 않았다고 해서, 아무것도 받지 않은 것이 아니다. 나를 낳아서 키워 어른으로 만들어 준 이가 부모이고 지금의 나를 있게 하는데 가장 중심이었던 이가 엄마다. 내 모든 의식에는 엄마가 존재한다. 오늘도 엄마의 말을 꺼내 본다. "얼굴은 얌전하게 생겼는데, 하는 짓은 왜 그 모양이냐. 마음먹고 하면, 이래 잘할 수 있는걸."

콩을 까면서도 마음은 친구들이 펄쩍펄쩍 즐겁게 뛰어놀고 있는 길거리에 가 있곤 했다. 빨리 끝내고 나가고 싶어 깔끔하게 콩을 깔 수 없었다. 방 청소를 하다가 밖에서 아이들이 노는 소리가 들리면 머리에서 쥐가 났다. 이곳저곳 구석구석 닦기보다는 어떻게 하면 엄마 눈을 속일 수 있을까 궁리하면서 청소했다. 삼을 삼을 때는 언니들이 하는 만큼 하고 싶어서 마음이 조급했다. 그러다 보니 당연히 꾸중은 오롯이 내 몫이 되었다.

내 우둔한 어리석음을 죄도 없는 너도밤나무에 빗대서 변명을 늘어놓은 것 같아 미안하다. 나의 의도는 엄마에게 받은 유산이 물질적인 것이 아니고 정신적이었다고, 고백함이었을 뿐인데. 그렇지만 이것만은 말해야겠다. 너도밤나무는 먹지 못하는 열매를 떨어뜨리지만, 나는 한 가지 열매만 달고 있는 나무가 아니라는 것을. 스무 번, 백 번, 아니 수도 없이 귀에 딱지가 앉을 정도로 엄마의 잔소리를 들어야 했지만, 엄마의 포기하지 않은 그 꾸지람 덕분에 이제는 내가 집중할 때와 집중하지 않을 때의 결과가 어떻게 달라지는지, 그리고 칭찬과 질책 중에 어떤 것을 선택할 것인지 알게 되었다. 엄마는 나를 나무라면서 스스로 맛을 낼 줄 아는 진짜 열매가 되기를 바랐을 것이다.

3부 열세 번째 이사

고구마 캐는 날 1

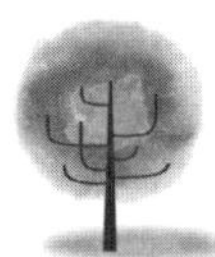

언덕마다 나팔꽃이 활짝 피었고, 밭두렁에는 누런 호박이 뒹군다. 어느 곳에나 가을의 정취다. 바라보기만 해도 풍성하다. 만져만 보아도 배부르다.

봄이 오는가 싶었는데 어느 사이 여름이 지나고 가을이 턱밑에 떡하니 도착해있다. 나뭇잎들이 조금씩 노란색으로 옷을 갈아입는 걸 보니 고구마 캘 때가 되었나 보다.

거의 삼십 년 전 정확히 이십팔 년 전에 내 집이라고 작은 집을 장만하고 지금의 고구마밭 주위로 이사 왔다. 산 몇 번지라는 주소에 맞게 아파트 뒤쪽이 온통 산이다. 저쪽에 가보면 무엇이 있을까, 호기심이 발동했다. 어느 날 아파트 뒤쪽으로 올라가 보았다. 야산의 능선은 평평했으며 작은 나무도 자라고 있지 않았다. 가을이 막 지난 초겨울인데도 농사를 지었던 흔적은 보이지 않았다. '이 아까운 땅을 버려두다니, 내년 봄에는 내가 이곳을 밭으로 만들어야지.' 그 다짐은 산책을 매일 하게 만들었고, 하루하루 더 다져졌다.

봄이 왔다. 기다리고 기다리던 때가 온 것이다. 언 땅이 녹기를 기다렸다가 호미로 땅을 팠다. 이곳으로 이사 오기 전 마당 한쪽에 버려진 화단을 가꾸던 실력을 백분 발휘할 기회가 드디어 온 것이다. 밭을 일구면서 혹시 땅 주인이 나타나서 뭐라고 하면 어쩌나 두리번거리기도 했다. 그러다가 산책하러 올라오는 사람을 보고 깜짝 놀라 호미질하던 손을 놓고 가만히 앉아 있기도 했다.

봄이 지나고 여름이 와도 주인이라는 사람은 나타나지 않았고, 그 넓은 산 능선에는 오직 내가 개간한 조그마한 밭만 휑하니, 바둑판처럼 놓여있었다. 아침저녁으로 올라가서 풀을 뽑고 벌레를 잡아주는 정성에 보답하듯 채소는 실하게 잘 자랐다. 산책하려고 올라오는 사람들이 내가 개간한 밭을 보며 감탄하기도 했다. 그 후 빈손으로 또는 강아지 줄을 잡았던 손에 호미나 삽을 들고 산으로 오르는 사람들이 늘어났다. 지금은 밭을 만들어 농사를 짓고 싶어하는 사람은 많아도 더 만들 곳이 없을 정도로 산 능선은 모두 훤한 밭이 되었다.

이 밭에는 추억도 함께 익어가고 있다. 친정엄마는 내가 땅을 일구어 농사짓는 것이 기특해서인지 씨앗들을 가지고 오셨다. 흙을 고르고 손바닥으로 톡톡 두들기고 그 위에 도라지 씨앗을 뿌리고 아주 작은 양의 흙을 그 위에 덮으셨다. 도라지 씨앗을 뿌리는 방법을 그때 알았다. 엄마는 우리 집에 와서 심심한데 밭이 있으니 좋다고까지 하셨다. 도라지를 시작으로 예쁜 꽃을 피우는 홍화씨, 끓여 먹으면 눈 건강에 좋다고 말씀하시며 결명자 씨앗도 가져다주셨다. 요즘도 가끔 이 밭에 오면 엄마와 함께하던 그때가 떠오르기도 한다.

그동안 조그마한 땅에 여러 작물을 심고 키웠지만 한 해도 거르지 않고 심은 것이 고구마다. 다른 곳에 땅을 사고 농사짓고 있어도 봄이 되면 고구마는 이곳에 꼭 심는다. 고구마는 키우기 가장 편하다고 말들을 한다. 꼭 그렇지만은 않다. 줄기가 뻗어가면서 풀을 뽑을 필요가 없어서 조금 손이 덜 가긴 하지만 그렇다고 그냥 고구마를 거둘 수 있는 것은 아니다. 고구마를 심을 무렵에는 항상 가뭄이 심하다. 그래서 바싹 마른 흙에 물을 듬뿍 주며 심어야 한다. 아주 높진 않지만, 이곳이 산이다 보니 물을 얻을 곳이 없다. 집에서 물을 받아서 물통을 들고 이곳까지 와야 한다. 흙에 구멍을 내고 모종을 넣고 물을 주고 다시 묻어주는 일도 쉽지 않다. 주위에 나무 한 그루 없고, 모래땅처럼 물을 가두지 못하고 비가 와도 금방 배수가 되어버리는 땅이라서 가뭄을 잘 탄다. 모종을 심어 놓고도 몇 차례 물을 줘야 한다. 그런 수고로움을 마다하지 않고 이곳에 고구마를 심는 이유는 이 밭에서 캔 고구마가 다른 곳에서 키운 것보다 맛이 좋기 때문이다. 올봄에도 가을이 되면 튼실한 고구마를 캘 신명에 고된 일도 힘든 줄 모르고 즐겁게 했다.

올봄에는 가뭄이 대단했다. 물을 듬뿍 주고 심어 놓은 고구마 싹이 바싹바싹 말라 죽어갔다. 무거운 물통을 들고 산 능선을 오르는 것보다 죽어가는 싹을 보는 것이 더 힘들었다. 거의 죽게 된 모종 옆에 모종을 사서 물을 주며 다시 심기도 했다.

봄 가뭄이 해소되는가 싶었는데 올여름에는 한 달 가까이 비가 계속 내렸다. 그나마 다행인지 고구마 순은 흙이 보이지 않을 정도로 잘 자랐다. 고구마는 줄기가 너무 실하면 알이 없다는 말을 들은 터라 은근히 걱정은 되었다. 하지만 그 또한 내 마음대로 할 수 없는 일, 그저 가을이 되기만을 기다렸다.

고구마 담을 상자와 장화·호미를 챙겨 들고 밭에 왔다. 고구마 줄기를 걷어내고 비닐을 벗겼다. 흙을 헤집고 고구마를 캤다. 작년보다 고구마 농사가 잘 안된 것 같다. 모종이 죽어서 두 번째 심은 곳인지 줄기만 무성하고 고구마는 하나도 달리지 않았다. 그나마 처음 심어서 살아난 줄기의 뿌리에 고구마가 달려 있다고 해도 한 개나 두 개 정도 달렸다. 뿌리를 내려야 할 때는 너무 가물었고, 알이 생겨야 할 때는 비가 너무 많이 내렸던 탓일까, 줄기만 무성한 것이 꼭 실속 없는 허풍선이다.

날씨를 원망하며 호미질했다. 앞서가며 고구마 줄기를 걷던 남편이 이것 좀 보라며 나를 불렀다. 손을 멈추고 바라봤다. 고구마 싹은 엄청 실해서 줄기가 여러 갈래로 무성했다. 줄기 주위의 비닐은 누가 밑에서 밀어 올리기라도 한 것처럼 위로 쑥 올라와 있다. 고구마 줄기는 비닐 밖 땅에 줄기를 뻗고 뿌리를 당연히 내리는 것인데, 이 고구마 순은 몇 가닥이 비닐 안에서 뻗고 있었다. 줄기를 뻗으면서 옆에서 자라고 있는 곳 그리고 그 옆의 이웃에서 자라고 있는 고구마 줄기를 점령해버렸다. 이를테면 제집 광에 있는 것을 먹고는 옆집 그리고 옆집의 옆집 광에까지 쳐들어 가서 먹을 것을 다 먹어 치운 격이다. 지금까지 고구마를 심고 캤지만 이런 것을 처음 보았다.

남편이 힘을 써 줄기를 당기자 비닐이 반으로 쭉 찢어졌다. 찢어진 비닐 안에서 커다란 고구마가 불쑥 머리를 쳐들고 있는 게 아닌가. 주위의 흙을 긁어내자 뿌리에 큰 고구마가 네 개 달려 나왔다. 그중에서 한 개는 지금까지 보지도 못했던 크기의 고구마였다. 달려 나온 고구마 세 개도 크기가 작진 않았다. 그런데 네 개의 고구마가 모두 한 쪽이 시커멓게 썩어 있다. 몸을 키우면서 부대껴서 그런걸까. 아니면 많이 먹으려고 다투다가 서로에게 상처를 입혔던 것일까?

"참 욕심이 많은 놈이네."

"제 것만 먹고 커도 될 텐데 남의 집 안으로 들어가서 다른 모종이 먹을 영양분을 다 빨아먹었네."

고구마 캐던 손을 놓고 남편과 이야기를 주고받으며 한참 동안 웃지 않을 수 없었다. 고구마의 생존전략이 사람 사는 세상과 비슷하다는 말까지 하면서.

고구마는 그야말로 엄청나게 크다. 몇 번을 튀겨먹어도 되겠다. 그리고 모양도 예쁘다. 아주 잘 생긴 남자 배우처럼. 미남 아니면 미 고구마라고 해야 할까. 그런데 아쉬움이 있다면 너무 욕심을 내고 영양분을 많이 흡수한 탓에 가슴팍을 크게 도려내야 한다는 것이다.

어쩌면 만족하지 못하고 더, 더, 하고 외치는 우리에게 경고를 보내는 것 같기도 하다. 너무 넘치게 먹어서 영양 과잉으로 한쪽이 무너지고 있다. '한 치밖에 되지 않는 사람 욕심은 바닷물로도 못 채운단다'라고 하시던 친정어머니 말이 귀에 들리는 듯하다.

올해도 그런대로 고구마가 풍년이다. 고구마를 얼마 캐지 못할 걸 예상하고 가지고 왔던 상자가 모자라서 두 개를 더 구해 왔다. 고구마가 가득 담긴 상자를 옮겨야 하는 수고로움이 아직 남아 있다. 하지만 고구마를 캘 때의 마음은 이미 부자가 된 듯해서 그런 것쯤은 아무것도 아니다. 그리고 형제자매들이 우리 고구마 먹을 생각을 하니 즐겁다. 고구마를 맛있게 먹을 식구가 더 늘었다. 김이 무럭무럭 나는 고구마가 며느리와 손자들 입으로 들어가는 모습을 상상하니 환한 나팔꽃처럼 입꼬리가 귀로 올라간다.

고구마 캐는 날 2

뭉게뭉게 떠다니던 구름은 걷혔다. 고구마 캐기 딱 좋은 날씨다. 얼마나 캘까, 상자를 몇 개 챙기면 될까, 며칠 전부터 즐거운 고민에 빠졌다. 하염없이 파란 하늘을 보며 고구마밭으로 향했다. 무르익어가는 가을 산이 우리를 향해 황금빛 손을 흔든다.

올해는 작년보다 고구마 수확이 적으리라 짐작하고 상자를 조금 챙겨왔다. 예상하고 당연하다고 생각했지만, 고구마 고랑이 허전한 것을 보니, 가을의 창고 한쪽이 텅 빈 것처럼 싸하다.

해를 거듭할수록 봄 가뭄이 점점 심해진다. 이젠 우리나라도 건기와 우기로 나누어져 거기에 맞게 농작물을 키워야 할지도 모르겠다. 동남아의 나라들처럼 살아야 한다고 말하는 사람이 있을 정도다. 처음 여기에 밭을 일구고 채소 씨앗을 뿌리고 고구마 싹을 심을 때와는 아주 다르다는 것을 실감한다. 그때는 그랬다. 씨앗을 뿌리면 때맞추어 촉촉한 단비가 내렸고, 고구마 싹을 심을 때는 비가 자주 와서 어느 해는 비를 맞으며 심기도 했다. 우의를 입은 몸 안에 땀이 흘러내리고, 손과 장화에는 흙이 달라붙어서 일하기가 조금 힘들기는 해도 따로 물을 떠 와서 주지 않으니 훨씬 쉬웠다.

올봄에는 비가 오랫동안 내리지 않아 최악이었다. 고구마 싹을 심을 때는 그야말로 뙤약볕이었다. 뜨거운 날씨인 것도 그렇지만 바람은 왜 그리 많이 부는지, 땅에 조금이라도 습기가 남아 있다면 그것마저도 금방 말려버릴 기세였다. 비를 기다렸다가 심으려고 하루 이틀 미뤘다. 하지만 무심한 일기예보는 비 소식을 전해주지 않았다. 어쩔 수 없이 해가 쨍쨍한 날 물을 주며 심어야 했다.

제때 모종을 심고 수시로 살피며 풀을 뽑아줄 수 있을 때가 그래도 좋았다. 밭으로 오려면 30분 걸어야 하는 곳으로 이사하고, 다른 곳에 밭을 장만하고 농사를 짓다 보니 고구마밭의 일이 배로 힘들게 되었다. 자주 와서 풀을 뽑아주지 못해 풀이 작물보다 먼저 자라서 다 키워놓은 싹이 녹아내리기도 한다. 고구마 싹 옆에 어느새 풀이 뿌리를 깊이 내릴 때도 있다. 풀을 조심해서 뽑아낸다고 해도 겨우 뿌리를 내린 고구마 뿌리를 건드려 죽이는 일도 허다했다. 가장 힘든 건 역시 물을 퍼 나르는 일이다. 무거운 물통을 차에 싣는다. 차에서 내려 밭으로 가기 위해 오르막 산길을 올라야 한다. 이런 수고로움을 감수하고 고구마를 심었다.

모종을 심어 놓고 얼마쯤 지나서 뿌리를 내리고 자리를 잡았겠지, 하며 둘러본 고구마밭은 그야말로 엉망진창이었다. 물을 듬뿍 주고 싹을 깊이 밀어 넣고 물기가 조금이라도 오래 버티라고 흙을 넉넉히 덮어주었는데, 무지막지한 바람이 그 흙을 다 날려버린 것이다. 가녀린 고구마 싹은 흙 한 톨 입지 못하고 몸을 비틀고 있었다. 비닐까지 펄럭거리며 그 안에 있는 물기를 다 말려버린 것이다.

그나마 다행스럽게도 잘 버틴 것은 싱싱하게 살아 있었다. 하지만 주위에는 물기 하나 없다. 이대로 비가 오지 않고 물맛을 보지 못한다면 그것들마저 살려내지 못할 게 불 보듯 뻔했다. 가지고 간 물을 비닐 안으로 넣어 주었다. 다른 해는 모종이 죽은 곳이나 시든 싹 옆에 새로 모종을 심었지만, 올해는 그것마저 하지 않기로 했다. "되는 만큼만 먹자"라며 스스로 마음을 위로했다.

우리도 나이를 먹었는지 조금은 느슨해졌다. 빈 곳이 없어야 편했는데 고구마 모종이 죽어서 빈 곳이 휑해도 '그래 여백이 있어야 숨구멍이 트이지'라며 여유를 부릴 수 있게 되었다. 그러면서도 마음 한구석에는 고구마가 줄기를 뻗으면 휑한 그곳을 메워 주리라 믿었다. 고구마 줄기는 여느 해만큼 무성하게 자라지 못했다. 너무 많이 죽어버려서일까. 여름에 비가 내리고 줄기를 뻗어도 마무리 못 한 공사판처럼 군데군데 볼썽사나운 비닐 구멍이 보인다. 그래도 결실의 가을이 오고 우리는 고구마를 수확하러 즐거운 마음으로 밭에 왔다.

길고 굵게 뻗은 줄기를 걷어내니 까만 비닐이 나온다. 성질 급한 고구마는 비닐 밖으로 얼굴을 쑥 내밀고 있다. 빨간 고구마에 눈을 고정하고 급하게 호미질해서 비닐을 벗긴다.

이른 아침부터 서둘러 밭으로 온 먹잇감을 모기가 그냥 둘리 없다. 어깨·등·엉덩이·허벅지 할 것 없이 벅벅 긁어대며 호미질한다. 이것들은 인정사정이 없다. 귓가에서 윙윙거리다가 어깨를 한방 물고는 휘젓는 손을 피해 날아가 버리기를 반복한다. 모기의 극성은 조금 있으면 해가 떠오름과 동시에 잦아들 것이다.

뜨거운 햇살에 온몸은 땀으로 범벅이 되어도 가지고 온 상자에 고구마를 가득 담고 집으로 갈 생각에 즐겁게 고구마를 캔다. 역시, 고구마가 예쁜 모습을 드러내자 우리는 만족한 미소를 입가에 머금었다. 흙을 털어내자 빨갛고 동그란 고구마가 삐죽이 웃는다. 그런데 그 얼굴이 환하지 않다. 마마를 심하게 앓은 얼굴처럼 온통 상처투성이다. '고구마는 예쁜데 이게 뭐람' 수확의 만족한 웃음도 잠시, 맑았던 하늘에 먹구름이 끼듯 얼굴이 일그러졌다.

멀쩡한 것이 없다. 이건 괜찮겠지, 기대하는 마음으로 흙을 털어낸다. 기대가 허물어진다. 마찬가지다. 땅을 팔수록 고구마를 캘수록 살이 통통하게 오른 굼벵이가 많이 보인다. 우리가 먹을 고구마를 키운 것이 아니라 굼벵이 먹이를 키운 꼴이 되었다. 점점 포기된다. 매미로 한철을 살기 위해 땅에서 칠 년을 살아내야 하는 굼벵이에게 먹을 것을 제공했다고 위안해서였을까. 어차피 이렇게 된 것 속상해도 어쩔 수 없다는 자포자기였을까. 봄에 했던 위안을 다시 한다. '주는 대로 먹어야지'라고.

농사를 지으면서 참 많은 경험을 하게 된다. 그리고 깨닫는다.

아무것도 없을 것 같던 흙에서 풀이 돋아나고 그 생명을 키우기 위해 얼마나 노력하는가를. 우리는 그 풀을 뽑아내고 작물을 키우려고 애쓰지만 늘 새로운 풀은 싹을 틔운다. 그것을 보며 생존의 본능이 얼마나 끈질기고 악착같은지를 깨닫는다. 한편으로 저들만큼 살아내려고 애써본 적이 있었는지 나를 돌아보기도 한다. 굼벵이도 그렇다. 지난해에는 굼벵이가 없었다. 고구마가 깨끗했으니까 그게 증거였다. 그런데 왜 올해는 굼벵이가 별스럽게 많을까. 그건 먹을 게 있다는 걸 알고 매미가 알을 낳아 놓았기 때문일 것이다.

더 많이 수확해서 더 많이 먹겠다는 생각만 했다. 함께하고 나누려고 생각하지 못했다. 넓은 땅에서 활개 펼치며 살고 싶은 풀도, 맛난 고구마를 나누어 먹자는 굼벵이도 이젠 돌아보게 된다. 좀 더 너그럽고 베풀 수 있는 삶을 살아야 하지 않을까. 나를 채찍질하는 가을 오후다.

만두를 먹으며

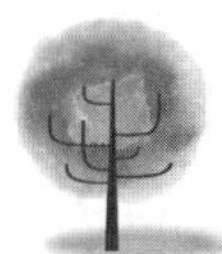

객지에서 공부하는 아들이 왔다. 오랜만에 아들에게 음식을 해 먹일 수 있어서, 흐뭇하고 행복하다. 아들이 좋아하는 만두를 만들어야겠다. 밀가루에 소금과 식용유를 조금씩 넣어 되직하게 반죽한다. 따뜻한 곳에 두세 시간 두면 손에 달라붙지 않고 만두를 만들 때도 잘 터지지 않는다. 조금만 기다리면 만두피를 만들기에 적당하게 숙성될 것이다.

잘 숙성된 만두피는 만두를 빚을 때 쉽게 만들 수 있을뿐더러 먹을 때에도 쫀득거리는 식감에 감칠맛이 난다. 덜거덕거리는 소리에 깼는지 아들이 나왔다. 주방 한쪽에 동그랗게 뭉쳐놓은 밀가루 반죽을 보고는 이게 뭐냐고 묻는다. 내가 무얼 하려고 하는지 다 안다는 표정이다. 편하게 푹 자고 일어났는지 아들의 얼굴 피부가 잘 숙성된 밀가루 반죽같이 쫀득쫀득 차지게 보인다.

아침을 간단히 먹고 나서, 이제는 만두소를 만든다. 냉동실에서 꺼내 놓았던 돼지고기는 썰기에 맞춤하게 녹았다. 잘게 썬 고기에 다진 파·마늘·들기름을 넣고 양념이 잘 배게 손으로 버무렸다. 담근 지 사 년이나 된 갓김치와 제 작년에 담근 묵은지를 꺼내 썰었다. 잘게 썬 김치는 물기를 꼭 짠다. 냉장고에 있던 김치를 맨손으로 짜자니 손이 얼얼하다. 이것쯤이야 라며 참고 마지막까지 꼭 짜서 양념이 되어 있는 돼지고기에 넣고 버무린다. 더 넣을 것이 당면이다. 가스레인지에 물을 끓이는데 뭔가 잊어버린 것 같아 허전하다. 다행히 두부와 부추를 생각해냈다. 부추를 작게 송송 썰고, 씻은 두부는 물기를 꼭 짜서 으깬다. 잘 익은 당면도 잘게 썰었다. 두부와 당면에 따로 간을 하지 않아도 김치 맛과 어우러져 간이 맞을 것이다. 친정엄마는 무를 갈아서 물기를 꼭 짜내고 넣었는데, 나는 무를 꼭 짠다고 해도 물이 생기는 것 같았기에 오늘은 생략한다. 마지막으로 들기름을 조금 더 넣고, 깨소금도 넣어서 고루 잘 섞는다. 준비가 다 되었다.

만두는 손이 많이 가는 음식이다. 그렇지만, 가족이 오순도순 정답게 음식을 만들 수 있다는 장점도 있다. 언제나처럼 식구 네 명이 식탁에 둘러앉아 만두를 빚는다. 나는 도리깨를 굴려서 동글납작한 만두피를 만들어 세 남자에게 준다. 남편과 두 아들은 누가 더 예쁜 만두를 만드는지 경쟁하며 빚는다. 나는 부지런히 만두피를 여러 장 만들어 놓고 빚은 만두를 찜기에 넣어서 찐다. 식탁에서 가스레인지 앞으로 왔다 갔다 하는 내가 가장 바쁘다.

요즘 같은 때 누가 집에서 번거롭게 만두를 빚느냐고 하는 사람도 있다. 그 말에 나는 집에 있는 김치 송송 썰어 넣고 돼지고기 넣어서 만들면 되지, 그게 뭐 번거롭냐고 대거리하기도 한다. 하지만 내 말이 어쩌면 구시대적인 말이며 바쁘게 생활하는 주부에게는 고리타분하게 들릴 수도 있다. 요즘 엄마들은 아주 바쁘다. 내 아이가 다른 아이보다 성적이 뒤처질까 봐 많이 가르쳐야 한다. 보습학원 보내는 것으로는 부족하다. 학습지도 두세 과목은 해야 한다. 피아노와 운동도 등한시할 수 없다. 태권도·피아노 학원은 필수다. 그러다 보니 남편이 벌어다 주는 돈으로는 언제나 빠듯하다. 여가를 이용한 아르바이트나 직장을 구해야 한다. 밤이 늦도록 아이들을 뺑뺑이 돌리며 많은 것을 가르친다고 해도 안심이 되지 않는다. 시험 기간이 되면 아이 옆에 앉아서 문제집 두세 권은 풀어야 마음이 놓인다. 요즘 젊은 엄마들은 자신들의 미모를 가꾸기도 해야 한다. 아무리 바빠도 에어로빅이나 헬스장, 마사지 삽에도 가야 한다. 엄마들은 언제나 바쁘다. 간식을 직접 만들어서 아이들에게 먹인다는 것은 엄두를 내지 못한다. 아이들이 만두 먹고 싶다고 하면 냉동만두 사다가 레인지에 데워주는 것이 고작이다.

김이 모락모락 올라오고 만두 익는 냄새가 코를 찌른다. 남자 세 명이 못 참겠는지 동시에 나를 쳐다본다, 언제 만두를 먹을 수 있느냐는 질문을 눈동자에 가득 담아서. 충분히 잘 익었고, 뜸도 잘 들었을 때쯤에 만두를 꺼낸다. 세 사람은 이미 만두를 만들지 않고 내 손만 쳐다본다. 만두 담은 접시 옆에는, 간장에 식초와 고춧가루를 조금 넣은 종지를 놓는다. 만들던 만두는 밀쳐놓고 이제 맛나게 먹을 시각이다.

좋아하는 만두를 먹고 나니 문득 만두에 대해 궁금증이 일었다. 인터넷에 검색해 보았다. 만두는 우리나라에서 처음 만들어 먹은 음식이 아니라고 한다. 사람을 잡아 그 머리로 제사 지내던 중국의 풍습을, 제갈 양이 사람 머리와 비슷하게 밀가루로 반죽해서 제사상에 올렸는데, 그것이 후세에 만두가 되어 많은 사람이 즐겨 먹게 되었다는 것이다. 뜻밖의 사실을 알고는 조금 놀랐다.

어른 어린아이 할 것 없이 싫어하는 이 없고, 못 먹는 사람이 없을 정도로 대중화된 음식이 만두다. 나 또한 만두를 좋아한다. 요즘은 흔하게 먹을 수 있지만, 옛날에는 귀하게 대접받은 음식 중의 하나가 만두였다. 얼마나 귀한 음식이었던지 명절, 특히 설 때가 되어야 먹을 수 있었다. 어릴 적 설날에 먹는 그 쫀득하면서도 고소한 맛이라니. 한 개나 두 개 떡국 위에 고명으로 장식한 만두, 그때 먹었던 맛을 내려고 애써봤지만, 내가 만든 만두는 그 맛이 나지 않는다.

기억하고 있지만, 그 맛을 재연할 수 없기에 포기해버린 것일까, 요즘 젊은 주부들이 아이의 간식을 직접 만들어 먹이기보다는 즉석 음식으로 대신한다. 안타깝다. 각자의 사정에 따라 자녀에 대한 사랑의 표현 방법도 다를 수 있겠지만, 아이를 키우는 주부들은 조금 덜 바빴으면 좋겠다. 돈만 있으면 무엇이든 먹을 수 있는 이 시대의 아이들이 어른이 되어 무엇을 추억할까. 유리 케이스 속에 보기 좋게 진열한 음식들을 골라 먹었던 기억을 떠올릴 뿐, 엄마의 따스한 손길이 닿은 음식의 푸근함은 어디에서도 찾지 못할 것이다.

만두를 빚어서 아이들에게 간식으로 먹인다는 것은 어쩌면 사랑을 먹이는 것이라고 할 수 있다. 만두를 만들기 위해서는 재료 준비부터 아주 많은 시간이 필요하다. 밀가루를 반죽해서 적어도 두세 시간은 숙성시켜야 한다. 만두소를 만들기 위해서 고기를 썬다. 마늘을 다진다. 파를 다듬어서 썬다. 파를 썰 때는 그 매운맛 때문에 눈물을 흘려야 된다. 만두는 묵은지를 넣어야 맛이 난다. 그래서 냉장고 깊숙이 넣어두었던 김치를 꺼내야 한다. 김치를 써는 것도 쉽지 않다. 가로로 썰고 세로로 썰어야 한다. 잘게 썬 김치에서 물기를 짜는 것은 정말 싫다. 손이 너무 시려서 썰어 놓은 김치를 버리고 싶어지기도 한다.

하지만 만두 만드는 것을 포기할 수는 없다. 식구들이 둘러앉아 만든 만두를 내 아들이 먹기에, 우리가 먹기에. 맛있게 먹고 있는 아들, 나만큼 나이가 들어도 이 맛을 기억하겠지.

순대를 먹으며

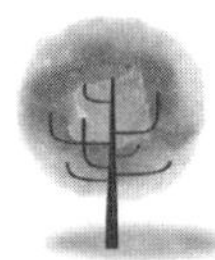

"냠냠 쩝쩝."

"그게 그렇게 맛있어?"

장 봐온 비닐봉지를 열어서 만사 제쳐놓고 순대부터 꺼내 놓고는, 같이 다녀온 사람에게 먹어보라는 권유도 없이 쩝쩝대는 나에게 여느 때와 마찬가지로 남편이 한마디 던진다.

오일장이나 전통시장 입구에 들어서면 자동으로 입이 살짝 열리고 콧구멍도 벌어진다. 코끝을 자극하는 것이 순대 찌는 냄새다. 아니 입에서 맛이 느껴진다. 방향감각이 없어 왼쪽인지 오른쪽인지 헛갈릴 때도 순대가 거기에 있었지, 하는 감각이 내 안에 저장되는 것 같다. 냄새가 아니라 그냥 발걸음이 시키는 대로 가면 된다. 그러면 코가 아니라 입안으로 맛난 것이 전해진다.

오늘도 예외가 아니다. 순댓집을 그냥 지나치며 발걸음이 빨라진다. 정돈된 머리가 시키는 차례대로 장을 본다. 다시 되돌아 걸으며 마지막으로 김이 모락모락 오르는 순대를 산다. 순대가 담긴 비닐봉지가 내 손으로 전해진다.

사람이 살아가는데 기본이 '의식주'인데, 그중에서 나는 '식'이 가장 중요하다고 생각하는 사람 중의 하나다. 먹는 것에 집착하는 사람더러 가장 미개하며 동물적 습성을 가졌다고 말할지 몰라도 어차피 먹어야 사는 것이 맞으니까, 뭐니 뭐니 해도 '식'이 으뜸이다. 심지어 '먹어야 산다, 금강산도 식후경, 먹기 위해서 하는 일, 먹고 죽은 귀신 때깔도 곱다'라는 말도 있지 않던가. 의식주 중에 하나라도 빠지면 생존에 위험이 닥칠 수 있지만 먹고사는 것보다 중요한 것이 없는 것 같다. 어릴 적 다리 밑에서 거적때기를 얼기설기 엮어 놓고 사는 사람들을 본 적이 있다. 자갈을 밀어내고 모래를 모아서 잠자리를 마련했을 것이다. 강가로 목욕 가는 중에 곁눈으로 훔쳐본 그들은 정말 누더기 같은 옷을 걸치고 있었다. 그들은 가끔 우리 집에도 왔던 것 같다. 엄마는 그들이 들고 온 깡통에 밥을 수북이 담아 주었다. 입으로 넘어가는 것이야말로 그들이 살아가는 데 가장 중요한 것이 아니었을까 싶다.

엄마가 그들에게 보리쌀이 태반인 식은 밥일지언정 깡통 가득 담아 주는 것을 본 후로 나는 다리 밑을 지날 때마다 그들이 오늘은 밥을 먹었는지 그게 가장 궁금했다. 그러던 어느 날 홀연히 그 자리는 비워졌다. 그들이 떠난 후 가본 그곳에는 잠자리였던 곳으로 짐작되게 모래가 한쪽에 몰려 있고, 또 다른 쪽에는 돌을 동그랗게 둘러놓았는데 돌에는 불에 그슬린 흔적이 있었다. 나는 그들이 다른 곳에 가서 밥을 실컷 먹었으면 하고 바랐다. 그들이 어떤 상황에 부닥치더라도 먹기만 한다면 죽지는 않을 것 같았다.

어려운 살림에도 엄마는 식구들 먹는 것에 신경을 많이 썼다. 동시대에 시골에서 살았던 사람들이 먹을 것을 마음껏 못 먹었다는 말을 자주 한다. 하지만 우리는 먹을 것에 굶주리지는 않았던 것 같다. 입안에 들어가서 하나하나 떨어져 이리저리 굴러다니면서 오래 씹어도 잘 씹어지지 않은 보리밥이어서 그렇지, 밥은 배불리 먹었다. 그리고 점심이나 간식으로 먹을 음식도 풍부했었다.

"허해질 때는 순대 사 먹어라."

어린 자식이 객지에서 끼니도 제대로 못 챙겨 먹을 것이 걱정되어 엄마는 우리에게 그렇게 일렀던 것 같다. 엄마가 해주는 따뜻한 밥이 입안으로 들어가듯 그렇게 우리는 순대를 먹은 적이 있었다.

오빠들은 고등교육을 받았지만, 큰언니부터 공부를 별로 시키지 않은 것을 본 나는 으레 공부에 뜻이 없었다. 공부를 열심히 할 여건도 안 됐지만, 의지가 없으니 나에게 학교는 낮 동안 친구들 만나서 그럭저럭 시간만 보내다가 오면 그만인 곳이었다. 단지 글자를 익힌 후부터는 책을 읽는 것이 좋았을 뿐이었다. 그것도 교과서 외에는 읽을거리가 없었기 때문에 숫자가 많은 산수책은 뒤로 제쳐놓고 국어책만 읽고 또 읽었다. 가끔 오빠들이 읽다가 다락에 남겨둔 책을 읽을 때도 있었다.

중학교를 졸업하고 정식 코스를 밟는 것처럼 나는 작은언니가 자취하고 있는 작은오빠네 집으로 갔다. 아버지가 전답을 팔아 작은오빠에게 이층집 독채를 세 얻어주었다고 했다. 일 층에는 커다란 마루와 방이 세 개 있었다. 안방은 오빠네가 쓰고 두 칸은 세를 주었다. 모두 공장에 다니며 자취하는 아가씨들이었다. 이층에는 방이 두 개 있었다. 이층도 일 층과 마찬가지로 세를 주었는데, 그중 하나에 언니가 살고 있었다. 나는 당연히 언니가 있는 방에 짐을 풀었고, 어렵지 않게 취직했다.

요즘 말로 불법으로 취직한 것이었다. 그 회사에 취직하려면 적어도 열아홉 살은 돼야 하는데, 나는 고작 열일곱 살이었다. 작은오빠의 계획대로 작은언니 이름으로 회사에 취직했다. 홍길동이는 아버지를 아버지로 부르지 못했지만, 나는 나였으되 내 이름을 누구에게도 말하지 못했다. 2년 정도 그 회사에 근무하던 어느 날 세무서에서 언니 이름으로 이상한 게 날아왔다. 언니와 나는 무서워서 덜덜 떨었다. 찾아간 세무서에서 한 사람이 두 곳에서 일하면서 내는 세금이 이상하다고 했다. 다음 날 바로 나는 회사에 사표를 냈다. 그 일이 아니었으면 그 회사에 더 오래 다녔을지도 모른다.

그 와중에도 언니와 나는 가끔 엄마의 말 따라 순대를 먹으러 시장으로 갔다. 그날따라 언니가 순대를 많이 샀다. 둘이서 실컷 먹자고 했다. 아무런 생각 없이 맛있는 순대를 먹는 데만 집중했다. 아니 엄마 생각을 했었을 것이다. “객지에서 기름진 것 제대로 못 먹을 거다. 허할 때는 순대라도 사 먹어라”라고 했던 엄마 말을 언니와 내가 주고받았던 것 같다. 엄마의 그 말에는 고기를 사서 반찬을 해 먹을 줄 모르는 어린 딸들을 걱정하는 마음이 담겨 있었을 것이다. 사람은 먹어야 살 수 있고, 기름진 것도 가끔 먹어야 덜 아프다는 것을 엄마는 말하고 싶었을 것이다.

어쩌면 오빠 몰래 우리끼리 순대를 사 먹었다는 죄책감이 조금은 들었을지도 모른다. 그런데, 맛있는 음식을 해서 우리에게 나누어주지 않았다는 것에 우리는 정당성을 부여했다. 가끔 순대를 먹었고, 어떨 때는 순대 외에도 무엇을 사 먹기도 했다. 오빠는 그것을 알고 있었지만 모른 척했던 것 같다. 우리는 오빠가 모르고 있는 줄 알았다. 그래서 그때만큼은 감쪽같으면서도 소심한 둘만의 도발 행동을 하였고, 동시에 쾌락의 시간이기 되기도 했다.

그러다가 드디어 그날이 왔다. 언니가 다니는 공장과 내가 다니는 공장은 스물네 시간 쉬지 않았고, 언니는 2교대 나는 3교대로 일했다. 오랜만에 언니와 낮을 같이 보낼 수 있었다. 그날도 우리 둘은 불룩한 배를 앞세우고 만족스러운 표정으로 집에 왔다. 평소에 집에 없던 오빠가 집에 있었다. 집 공기가 다른 때하곤 사뭇 달랐다. 크게 부푼 풍선을 계속 불고 있을 때의 느낌 그런 불안감이 감돌고 있었다. 다짜고짜 오빠가 말했다.

"니들, 또 니들끼리 뭐 사 먹고 오는 거지. 내가 모를 줄 알았냐…."

그 뒤로 이어지는 말은 차마 입에 담지 못할 소리였다. 나는 귀를 막고 싶었다. 무섭기도 했다. 그냥 방으로 들어가려 했다. 어느 틈에 언니는 오빠의 손에 끌려 안방으로 갔다. 나는 덩그러니 혼자 버려졌다. 그다음에 벌어진 일은 모른다. 나는 정신이 혼미해져서 방으로 들어왔는지 울었는지 기억이 없다. 단지 오랜 세월이 흐른 후에 언니가 해준 말은 그때 오빠한테 엄청 혼났다고 했다. 그게 그렇게 혼낼 일이냐고 반문해 보지만, 누구에게 따지지 못하는 용한 성격은 언니나 나나 마찬가지여서 그대로 묻고 살았다.

오빠를 이해해 보려고 노력하기도 했다. 오빠가 그렇게 화가 난 이유가 있었다고. 올케는 방에 있었고, 마당에서 혼자 놀던 조카가 문이 열려 있는 틈에 집을 나간 것이었다. 어린 것이 놀러 간다고 나간 것이겠지만, 주위의 어느 곳에서도 아이를 찾지 못하자 올케는 올케대로 아이를 찾아 울고불고 난리를 쳐대는데, 집에서 아이를 돌봐야 하는 동생들마저 없어진 것을 알았을 때 오빠는 모든 책임을 우리에게 돌려버렸다. 이제 막 걷기 시작한 아이를 잃어버린 답답한 심정을 오빠는 우리에게 풀었다. 다행히 아이를 찾아서 그 일에 대한 이야기는 서로 꺼내지 않았지만, 언니와 내 가슴에 씻지 못할 상처는 남아 있다. 오빠 눈에 나는 아직 철없는 어린아이였고, 그러다 보니 나보다 세 살 위인 언니에게 모든 화살이 다 박힌 것이다. 요즘 가끔 작은언니와 만나면 그때의 이야기를 한다. 오빠가 너무했다고.

나는 모든 음식을 다 좋아한다. 쉽게 말해서 먹는 것을 좋아한다. 그리고 이야기가 있는 음식에서 더 진한 맛을 느낀다. 요즘 먹는 순대는 사실 옛날 맛이 안 난다. 옛날에는 정말 돼지 피와 채소를 버무려 돼지 창자에 넣어서 찐, 말 그대로 몸을 건강하게 해주는 음식이었다. 하지만 요즘 순대를 먹을 때면 이게 무슨 영양가가 있겠어, 라는 생각이 들기도 한다. 그렇지만 순대는 엄마를 생각나게 하는 특별한 음식이어서 그런지 언제 먹어도 맛있다.

그런 내 마음을 읽었는지 남편이 말한다.

"순대, 옛날 맛이 아니야."

뭔들 옛날 맛이 날까. 배고픈 시절에 먹은 게 제일 맛있었고, 그 중에서 엄마가 해주는 음식이 제일 맛난 것이었지.

불자동차 소리에

오늘도 순대를 사러 가는 길이다. 순대 먹을 생각으로 발걸음도 가볍게 걷고 있는데, 갑자기 웽웽, 귓전을 때리는 요란한 소리가 들린다. 소리는 머리에서부터 발끝까지 나를 묶는다. 순대 먹을 생각에 부지런히 걷던 발걸음은 언제 그랬냐는 듯 떨어지지 않는다. 숨이 멈추는 듯하다. 마음속으로 주문을 외운다. '아니야. 아무것도 아니야, 아무 일도 일어나지 않아'라며. 그리곤 힘겹게 숨을 뱉어낸다.

내가 간식 중에 순대를 자주 사 먹는 이유는 추억이 있는 음식이기 때문이다. 순대를 먹을 때면 좋았던 기억과 힘들었던 기억이 함께 떠오르곤 한다. 좋았던 기억은 우리를 걱정해 주던 엄마의 "고기 먹고 싶을 땐 순대라도 사 먹어라"라고 했던 말을 떠올리며 언니와 둘이 순대를 맛나게 먹었던 추억이고, 좋지 않았던 기억은 오빠네 집에 살 때 경험했던 일이다. 오빠 집이 불에 탄 모습을 봤기 때문일까, 소방차 소리를 듣기만 해도 널뛰기하는 가슴은 쉬 가라앉지 않는다. 오늘도 순대가 든 봉투를 들고 우두커니 서 있는 나를 발견한다.

볼일을 보러 외출하던 중에도 소방차의 요란한 소리가 들리면 집에 별일이 없는지 확인한 다음에 다시 나갈 때도 있다. 요란한 소방차 소리를 들으면 어떠냐고 다른 사람에게 물어본 적도 있었다. 그럴 때마다 소방 훈련 중일 거라는 대답을 듣곤 했다.

다른 사람은 아무렇지 않은데 왜 나만 두려움에 떨어야 하고 힘들어하는지 또 이런 일이 반복되는지 몰라서 답답했다. 우연한 기회에 내가 소방차 소리나 불에 대한 '트라우마'가 있다는 것을 알게 되었다. 트라우마란 외상 후 스트레스 장애라고 하며 정신적 스트레스 장애. 정신에 지속적인 영향을 주는 격렬한 감정적 충격이 이에 포함된다. 그리고 외상 후 스트레스 장애는 충격적인 사건 자체가 일차적인 원인이지만 충격적인 사건을 경험한 모두가 이 질환을 경험하는 것은 아니고, 일반인 중 60%의 남자와 50%의 여자가 상당히 의미 있는 사건을 경험한다고 알려져 있다. 실제 이 질환의 평생 유병률은 6.7% 정도이며, 사건 경험 전의 심리적, 생물학적 사전 요인이 질환 발생에 관여하는 것이라고 한다.

내가 경험하고 오랫동안 그 기억으로 인해 힘들어하는 것을 다른 사람도 그러려니 했다. 그런데 많은 사람이 경험하지만 '트라우마'라는 정신적 장애를 가지고 있는 사람이 6.7%밖에 되지 않다니, 그중에 내가 속한다는 것에 놀랐다. 그리고 많은 사람이 아무렇지 않게 살고 있다면 나도 그럴 수 있겠다는 자신감이 생겼다. 잊힌 줄 알았던 그 기억을 짚어본다.

우리 오빠는 동생들의 보호자 역할을 아주 잘하려고 했다. 공장에 갔다가 오면 집에서 밖으로 나가는 것을 통제했다. 올케를 도와 조카를 돌봐주라고 했다. 우리의 일상은 아주 단순했다. 공장에서 집, 집에서 공장만 왔다 갔다 하는 시계추의 한계에서 벗어나지 못했다. 그래서였을까. 언니와 나는 오빠 몰래 돌발행동을 할 때가 있었다. 오빠가 집에 없고, 낮에 언니와 같이 집에 있는 날은 뚝섬에서 산책하는 호사를 누리기도 했다. 그리고 순대를 먹고 오는 날은 그야말로 기분이 좋은 날이다. 조카를 잃어버리는 소동이 일어날 때까지 오빠는 우리의 일탈을 모르는 줄 알았다. 하지만 그 일이 있고 난 뒤에도 우리는 둘이서만 몰래 순대를 먹으러 다녔다. 그 작은 일이야말로 건강을 지키며 살라고 이르시던 엄마에게 효도하는 것이고, 도를 넘게 단속하는 오빠에게 보복하는 것이었다. "그렇게 너희끼리 사 먹고 다니냐, 빈손으로 달랑달랑 들어 오냐?"라는 오빠의 빈정거리는 소리를 들어도 우리는 항상 우리 배만 채우고 빈손으로 들어왔다.

오빠네 집에 살면서 가끔 오빠에게 감동할 때도 있긴 있었다. 교대근무라서 새벽 다섯 시에 집을 나설 때가 있다. 여름에는 그나마 어슴푸레한 길을 걸을 수 있다. 하지만 한겨울 새벽 다섯 시면 암흑천지인 세상이다. 차가운 공기를 마시며 캄캄한 길을 한 시간가량 걸어 공장에 도착할 때면 온몸이 땀으로 범벅이 된다.

걸어가는 길도 그냥 길이 아니다. 공장이 빽빽하게 늘어선 음산한 길이다. 골목에서 누가 갑자기 튀어나올지 몰라 목적지에 도착할 때까지 긴장을 풀지 않고 걸어야 했다. 세상에 무서운 것이 호랑이도 아니고 귀신도 아니고 사람이라는 말을 그때 정말 실감했다.

어느 날 바짝 긴장해서 걷고 있는데 몇 발짝 앞에 택시 한 대가 멈추어 섰다. '저 차가 왜 서지'라는 궁금증에 나도 모르게 눈길이 갔다. 운전석에서 내린 남자가 갑자기 바지를 내리는 것이었다. 사타구니로 간 손이 바쁘게 움직였다. 너무 놀랐지만, 그 새벽에 아주 조용한 어둠이 깔린 시간에 소리도 지를 수 없었다. 아니 질러지지 않았다. 재바르게 걸을 수밖에 없었다. 갑자기 일어난 일이라서 보지 않을 수도 없었다. 그야말로 뼛속까지 시린 날이었다. 그런데 아주 가끔 오빠가 오토바이로 공장까지 데려다주는 날이 있다. 헬멧도 쓰지 않고 제대로 된 옷을 갖춰 입지도 않은 채 겨울에 오토바이를 타본 사람은 알 것이다. 차가운 겨울바람이 볼에 스치면 얼마나 시린지. 그래도 나는 좋았다. 볼이 터져나갈 것 같이 시려도 좋았고, 발끝이 꽁꽁 어는 것처럼 저려 와도 웃음이 났다. 평소에 오빠에게 서운했던 마음이 눈 녹듯 녹아내렸다. 내가 이렇게 추운데, 앞에 탄 오빠는 얼마나 추울까 하는 걱정까지 했다. 오빠 허리를 꼭 잡고 등에 기대면 오빠가 우리를 미워하는 것이 아니라 걱정해서 단속하는 것이라고 느낄 수 있었다. 그야말로 피붙이에게서 느끼는 편안함이었다.

오래전에 언니와 오빠네 집에 살 때 우리는 그야말로 영양 보충을 위해서 순대를 가끔 사 먹었다. 그날도 언니와 나는 꽤 만족한 시간을 보냈다. 순대를 배불리 먹고 시장을 막 벗어나는데 옆으로 소방차가 요란한 소리를 내며 지나갔다. 언니와 나는 동시에 쳐다보며 '어디에 불났나 보다'라고 그렇게 둘이 똑같이 말했던 것 같다. 집 가까이 올수록 길바닥이 소낙비가 한바탕 쏟아놓고 지나간 것처럼 질퍽했다. 소방차에 소방호스를 든 사람들과 동네 사람들이 뒤엉켜서 우왕좌왕 그야말로 난장판이었다. 나설 때는 멀쩡하던 집에서 시커먼 연기가 올라오고 거기다가 물 폭탄을 맞아 말이 아니었다. 그런 아수라장을 난생처음 목격했다. 그나마 다행인 건 이 층만 타고 일 층은 멀쩡하다는 것이었다. 이 층에 세 들어 사는 아가씨가 쓰는 전기장판에서 불이 시작되었다고 했다. 그 뒤로 사건은 마무리되고 집도 수리하였지만, 나는 그 공포에서 여전히 헤어나지 못하고 있다.

집에 있을 때는 그래도 괜찮다. 마음에 조금씩 불안이 요동치는 것을 느끼기는 하지만 소방차 소리가 안 들리면 이내 마음이 진정된다. 그런데 문제는 내가 다른 곳에 있을 때 소방차 소리가 들리면 그때부터 숨이 막혀온다. 집으로 가서 집에 불이 났는지 확인해야 한다는 생각과 집에 불이 나서 타고 있을 것 같은 두려움이 발걸음을 묶어버려서 안절부절못한다.

어쩌면 집에 불이 난 것보다 그때의 내 심리상태가 너무나 불안정해서 트라우마라는 정신적 불안장애가 생겼는지도 모르겠다. 그때의 기억을 또렷이 하는 언니와 이야기할 때가 있다. 언니는 나와 다르게 불에 대한 두려움이나 불안 같은 것이 없다고 했다. 그러면서 그날 먹었던 순대가 진짜 맛있었다고 회고한다.

이런저런 이야기를 만들어준 오빠도, 순대라도 먹으며 영양 보충하라던 엄마도 이젠 기억 속에만 살아 있다. 내가 소방차 소리에 유난히 민감하게 반응하고 두려움에 떨었던 이유를 정확하게 알게 되었으니까 머지않아 괜찮아지리라 믿는다. 상대를 알고 나를 알면 백전백승이라 하지 않았던가. 나는 오늘도 순대를 꼭꼭 씹어 먹으며 이제는 추억으로만 남아 있는 그때의 기억을 더듬어 본다.

세월을 타고 달리는 배

"이거 버리자."

"안 돼요."

"어디 둘 곳도 없어."

"그 넓은 집에 이거 하나 놓을 곳 없겠어요?"

오늘 아침에 남편과 나눈 대화이다. 이삿짐을 싸면서 어떤 것은 버리고 어느 것은 가지고 가느냐, 분류를 하는 중이다. 남편이 깎고 다듬어서 붙여 만든 배가 문제의 발단이었다. 크진 않지만 그렇다고 작지도 않은 오밀조밀하면서도 섬세하게 만든 배다. 정확하게 말하면 군함이라고 해야 맞을 것이다.

뱃머리와 후미에 각각 '사랑', '정직'이라고 쓰인 작은 깃발이 있다. 배 옆에는 작지만 진한 돋움체로 '1210'이라는 숫자가 쓰여 있다.

결혼식을 올리고 시댁의 구석진 작은방, 신혼방에 들어섰을 때 남편이 약간은 수줍어하면서 내 앞에 무엇인가를 내놓았다. 너무나 귀엽고 앙증맞게 생긴 배였다. 그때까지 군함은 고사하고 배라는 것을 실물로 한 번도 보지 못했지만 군함이라는 것을 확실하게 알았다. 대나무와 이쑤시개 같은 것을 깎고 다듬어 본체인 듯한 나무에 붙여서 만들었다는 것을 한눈에 알 수 있었다. 어떻게 이런 섬세한 작업을 했을지 상상이 되지 않을 만큼 신기했다. 결혼식 날짜에 맞추려고 급하게 만들었는데 아직 손을 봐야 할 곳이 몇 군데 있다고 남편이 말했지만, 내가 보기에는 완벽하고 아름답기까지 한 배였다.

열 번 넘게 이사하면서도 이 멋진 군함은 꼭 챙겼다. 아주 작은 부속품들을 섬세하게 깎아 아슬아슬하게 붙인 곳이 많아서, 조심하지 않으면 부러지고 떨어졌다. 그때마다 남편은 다시 손질했다. 유리상자를 만들어서 그 안에 넣어두면 먼지 앉는 것도 방지할 수 있고 망가지지도 않았으련만 그렇게 하지 못한 것이 아쉽기는 하다. 꼭 꼬집어서 말하지 않았지만, 무언중에 이 배는 우리 가족에게 아주 소중한 물건 중 하나라는 것은 모두가 알고 있었다. 그런데 지금에 와서 남편은 이것을 버리자는 것이다. 부러진 곳과 떨어져 나간 것이 많아 볼품이 없고, 먼지가 앉아서 지저분한 곳은 제대로 닦을 수도 없다는 것이 그 이유였다. 내가 보기에는 먼지가 좀 붙어 있기는 해도 아직 멋있기만 한대.

의미를 담아서 바라보는 내 눈에는 아름답고 멋있게 보이지만 만약 이 배가 길거리에 버려져 있다면 어떤 한 사람 눈여겨보지 않을 것이 분명하다. 아무도 들고 가지 않고 오히려 바람에 쓸리고 누군가의 발길에 치여 하루도 지나지 않아 바스러져 버리고 말 것이다.

배에 애착을 버리지 못하는 이유는, 우리의 결혼을 기념하기 위해서 몇 날 며칠 심지어 몇 개월의 수고를 마다하지 않은 남편을 치하해서만은 아니다. 남편에게서 배를 선물 받았을 때의 감동을 아직 지우지 못한 그 미련 때문도 아니다. 집안 청소하면서 가끔 배 위에 하얗게 앉은 먼지를 털어 낼 때면 아주 작은 실수로도 조그마한 부속품을 부러뜨리거나 접착한 부분을 떨어뜨릴 때가 있었다. 그럴 때도 조심하지 못해서 내 삶에 생채기를 입어 아픔을 맛보듯이 안타까움으로 마음 졸였었다. 장식장 위에 가만히 놓여 있었지만 수십 년 동안 바다를 항해한 배처럼 지쳐 보이기도 한다. 어쩌면 지금까지 살아온 우리의 여정처럼 배도 그 모습이 많이 변해 있기 때문일 것이다.

여러 가지 방법으로 먼지를 닦아내려고 해 봐도 깨끗해지지 않는다. 티 없이 맑기만 하던 얼굴에 검버섯과 기미가 끼어있듯. 조심해서 다룬다고 했지만 내 손끝에서 '사랑'이라고 쓰인 깃발이 부러져서 한쪽으로 떨어졌다. 살면서 정말 사랑이 있기나 한 거냐며 흔들리던 그때처럼. 강력 접착제로 어찌어찌 붙였다. 싸우고 화해할 때 옹이 같은 새살이 돋아 더 단단하게 묶어주듯 접착제는 부러진 곳을 강하게 고정해 주었다. 세월의 더께가 내려앉아 옛날의 모습은 찾아볼 수 없지만, 아직도 선명하게 남아 있는 '1210' 결혼식 날짜는 진하게 반짝이고 있다.

이사 가서 배를 어디에 둘 것인가를 생각했지만 답이 나오지 않는다. 하지만 말 그대로 넓은 집에 작은 배 하나를 둘 곳이 없을까, 배짱을 부려본다. 삼십 년 넘은 세월 동안 함께했던 배를 인제 와서 버릴 수는 없다. 결혼하기 일 년 전부터, 한 가정을 이루게 될 꿈에 부풀어 무엇인가 의미 있는 선물을 나에게 주려고 남편이 만들기 시작한 배다. 신혼여행을 하고 오는 날 시댁에서 첫날을 보내기 전에 나에게 "선물로 주고 싶어서 만든 것인데"라며 내밀던 풋풋한 남편의 모습은 어느덧 세월의 바퀴 속에서 마모되어 주름이 덮인 얼굴로 변해 있다. 하지만 먼지 앉은 배를 보면 그때 서로 싸우지 말고 재미나게 평생을 살고 싶다고, 그렇게 하자고 약속했던 그 밤이 기억나서 배를 평생 버리지는 못할 것 같다. 어쩌면 영원히 내 곁에서 떨어뜨리지는 못할 것이다. 남편이 나에게 선물한 작지만, 든든한 군함은 우리가 가는 세월을 따라서 함께 항해할 것이다.

가끔은 싸우고 서로에게 생채기를 내면서도 지금까지 살아왔고, 앞으로도 함께할 우리를 태우고 조각배는 유유히 세월을 항해해 줄 것을 오늘 나에게 약속해 주었다.

산꼭대기에 두둥실 노닐고 있는 구름은 어제의 것이 아니다. 하지만 전혀 새로운 것도 아니다. 어제 있었고, 옛날에도 있었다. 이사를 한다고 해도 내가 아닌 다른 사람이 되는 것은 아니다. 내일이면 오늘의 구름은 온데간데없고, 또 다른 모양의 구름이 이사 와서 춤을 추며 놀겠지.

눈 덮인 겨울나무

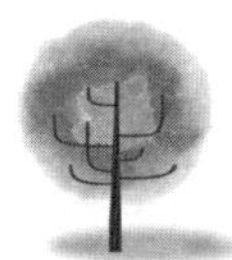

나는 겨울을 무척 좋아한다. 밖에서 추위에 떨다가 실내로 들어왔을 때 훈훈함과 어깨에 두꺼운 옷을 겹칠 때 포근함이 좋고, 아이 추워하면서 솜이불에 들어갔을 때 따뜻한 느낌이 좋아서다. 오늘처럼 함박눈이 내려와 온 세상이 고요해지는 시간을 즐길 수 있기 때문이기도 하다.

세상 전부가 잠든 것처럼 조용한 시간에 창문을 통해 생생히 살아 있는 풍경화를 감상한다. 남김없이 나뭇잎을 떨어뜨린 나뭇가지 위에 눈송이가 얹히고 얹혀서 푸른 시절 그때보다 더 풍성한 가지가 되었다. 즐거운 마음으로 감상하다가 나무의 힘겨움이 나에게로 온 건지, 내 삶의 버거움이 나무로 옮겨 간 건지 저 나무는 얼마나 힘들까 하는 생각이 문득 들었다. 사실 요즘 마음이 조금 힘들다. 형편이란 것이 나아지지도 않고 남들에게 내세울 것

없이 말 그대로 평범한 생활이다. 물론 크고 작은 일들을 겪으면서 지냈지만 새삼 삶의 무게가 느껴진다.

큰아들은 결혼해서 아무 탈 없이 살아가고 있고, 작은아들은 회사에 잘 다니고 있다. 제각각 성실히 업무에 임하며 인정을 받는 것 같다. 남편은 퇴직하고 집에서 쉬고 있다. 그런데 왜일까? 의도하지 않았는데도 난데없이 한숨이 쉬어진다. 뚜렷한 이유도 없이 잠이 줄었다. 피곤해서 잠자리에 들어도 쉬 잠이 들지 않는다. 잠이 들었다가도 깜빡 자고 나면 다시 정신이 맑아지면서 잠이 멀리 달아나 버린다. 하룻저녁에 몇 번 그러고 나면 아침이 되어서도 잠을 잔 것인지 밤을 새운 것인지 구분하지 못한다. 그냥 정신이 멍하다. 감전된 것처럼 머리가 저릿하더니 아파졌다. 그렇지 않아도 침침해지는 눈은 사물이 뿌옇게 보이기도 한다. 어쩌면 내 나이면 누구나 겪을 수 있는 갱년기 증상을 맞이하고 있는 것인가. 아니면 갱년기에 맞물린 걱정거리의 무게 때문인가.

얼마 전에 작은아들의 결혼 날을 받았다. 결혼시키려니 신경 써야 할 일이 많다. 자식을 결혼시킨다는 것이 경사이긴 한데, 거기에 따르는 사소한 일들이 힘들다. 아들이 그동안 저축한 돈에 우리가 조금 보탠다면 회사 근처에 자그마하나마 신혼집을 마련할 수 있을 것 같다. 그곳에서 아들 내외가 상큼하게 신혼살림하면 될 것 같은데, 그것이 그렇게 쉬운 일이 아니게 되었다. 아들은 결혼하고 난 후 다섯 달이 지나면 중국으로 파견근무를 가게 될 것이라 했다. 그렇게 되면 신혼 살림과 집은 어떻게 하고 떠나야 할지 막연하게 걱정된다. 아들은 집을 마련하고 겨우 몇 달을 살고 떠날 바에는 원룸에서 살 수도 있다고 한다. 나름대로 고민한 듯하다. 며느리 될 아이는 아들이 외국에 가면 따라가야 한단다. 그러면서도 신혼집은 그들만의 보금자리에서 시작하고 싶다고 한다. 한마디로 남의 집이 아닌 단 두 사람의 집에서 살고 싶다는 것이다. 당사자인 두 사람의 의견이 모이지 않은 상태에서 도대체 어떻게 해야 할지 해결책을 찾지 못하고 난감했다.

큰아들은 다음 달이면 아내와 딸을 두고 혼자 다른 곳에서 교육받아야 한단다. 직업도 대물림이 되는지 큰아들은 남편의 직업을 대물림했다. 내가 며느리 나이였을 때가 떠오른다. 말려서 개어 두었던 남편의 옷을 다시 빨아서 빨랫줄에 널었던 적도 있었다. 남편의 오랜 부재를 남에게도 나에게도 보이기 싫었던 마음에서였다. 아들과 며느리의 장래가 뻔히 한눈에 보이는 것 같아 가슴이 쓰리다. 군인이란 직업 특성상 일 년이나 이 년이 지나면 다른 곳으로 이동해야 한다. 가족들은 이사하거나 따로 살아야 한다. 교육 기간은 육 개월이다. 며늘아기는 이제 네 살이 된 아이와 단둘이서 남편의 교육이 끝날 때까지 공부 방해하지 않으며 잘 살겠다고 말한다. 다부지게 다짐한 모양이다. 그러면서도 딸이 아빠를 유난히 따르기 때문에 많이 보고 싶어 할 거라며 자신이 하고 싶은 말을 딸에 빗대어서 한다.

누구보다 나는 며늘아기의 마음을 잘 안다. 남편이 오랫동안 집을 비우면 그 허전함과 외로움이 얼마나 큰가를. 아이를 위로하면서 위로받아야 하는 그 마음을. 그래서 지금은 씩씩하게 남편이 교육만 열심히 받는다면 꾹 참고 딸과 잘 지낼 수 있다고 웃으면서 이야기하지만, 가끔 딸을 붙잡고 눈물 흘리는 날도 있을 거다. 며느리의 어쩔 수 없는 처지도 안쓰럽지만, 평생을 바쳐 일하던 직장을 그만둔 남편을 보는 것도 힘들다. 아무 곳에도 쓸모가 없다며 의기소침한 남편을 볼 때면 어떻게 위로해 주어야 할지 가슴이 아리다.

이런저런 생각을 하다 보면 어떤 날은 밤을 꼬박 새우는 날도 있다. 그런 다음 날은 온종일 아무 일도 손에 잡히지 않는다. 눈에는 누런 눈곱이 자꾸만 낀다. 남편은 남편대로, 결혼해서 사는 자식은 자식 대로, 결혼을 앞둔 녀석은 또 그 나름대로 걱정이 끊일 날이 없다.

무거운 눈을 얹고 겨울바람에 일렁이며 서 있는 나뭇가지는 얼마나 힘에 겨울까. 하지만 겨울나무는 하얗고 무거운 짐을 온몸 가득 짊어지고도 의연하게 땅 아래 뿌리로 열심히 자신이 해야 할 일을 하고 있을 것이다. 머지않아 겨울은 지나갈 것이고, 무거운 눈덩이는 녹아서 흘러내리거나 바람에 날려가 버릴 것을 알고 있기 때문이다.

앙상한 겨울나무를 보는 것보다, 가지마다 눈이 쌓여 무겁게 짐을 지고 있는 나무가 더 아름답게 보이는 것은 아마 무거운 짐을 지고도 자신이 해야 할 일을 묵묵히 잘 해내고 있기 때문이 아닐까. 바람에 의해서만 흔들림의 전부인 나무도 저렇게 고고한 아름다움을 지니고 있는데, 말을 할 줄 알고 심중에 있는 말을 겉으로 표현할 수 있는 사람이 자신의 의무를 다한다는 것은 당연할진대 말해서 무엇할까.

눈이 하얗게 덮인 나무를 보면서 내가 해야 할 일이 무엇이고 어떻게 살아야 하는가를 깨닫는 오늘이다.

슬픈 카네이션

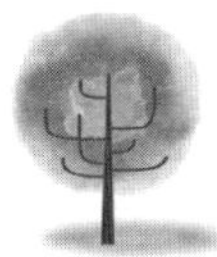

일 년 열두 달 중에 오월만큼 좋다고 말할 수 있는 달이 또 있을까. 오월은 어느 곳에서든 아름다운 꽃을 마음껏 볼 수 있어 사람들의 얼굴을 꽃처럼 환하게 만든다. 특히 꽃 중의 꽃 카네이션은 예쁘기도 하면서 여러 가지 의미를 듬뿍 담고 있어서 볼 때마다 소중한 꽃이라 여겨진다.

가정의 달인 오월 한 달 동안 길거리를 화려하게 장식하고 있는 카네이션은 보고 또 보아도 예쁘기만 하다. '아무리 예쁜 꽃도 여러 번 보면 싫증이 나고, 듣기 좋은 꽃노래도 자주 들으면 듣기 싫어진다'라고 하는데 오월에 보는 카네이션은 예외인 것 같다. 활짝 피어 있는 카네이션을 볼 때면 가슴 밑바닥에서 올라오는 아련한 감정에 사로잡혀 눈길이 떨어지지 않는다.

작년 어버이날에 며느리가 손녀와 만들었다며 카네이션 사진을 보내왔었다. 잊지않고 있다가 축하해 주니 고마웠다. 그래서 올해도 아들 며느리 그리고 손녀에게 기대하고 있었다. 이상하게도 나는 이름 있는 날에 민감하다. 생일이라든지 어버이날 같은 기념일에 큰 의미를 부여한다. 평소에 좀 소원했더라도 이름 있는 날을 기억하고 챙겨준다면 정말 고맙고, 그 사람을 잊지 않고 오래 기억하기도 한다.

며칠 전부터 지인을 만나면 듣는 소리가 자식에 관한 이야기뿐이다. 가정의 달이고 어버이날이 다가오니 모두 기분이 들떠 있는 것처럼 보였다. 딸이 옷을 사 주었다느니, 어버이날 못 온다고 미리 아들이 다녀갔다느니. 그런 말을 들으면서 '제길 가기도 바쁜데 어버이날이 뭐 대수라고 챙겨주길 바라. 챙겨주면 고맙고 그렇지 않더라도 서운해 하지 않을 거야. 평소에 전화도 자주 하고 마음 많이 써주는데 그것으로 됐지 뭐'라고 마음속으로 생각했다.

어쩌면 실망하게 될까 봐, 마음을 다지려고 이런저런 생각을 했는지도 모르겠다. 아침에 눈을 뜰 때까지도 여느날처럼 평온했다. '어버이날인 오늘이 금요일이니까 내일 토요일에는 아이들이 몰려오겠지'라는 생각에, 식구들이 북적이면 정신이 없으니까 미리 시장에 다녀와서 반찬 몇 가지라도 만들려고 했다. 오전 내내 이것저것 만드느라고 분주하게 시간을 보냈다. 오늘은 우리끼리 자축하자며 남편과 점심 약속까지 해놓았다.

시간이 남는 게 문제였을까. 이곳저곳에 전화했다. 오늘이 어버이날인데 뭐 하냐고. 어버이날이니까 즐거운 하루를 보내라며, 나와 비슷한 상황인 줄 미리 짐작하고 위로하고 위로받으려 했는지도 모르겠다. 그런데 정말 모두 나보다는 효자 효녀를 둔 것 같았다. 어버이날 선물이라며 딸이 일본 여행시켜줬다 하질 않나. 아들이 와서 필요한 거 없냐고 묻고는 대형 텔레비전을 사주고 갔다며 자랑하는 게 아닌가. 다른 이는 저녁에 시집간 딸이 사위와 함께 올 것이며, 아들도 며느리와 손자 데리고 와서 같이 밥 먹을 계획이라고 했다. 통화하면서 나도 모르게 마음속에서 마그마가 조금씩 끓어올랐다. 화가 치밀었다.

그렇지만 마음을 가다듬으며 '우리 아이들도 우리를 생각하고 있을 거야. 오기는 내일 오지만 오늘이 어버이날이니까 전화라도 하겠지. 오늘 오지 못하지만, 통장에 얼마를 입금해 놓고 제 아버지와 내게 맛난 것 사 먹으라는, 적어도 그런 전화 정도는 하겠지'라고 생각했다. 그리고 둘째 아들은 휴가 내서 가까운 곳에 와 있으니 혹시 점심 같이 먹자고 할지도 모른다는, 그야말로 혼자 착각하고 있었다. 점심때가 되어도 전화기는 한 번도 울리지 않았다. 문자라도 왔을까 전화기를 확인해 보다가 번번이 실망했다. 남편에게 전화나 문자가 왔느냐고 물어도 아무에게서도 오지 않았다고 했다. 그 말을 듣고 나는 더 이상 참지 않았다.

'우리를 니들 마음속에서 까맣게 지워버렸나? 점심때가 되었는데도 네 명 모두 약속이나 한 것처럼 전화 한 통화 없냐. 너무 서운하고 화가 난다'라는 문자를 두 아들과 두 며느리에게 보냈다.

문자를 보내자마자 전화기가 울리고, 둘째 아들이라는 글자가 액정에 떴다. 마음을 가라앉히고 어른답게 엄마답게 말하려고 했다. 하지만 가슴과 머리가 같이 움직이지 않았다. 아들인 줄 알았는데 둘째 며느리의 목소리였다. 나는 이미 폭발 직전까지 감정이 절정에 올라 있었다. 그 상태에서 말을 하게 되면 며느리에게 상처 주는 말을 내뱉을 것 같았다. "어머님, 화 많이 나셨어요?"라면서 잘못했다고 말하는 며느리에게 전화 끊자고 했다. 상대가 누구든 가릴 계제가 아니었다. 하지만 두 아들 두 며느리가 번갈아서 전화해 대니 마음으로부터 서운한 심사가 조금은 풀리는 것 같았다. 다음에 만나자는 좋은 말을 하고 전화를 끊었다.

조금은 가라앉은 듯한 분위기 속에서, 여느 날과 변함없이 남편과 둘이 소파에 앉아서 TV를 시청했다. 한 아버지가 자택에서 자살했다는 뉴스가 보도되었다. 작년 이맘때 나라를 떠들썩하게 했던 세월호의 슬픔은 아직도 진행 중이었다. 세상이 전부 꽃 잔치이고 축하 분위기인데 꽃을 받을 사람, 줄 사람이 없는 이들은 얼마나 아플까. 그 마음이 조금 전해 왔다. 가슴이 쓰렸다. 그리고 오늘 아이들에게 내가 한 행동이 후회되었다. 내 철부지 같은 이기심이 아이들의 마음을 아프게 한 것 같아 미안했다. 보고 싶으면 볼 수 있고, 목소리 듣고 싶으면 전화할 수 있고, 화를 내면 풀어 주려고 노력하는 자식들인데 복에 겨워서 투정을 한 것 같아서 부끄러워졌다. 어버이날은 부모님의 가슴에, 스승의 날은 선생님의 가슴에 꽃을 달아 줄 수 있을 때, 그리고 그 마음을 받을 수 있을 때 얼마나 큰 행복이고 축복인가. 예기치 못한 사건으로 인해 자식과 부모가 그리고 스승과 제자가 못 볼 곳으로 헤어지는 일이 없는 세상이어야 할 텐데.

예쁘지만 카네이션은 의미를 담고 있기에 모든 사람에게 예쁘게만 보이지 않을 수도 있다는 것을 세월호 사건을 되새겨 보면서 알게 되었다. 벌써 일 년이라는 시간이 흘렀지만 아물지 않은 상처를 안은 채 살아가고 있는 사람들. 그들의 눈에도 여러 가지 방법으로 포장된 카네이션이 보일 것이다. 그들의 눈에 비친 그 꽃은 꽃이 아니라 슬픔 그 자체일 수 있을 것이다. 그 사람들은 멀리에 카네이션이 보이면 다른 길로 돌아서 가지 않을까 하는 생각을 해 보았다.

나 역시 올해는 카네이션이 예뻐 보이지 않았다. 두 아들이 저마다 바쁘다는 이유로 전화 한 번 해주지 않아서 어버이날 당일은 아무 죄도 없는 카네이션이 미워지기까지 했다. 하지만 이제부터라도 주위의 아픔을 살펴보는 사람으로 살아야겠다. 그리고 저마다의 생활로 바쁜 아이들에게 너그러운 엄마로, 가진 것에 만족할 줄 아는 성숙한 어른으로 거듭나야겠다.

열세 번째 이사

"왜 캐는 거예요?"

"여기는 아닌 것 같아."

감나무를 사이에 두고 남편과 나는 고무줄 끝을 탱탱하게 잡아당기고 있는 것 같다.

이사를 자주 다니는 사람은 그곳에 깊은 정을 붙이며 살지 못하는 것처럼, 남의 땅을 빌려서 농사짓는 이는 나무를 심지 못한다. 한두 해를 살지 못하고 이사를 자주 한 탓이었을까. 나는 늘 뿌리내리는 삶을 살지 못한다는 자괴감을 가지고 있었다. 이사하는 곳마다 다행히 마당이 있는 집에 새 들어 살게 되었고, 쓰레기와 잡초가 무성한 화단을 정리해서 파·상추 등속을 가꿀 수 있었다. 하지만 과실 나무를 보며 자란 내 정서가 몸에 배어서 그런지 나무를 심지 못하는 아쉬운 마음은 시시때때로 찾아오는 갈증처럼 해소되지 않았다. 마당이 있는 집을 장만하든지 땅을 갖게 되면 가장 먼저 나무를 심으리라 마음속으로 다짐했었다. 나무 중에 감나무를 꼭 심고 싶었다.

우리는 땅이 생기자 제일 먼저 내가 가장 좋아하는 감나무를 심었다. 감꽃이 방글방글 노란 웃음을 터트리는 모습은 그 어떤 꽃보다 아름답게 보인다. 씹으면 떫은맛이 입안을 가득 채우는 초록색 감이 달리든, 노을빛처럼 붉은 홍시가 달리든, 감이 달린 나무는 풍요롭게 보였다. 그런데 갑자기 한창 땅에 뿌리를 내려 적응하려고 애쓰고 있을 감나무를 남편이 뽑아내려는 것이었다. 나무를 심고 몇 개월이 지났을 뿐인데. 지금 나무가 서 있는 곳은 밭이어서 채소를 심어 먹을 수 있으니 길 아래 언덕으로 옮겨 심어야 한다는 남편의 설명에, 나는 할 수 없이 탱탱하게 잡았던 고무줄을 스르르 놓을 수밖에 없었다.

옮겨서 심어 놓은 나무는 한 해 겨울을 보내고 봄이 되자 연녹색 잎이 제법 앙증맞게 돋아났다. 연한 녹색의 여린 잎은 나를 향해 반갑다고 손짓하는 듯했다. '걱정했는데 다행이구나. 뿌리를 잘 내린 모양이야. 이렇게 싹이 돋아나서 인사하니 고맙구나.' 마음속으로 칭찬을 아끼지 않으며 고운 잎을 쓰다듬어 주었다. 예쁘고 사랑스러운 것은 말할 것도 없이 대견하기까지 했다. 꼭 껴안아 주고 싶었다. 무수히 많은 풀뿌리 사이에서도 기죽지 않고 꿋꿋이 자라고 있는 감나무가 자랑스러웠다. 나무 옆에 거름도 아낌없이 주었다.

그런데 그 나무를 또 캐내지 않으면 안 될 일이 생겼다. 길을 확장하고 시멘트 포장하는데 나무가 언덕에 있으니 뽑아내야 한다는 것이다. 그 나무는 또 이사해야 했다. 얼었던 땅이 풀리고, 졸졸 흐르는 물을 달게 받아먹으며 한창 잎을 피우고 있는데, 뿌리와 땅을 분리한다면 말라서 죽어버릴 것만 같았다. 그렇지만 어쩔 수 없이 나무를 뽑아냈다.

막상 심으려고 하니 마땅한 자리를 찾지 못해 뿌리가 허옇게 드러난 감나무는 며칠째 뒹굴고 있었다. 옛날 포항에 살 때 집을 비워주지 않아서 트럭에 있는 이삿짐을 내리지도 못하고 이 골목 저 골목으로 방을 얻으러 헤매던 때가 생각나기도 했다. 불안한 마음은 한계에 달해 남편에게 불같이 화를 내기도 했다. 내 손으로 할 수 있는 일이 아니고 다른 사람의 손을 빌려야 하니 별수 없이 남편에게 부탁하고 또 사정했다. 남편도 마땅한 곳을 찾는 중이라며 화를 내기도 했다. 우여곡절 끝에 밭 가장자리에 감나무는 자리 잡았다.

열세 번째의 이사. 이달 초에 이사하면서 손가락을 꼽아보니 열 손가락이 모자랐다. 삼십여 년 전 어쩔 수 없이 남편을 따라가지 못하고 시댁에 신접살림을 차렸다. 사람 설고 물선 곳에서 새로운 환경에 적응하려고 무척이나 애를 쓰며 살았다. 찬거리 마련하려고 밭에 나가서는 친정에서와 똑같이 생긴 깻잎을 보고 반가워 깻잎만 잔뜩 따왔던 날도 있었다. 그날은 깻잎무침·깻잎조림·깻잎전 세가지 반찬을 만들어 상에 올렸다.

피붙이 살붙이를 떠나 버스를 여러 번 갈아타야만 갈 수 있는 곳에서 밤이면 친정 쪽 하늘을 보며 울기도 했다. 남편 없는 시집

살이 여덟 달을 살다가 시댁 대문을 나섰다. 남편이라는 내 편 한 사람만 믿고 거문도라는 곳으로 갔다. 기저귀 가방을 안고 두 달 된 아이를 업고 버스를 몇 번 갈아타고 여인숙에서 하룻밤 자고 아침에 배를 타고 섬으로 들어갔다. 섬에서 또 한 번 이사했다.

2년도 안 되는 사이에 세 번의 다른 곳으로 옮겨 다니며 살았다. 그리고 다시 시댁에서 두 달 가까이 살다가 포항 시내에 방을 얻어 이사했다. 그 당시에는 집을 구하는 것이 아니라 방을 구한다는 말이 맞았다. 방 한 칸에 가전제품과 가구 그리고 세 식구가 살았다.

1년쯤 살았을까. 전세를 사글세로 바꿔야 한다고 했다. 세 식구에서 네 식구로 늘었다. 주위의 방을 수소문해서 이사하려고 했다. 이삿짐을 차에 싣고 도착한 집에서 날벼락 같은 소리를 했다. 이사 나가려 했던 사람이 방을 비워주지 않으니 이사를 올 수 없다는 것이었다. 이삿짐을 차에 실어놓은 상태로 다시 집을 구하러 다녔다. 가까스로 일 년 열두 달 해가 들어오지 않는 방을 얻었다. 그곳에서 두 해 겨울을 났다. 남편의 전근으로 다시 이사해야 했다. 이불과 옷가지만 가지고 가기로 하고 가전제품과 가구들은 시댁에 맡겨 놓았다. 동해시 북평에서 삼 개월 정도 살았다. 죽변이라는 곳으로 이사를 했다. 죽변에서 88올림픽을 맞았다. 3년 가까이 살고, 진해로 이사했다. 진해에서 1년도 못 살고 다시 동해시로 이사 왔다.

이사한 후 진해에서 언니라고 부르던 이에게 전화했다. 이사 가면 꼭 전화하라고 했던 사람이었다. 신호음이 끝나고 '여보세요'

라는 언니의 소리가 들렸다.

"언니. 저예요."

"……."

"여보세요, 여보세요……."

"…… 응"

한참 만에 대답하는 언니의 음성은 젖어 있었다. 깜짝 놀라, "언니 왜 그래요?"라고 했다.

"야, 이제야 전화하냐. 내가 얼마나 기다린 줄 알아?"

그곳에 뿌리내리지 못하는 삶을 사는 사람이 나무를 심지 않는 이유는 이사할 때 그대로 둘 수도 뽑아서 가져갈 수는 더더욱 어렵기 때문이다. 그때까지 나는 사람을 깊이 사귀지 못했다. 이사에 이사를 거듭하면서 정을 주면 정을 거두기가 힘들다는 것을 본능적으로 알아버렸기 때문이었다. 그런데 내 냉정한 마음을 아는지 모르는지 언니는 나에게 마음을 주었나 보다. 미안하다고 사과한 후 이런저런 수다를 떨다가 자주 전화하겠다는 약속하고 전화를 끊었다.

아이가 학교에 들어가기 전에 작은 집이어도 우리 집을 마련해야겠다고 계획을 세웠던 터라 자연스럽게 작은 집을 사서 이사했다. 집을 계약하고 너무 좋아서 밤에 잠을 제대로 자지 못했다. 가구도 새로 마련하고, 아이들 방도 각각 꾸며 줘야 했다. 어떻게 하면 예쁘게 꾸밀 수 있을까, 궁리하고 생각하다 보면 날이 훤하게 밝아왔다. 이사를 하고도 잠을 못 이루는 날이 많았다. 자다가도 일어나서 주방을 서성이다가 베란다로 나가 어두운 창밖을 한참

내다보며 서 있기도 했다. 작은방에 들어가 이층 침대에서 자는 두 아이를 보고 웃음 지으며 괜히 잘 자는 아이들을 쓰다듬어 주고 방을 나오기도 했다. 누구의 도움도 없이 우리 힘으로 우리의 집을 마련했다는 자부심에 가슴 벅찼다.

이웃이 생겼다. 마음을 주고 정을 주고 살아도 될 이웃이 생겼다. 그녀는 서울에서 이사 왔다고 했다. 무뚝뚝한 내 성격과 달리 정감 있고 쾌활했다. 처음에는 파와 달걀로 시작했다. 그때 알아챘어야 했는데, 이웃의 정에 굶주렸던 나는 미련스럽게도 사람을 너무나 쉽게 믿었다. 그게 화근이 될 줄은 까마득히 몰랐다.

"파 한 뿌리 빌려주세요. 혹시 달걀 사 놓은 것 있어요? 있으면 빌려주세요. 이따가 슈퍼 가서 사면 줄게요." 그렇게 빌려 가면 그만이었다. 물론 이웃인데 그 정도는 줄 수 있다고 생각해서 빌려 달라는 말을 또 들을 때면 "갚긴 뭘 갚아요. 그냥 드세요"라고 했었다

그런데 언제부터인지 돈을 빌려 달라고 했다. 생활비 조금이 필요하다며 빌려 가던 돈의 액수가 조금씩 커졌다. 물론 철석같이 믿었다. 믿었던 도끼에 발등이 찍히고 말았다. 그야말로 청천벽력 같은 소리를 했다. IMF 금융위기가 터지고 얼마 지나지 않았을 때였다. 돈을 갚을 수 없으니 집을 갖든지 돈을 포기하든지 하라고 막말했다. 포기하기엔 금액이 너무 컸다. 그 집이 우리 집보다 넓으니 이사를 해서 넓게 사는 게 좋을 것이라고 울며 겨자 먹기로 이사했다.

그곳에서 20년 넘게 살았지만, 정은 들지 않았다. 어떤 두려움

의 구름이 나를 감싸고 있는 것 같았다. 며칠에 한 번은 꼭 악몽을 꿨다. 그녀를 찾아 낯선 거리를 쏘다닐 때도 있었고, 우연히 그녀를 만나 원망과 욕설을 퍼붓다가 꿈에서 깬 적도 있었다. 그렇지만 오래 살았으니까 이제는 뿌리를 완전히 내린 줄 알았다. 뽑으려 해도 뽑을 수 없을 정도로 깊이 뿌리가 박힌 줄 알았다. 하지만 또 이사했다. 세월이 문제가 아니었다. 그 장소를 벗어나고서야 나는 악몽을 꾸지 않는다.

바야흐로 이사한 감나무도 나처럼 악몽에서 벗어났을까. 감나무는 봄에 꽃을 피우더니 열매를 맺었다. 처음 달린 결실이어서 그런지 거의 다 떨어졌다. 그런데 기특하게도 세 개의 감이 작고 여린 가지에 매달려 하루가 다르게 커가고 있다.

잦은 이사로 뿌리에 상처를 입어 많이 아팠을 것이고, 새로운 땅에 자리를 잡기가 무척 힘겨웠을 것이다. 그런데도 푸른 잎에 열매까지 맺었다. 어떻게 예뻐하지 않을 수 있을까. 나 또한 이제 자리를 옮겨 다시 뿌리를 내리려 한다. 새로운 곳에서 후회하지 않을 열매 맺기를 바라며 또 하루를 맞는다.

태풍은 지나가고

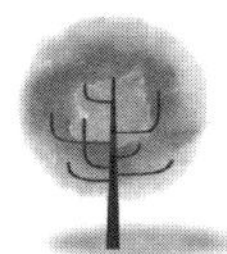

태풍이 한반도를 향해 올라오고 있다. 끊임없이 우리를 향해서 온다. 하나의 태풍이 지나가고 이제는 안전하겠지, 편안하겠지, 한숨 쉬는 것도 잠시뿐이다. 또 다른 태풍은 어디에서 태어나는지 자꾸만 살아나서 우리를 공격한다. 시시때때로 오는 태풍에 어떻게 대비할까.

이 지역에 살면서 태풍의 위력을 가장 무섭게 겪은 것이 루사와 매미였다. 루사 때와 매미 때의 상황과 비교하며 태풍 바비를 분석하는 전문가들이 바비의 위력이 어떨 것인지 각자 의견을 내놓았다. 한반도를 정중앙으로 관통할 거라던 예보가 조금 바뀌면서 서해 쪽으로 올라올 거라는, 처음보다는 조금씩 다른 예보가 나왔지만, 한반도에 영향을 크게 줄 수 있겠다는 것은 한결같았다.

5년 전, 남편의 병명에 태풍처럼 놀란 가슴이 이제야 가라앉은 듯한데 또 하나의 태풍이 쳐들어온다. 돌발성 난청. 희소한 질병은 아니지만 처음 들어보는 병명이다. 태풍 바비가 한반도를 쑥대밭으로 만들어버릴 거라는 예보와 방향을 틀어 중국으로 상륙할 거라는 의견이 분분한 가운데 태풍은 북쪽의 한반도를 향해 소용돌이치며 올라오고 있다.

태풍이 올라온다는 소식에, 5년 전에 놀란 가슴처럼 다시 쿵 내려앉았다. 얼마 전에 완치 판정을 받았지만, 남편을 만나 본 사람들은 지금도 남편의 건강을 묻곤 한다. 남편이 5년 전에 수술한 사실을 알고 있으니까 인사치레로 하는 말일 거라며 예사로 넘겼다. 그때의 일을 걱정하는 것이라고, 혹시나 재발의 걱정을 하는 말이라고 여겼다. 어떤 이는 남편의 안색이 아주 안 좋아 보인다고까지 했다.

일이 생기기 전에는 걱정하지 않는다. 아직 일어나지 않은 일까지 걱정하기에 오늘을 살아내기도 벅차다. 해야 할 일 생각해야 할 일이 너무 많다. 남편이 어지러워서 쓰러질 것 같아 응급실에 다녀왔다는 소리를 했을 때도 귀담아듣지 않았다. 응급실에서 주사를 맞고 누워 있다가 왔다고 했지만, 야근하고 났으니 피곤했을 거라고 가볍게 들어 넘겼다.

금요일 전문의에게 진료받고 약을 지어왔고, 토요일 날 응급실에서 주사 맞았다는 사람이 일요일 날 진료하는 병원에 가야겠다고 했다. 많이 힘들다고는 했지만, 일요일 날 병원에 가자는 소리는 탐탁지 않았다. 하지만 오죽 힘들면 그럴까 싶었다. 다행히 전문의가 하는 병원을 찾게 되었다. 돌발성 난청이라는 병명을 말했다. 바이러스로 인해 갑자기 청력을 잃을 수 있는 질병이란다. 발병한 후 1주일 내 치료하지 않으면 회복할 수 없다고도 했다.

가슴이 방망이질해댔다. 어떻게 할 것인가. 큰 병원으로 가라고 하는데, 코로나19 때문에 큰 도시에 있는 병원에는 갈 수 없다. 5년 전 그때의 막막했던 때가 떠올랐다. 큰 병원에 가야 한다는 의사의 말이 떨어지자마자 타일 바닥이 푹 꺼지는 것 같았는데, 그때도 메르스라는 전염병 때문에 큰 도시로 갈 수 없었다. 똑같은 소리가 잠시 잠깐 꼼짝 못 하게 옭아매는 것 같았다. 가까운 강릉이라도 가란다. 응급으로 접수하고 입원 치료해야 한다고 했다.

선택의 여지가 없어 답답했다. 원주에 있는 병원에라도 가라고 했지만, 원주 또한 요즘 코로나19 환자가 늘어나고 있어서 갈 수가 없다. 다행인 것은 5년 전에 어쩔 수 없이 선택한 곳이지만 강릉에 있는 큰 병원에서 수술했고, 결과가 좋아서 완치되었다는 판정을 받았다. 마음이 놓였다. 그곳에서 치료받으면 나을 수 있겠다는 믿음이 생겼다. 아니 믿으려고 안간힘을 썼다.

남편은 직장에 1주일간의 휴가를 냈다. 입원을 해야 할 것 같아서 슬리퍼에서부터 이불까지 챙겼다. 5년 전에는 갑자기 입원하게 되어서 필요한 것이 너무 많았기에 그때의 일을 떠올리며 꼼꼼하게 챙겼다. 태풍에 대비해 밭에 물고랑을 깊이 파고, 키가 큰 작물을 고정하듯이 준비를 철저히 했다.

긴급재난본부에서 태풍에 대비하라는 문자가 계속해서 날아온다. 태풍 바비가 한반도를 향해 속도를 높이며 다가오고 있다.

준비를 튼튼히 하고 숨죽이며 태풍이 피해를 덜 끼치고 지나가 주기만을 모두가 기다렸다. 그렇게 우리 집은 긴장과 걱정 속에서 병원 가기 전날 밤을 보냈다.

응급실 앞에서 코로나19 때문에 열 체크와 여러 가지 질문에 답하느라 답답하게 지연됐다. 접수했지만, 병원 측에서는 어떤 조치도 취하지 않았다. 조급했다. "큰 병원 응급실로 가서 입원 치료를 받으세요. 돌발성 난청은 발병 후 7일 이전에 치료해야 하는데, 벌써 3일이 지났어요. 빨리 서두르셔야 합니다. 그렇지 않으면 고치기 힘듭니다"라던 의사의 그 말이 귓전에 맴돌며 마음만 동동거렸지, 이름을 불러줄 때까지 기다리는 수밖에 없었다.

그동안의 긴 설명을 다 들은 담당의는 이 질병은 잘 치료해도 삼분의 일이 회복되고 삼분의 일은 그대로 고착되고 다른 삼분의 일은 더 나빠진다고 했다. 결과가 어느 삼분의 일에 속할지는 아무도 모르니 일단 일주일간 약을 먹어보자고 했다. 의사들의 파업과 코로나19 때문에 입원은 할 수 없으니 일주일간 편하게 쉬면서 약을 먹으라고 했다. 개인 병원의 의사와 다르지 않은 말을 했다. 정확한 원인을 알지 못하지만, 통계상으로 면역력이 떨어진 사람들에게서 돌발성 난청이 나타난다고 했다. 입원하지 않고도 치료할 수 있다는 희망의 끈은 나를 부드러우면서도 단단하게 묶어주었다.

서해안을 타고 올라온 태풍 바비는 걱정했던 만큼 한반도에 피해를 주지는 않았다. 태풍의 진로와 거리가 먼 동해안인 이곳에는 태풍이 지나는 날도 햇볕이 쨍쨍했다. 고추를 밖에 내다 말릴 정도로. 태풍 바비에서 한숨 돌릴 무렵, 8월 27일에야 사흘간 약을 먹은 남편이 사람들의 목소리가 찢어지지 않고 잘 들린다고 했다. 태풍 바비는 온대성 저기압으로 변질하여 중국 선양 동쪽으로 사라져 갔다.

이번 태풍은 걱정했으나 큰 상처를 남기지 않은 듯하다. 하지만 필리핀 가까운 곳에서 더 강하고 위력이 센 태풍이 만들어지고 있다고 한다. 우리는 살아가면서 태풍을 여러 번 만난다. 동해안에 큰 아픔을 주고 간 태풍 루사나 매미처럼, 부모와 형제자매, 또는 사랑하는 이웃을 잃을 수 있는 큰 태풍을 만날 수도 있다. 하지만 크고 작은 태풍은 지나가고 또다시 맑은 하늘과 화창한 날씨가 우리를 웃게 할 것이다. 그리고 그 맑은 하늘을 보며 새 희망을 노래할 것이고 미래의 꿈을 꿀 것이다.

4부 호박 이야기

김장 배달 가는길

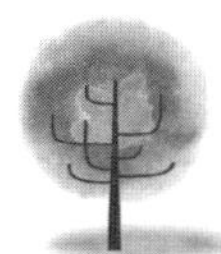

오랜만에 남편과 함께하는 여행이다. 올해는 아이들이 와서 김장 가져가기를 기다리지 않고 가져다주기로 했다. 차창 밖의 전경은 환상적이다. 눈이 내리니 그대로 맞고 있을 뿐이지만, 아름다운 태가 빛을 발한다.

아이들 집 냉장고가 그득할 생각 하니 콧노래가 절로 난다. 내 한쪽 젖무덤보다 조그마하던 녀석들이 이제는 가정을 이루고 가장 노릇을 하는 것을 보면 신통방통하다. 아이가 크면 어른이 되는 것이 당연하다고 말하겠지만 나에게는 그 당연한 것이 큰 축복이다. 그때의 그 일이 잘못되었더라면 이런 행복을 느낄 수 있을까.

1985년 포항 남구 해도동의 다세대주택에 작은 부엌이 딸린 한 칸짜리 방에서 살 때였다. 연년생으로 둘째 아이가 태어나고 얼마 지나지 않아서다. 둘째 아이를 업고 옥상에 빨래를 널러 갈 참이었다. 이제 막 걷기 시작한 큰아이가 위험할까 봐 아래에서 기다리라는 당부를 해두고 옥상에서 빨래를 널었다. 재바르게 빨래를 널고 내려왔는데 기다리겠다고 고개를 끄덕이던 아이가 온데간데없었다. 집안을 둘러보고 주변을 돌아다녀 봐도 아이의 흔적은 어디에도 없었다. 이웃 아주머니와 아저씨들도 내 일처럼 함께 이곳저곳을 살피며 아이 찾으러 나섰다. 아이가 없어졌다는 전달을 받고 부대에서 달려온 남편은 아이를 찾아다니다가 파출소와 동사무소 그리고 집 근처 병원에까지 다녀왔다.

"두 돌도 안 된 아기가 가면 어딜 가겠어. 누가 데리고 갔는지도 모르지."

누군가가 그렇게 말하기도 했다. 아침 아홉 시에 사라진 아이는 해가 그림자를 다 삼켜버릴 때까지도 찾지 못했다. 혹시라도 나쁘게 마음먹은 사람이 데리고 갔다면 영영 못 찾게 되는 건 아닐까 하는 불안감이 엄습해오기도 했다. 혼이 나간 듯, 미쳐버린 듯, 웅얼거리며 골목골목을 돌아다녔다. 보다 못한 남편은 그만 집에 들어가라고 했지만 그럴 수는 없었다. 작은 아이는 등에서 칭얼대다가 잠들기를 반복했다.

주위에 어둠이 깔리기 시작하자, 마음이 조급해졌다. 가슴이 쿵쾅거리다 못해 산산조각이 나버릴 것만 같았다. 이대로 밤이 된다면 어떻게 찾아야 하나. 세상의 종말이라도 오는 것 같았다. 급하면 지푸라기라도 잡게 된다는 말은 참말이었다. 주위 사람의 권유대로 생전 가보지 않았던 점집에 갔다.

"제발 우리 아이를 찾게 해주세요." 무릎을 꿇었다. 두 손이 절로 모였다. "아긴 잘 지내고 있어. 멀리 가진 않았어. 오늘이 가기 전에 반드시 돌아와"라고 했지만 어두워지는데 어디에서 아이를 찾을 수 있단 말인가? 의심의 마음이 조금 들려고 했지만 애써 그 마음을 잘라냈다. 찾을 수 있다고 했으니까 찾을 수 있을 거라고. 믿어야지. 믿어야지. 한 가닥 희망의 줄을 잡고 싶었지만, 여전히 눈물이 줄줄 흘렀다. 그런 내가 안타까웠는지 그분은 "어디 가서 대접 잘 받고 있겠구먼."이라고 했다.

점집 대문을 나와서도 계속 동네를 헤매고 다녔다. 얼마쯤 시간이 지났을까 골목 저쪽으로부터 자전거 불빛이 다가왔다. 동네 어귀에서 슈퍼마켓을 하는 아저씨였다. 다른 동네 구멍가게에서 아이를 찾았다고 전해 주었다.

우연의 일치인지 정말 기적처럼 아이는 그날이 가기 전에 내 품으로 돌아왔다. 아침 아홉 시에 잃어버린 아이를 저녁 아홉 시가 다 되어서야 찾은 것이다. 아이는 옆길로 가지 않고 한 길로만 쭉 걷는다고 한다. 그래서 생각했던 것보다 더 먼 곳에까지 간 것이다. 아이가 발길을 멈춘 곳은 작은 골목 안 구멍가게였다. 그곳에는 할머니 한 분이 앉아 계셨는데 할머니에게 우유를 가리키며 달라고 했단다. 아이는 평소에 친할머니를 많이 좋아했었다. 그래서인지 다른 사람에게는 곁을 주지 않고 온종일 그 할머니에게 업혀있었다고 한다. 아이는 내가 낳았지만, 세상 모두가 키우고 보살핀다는 믿음을 갖게 되었다. 그때. 그 일이 있었던 뒤부터 나는 아이 둘을 절대로 혼자 두지 않고 키웠다.

얼굴에 주름이 하나둘 생기자 인생의 새로운 국면을 맞게 되었다. 잃어버렸다가 내 품으로 돌아온 큰아들, 그때 내 등에 업혀서 제대로 울지도 못했던 둘째 아들, 둘은 세상에 나아가 제 할 일을 찾고 짝을 만났다. 요즘 결혼정년기의 청년들은 자기계발하랴, 하고 싶은 여행 하랴, 아이는 고사하고 결혼도 하지 않으려는 경향이 참 많다. 아들을 결혼시키려는 마음이 정말 눈곱만큼도 없을 때, 아들이 결혼하겠다고 했다. 과하게 반대할 수 없어서 아들에게 물었다.

"요즘 젊은 사람들은 결혼을 늦게 하거나 안 하려고 하는데 너는 왜 벌써 결혼하려고 하냐."

"나는 부족한 것이 많아서 누군가가 옆에서 챙겨줘야 해요. 부모님이 따라다니면서 다 해주실 수 없으니까 결혼해야죠"라며 아들이 대답했다.

"아직 나이가 어리니까 몇 년 더 있다가 결혼하는 게 어떠냐."

"지금 제 나이가 아버지가 결혼하실 때 나이에요. 아버지도 27살에 결혼하셨잖아요. 걱정하지 마세요. 저의 꿈이 아버지와 어머니가 사는 것처럼 사는 거예요. 큰 욕심 부리지 않고 가족이 서로 사랑하고 화목한 거요."

품 안의 아들로 조금 더 있었으면 싶은 욕심에 아들을 설득하려 했지만, 우리가 더 말을 못 하게 아들은 막아버렸다.

둘째 아들은 서른 넘어서 결혼했다. 일 년이 지나자 손자를 낳았다. 아이 키우는데 힘든 세상이니까 그만 낳으라고 충고했지만 둘째 아들은 아이는 둘은 있어야 한다고 말했다. 그래야 서로 의지하고 외롭지 않을 거라며.

“서로 의지하고 외롭지 않아서 너희들 어릴 때 그렇게 싸웠냐?”

라고 남편이 장난 반 진담 반으로 툭 던지자,

“집에서만 싸웠죠, 밖에서는 한 번도 싸우지 않았어요, 서로 힘이 되었지요.”

라며 아버지의 말에 톡 되받아쳤다. 봄에 돋아나는 새싹을, 겨울에 내리는 눈을, 막지 못하듯 억지로 되는 일은 없다는 걸 알게 되면서 이제는 있는 그대로를 받아들인다.

큰 며느리가 첫째 손녀를 안겨주었을 때는 상황이 여의찮아 산바라지해 주지 못했다. 하지만 큰 며느리가 손자를 낳았을 때와 둘째 며느리가 손자 둘은 낳았을 때 산바라지해 주었다. 아들들의 분신인 아기를 실컷 보듬어줄 수 있다는 건 세상 무엇과 바꿀 수 없는 기쁨이다. 지금까지 내가 살면서 두 번째로 행복한 시기가 그때였던 것 같다. 가장 큰 행복은 물론 두 아들을 키울 때였다.

아이는 행복으로 나에게 왔다. 하지만 여러 번 참고 많은 것들을 버려야 했다. 그때는 그것이 고통으로 느껴지기도 했었다. 하늘과 땅 사이에 봄·여름·가을·겨울이 있듯 세월의 등에 업혀 늙어 가지만, 지난날의 기억들이 다 행복이었던 것만 같다. 주먹만 하고 두 손에 쏙 들어올 만큼 조그마한 손자를 처음 목욕시키는 날 떨어뜨리면 어쩌나 실수라도 하면 어쩌나 두려워서 잠깐 떨리기도 했다.

'할머니는 엄마보다 더 용감해, 할 줄 아는 게 더 많아'라며 아랫배에 힘을 주고 아기를 씻겼다. 아들 둘과 손주 넷은 나를 성장시키는 원동력이다.

올해도 남편과 둘이서 김치를 담갔다. 옛날에는 내가 이렇게 힘든 일을 해낼 수 있으리라고 상상도 하지 못했다. 어제저녁 늦게까지 일하고도 씩씩하게 아들 집으로 김장 배달 가는 길이 즐겁기만 하다.

"죄송해요, 내년에는 꼭 같이 김장하도록 할게요. 드시고 싶은 것 다해 드릴게요. 어머니 사랑해요."라는 며느리의 말.

"할머니 보고 싶어, 빨리 와."라는 손녀의 목소리.

나를 행복하게 해주는 이런 말이 세상 어디에 또 있을까.

꼬꼬댁 꼬꼬

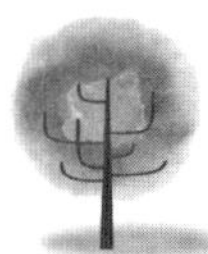

부지런한 손놀림으로 설거지와 집 청소를 마치고 밭으로 가기 위해 길을 나선다. 입은 옷이 가벼운가, 차가운 공기가 내 몸에 감긴다. 조금 걸으면 몸이 더워져서 괜찮을 것이다. 움츠러드는 어깨를 힘차게 흔들며 걸음을 옮긴다.

넋 놓고 걷다 보니 문화예술회관 뒷길이다. 노란빛에 홀린 듯 눈길을 빼앗긴다. 어느새 개나리가 지천이다. 몽우리가 맺혔을 때가 있었을 텐데 그때는 그냥 지나쳤는지 그곳에 꽃나무가 있는지 몰랐다. 활짝 피운 노란 꽃들과 눈인사 나누고 흥국생명 건물 앞에서 횡단보도를 건넌다. 여느 날과 마찬가지다. 차도를 달리는 자동차 바퀴 소리가 들리고, 길가에 알록달록 현수막이 바람에 펄럭이는 소리는 내 걸음에 생동감을 불어넣는 것 같다. 하지만 마스크 안에 입을 가두고 걸어가는 사람의 목소리는 들을 수 없다.

행여 사람의 목소리를 못 듣는 장애인이 된 것 같다. 앞만 보며 한참을 걸었더니 공설운동장 맞은편까지 왔다. 하얀 매화 분홍 매화 봄바람에 살랑살랑 춤춘다.

7번 국도 옆으로 난 샛길로 접어든다. 언제 풀을 다 뽑고 밭을 다 정리했는지 휠체어 타고 나와서 농사짓는 아저씨 밭이 세수를 마친 아이처럼 말끔하다. 또 다른 밭에는 오토바이를 길가에 세워 두고 부지런히 일하고 있는 사람이 보인다. 감자를 심을 모양이다. 골을 타며 비닐을 씌우고 있다. 굴다리를 지나 조금 오르막길을 걷는다. 숨이 차다. 걸음이 느려진다. 다리가 조금 무겁게 느껴진다. 몸이 더워져서 겉옷을 벗는다. 눈을 뜨면 오늘은 무엇을 하며 시간을 보낼까 침잠에 빠지지 않아서 다행이다. 밭으로 가는 일이 있어서.

저만치 우리 밭이 보이고 내리막길이어서 걸음이 빨라진다. 밭 입구에 도착하자 닭들의 소리가 요란하다. 벌써 떠들고 있었는지 아니면 내 발걸음 소리를 듣고 소리를 지르는지 모르겠지만 반갑다. 누군가가 나를 향해 말을 걸고 있지 않은가. 나도 "꼬꼬댁 꼬꼬"하며 답한다.

코로나19 방역 조치가 강화되고부터는 사람을 만나 식사하거나 한낮의 여유를 쌉싸래한 커피로 녹이는 일 따위는 상상할 수도 없다. 그러다 보니 뭔가를 갈망하지만 무엇을 하고 싶은 의욕이 없어졌다. 딱히 갈 수 있는 곳도 없고, 할 수 있는 일도 줄어들었다. 다리가 아직 건강하니 걷는 운동을 하는 수밖에 방법이 없다. 운동하면서도 목적이 있는 것과 없는 것이 다르다. 무작정 걸으면서 운동을 할 수도 있겠지만 닭에게 모이를 주러 왔다가 간다는 목적을 두고 하는 걷기 운동은 일거양득이라 할 수 있겠다. 모이를 주기 전에 밭을 한 바퀴 돌면서 소복하게 올라온 봄풀을 뜯어서 닭에게 준다. 연하고 맛난 먹이가 왔다고 '구구구' 대장인 수탉이 암탉들에게 신호한다. 수탉은 언제나 저런다. 제일 먼저 달려와서 준 먹이를 쪼아본 후 미처 오지 않은 닭들을 부른다. 먼저 먹는 것을 한 번도 보지 못했다. 가장으로서 본분을 철저히 지키는 수탉의 어깨가 측은하다. 열 마리가 모두 모여서 맛나게 쪼아 먹는 걸 쪼그려 앉아서 지켜본다.

밭을 장만하면서부터 닭을 키우고 싶었다. 몇 년 동안 계획만 세우다가 드디어 1년 전부터 닭을 키우기 시작했다. 농촌에서는 어느 집이든 닭을 몇 마리씩 키우던 시절이 있었다. 어릴 적, 봄날이면 양지바른 쪽에 어미를 졸졸 따라다니는 병아리를 보는 것이 좋았다. 결혼하고 시댁에 갔을 때 그곳에서도 닭을 만났다. 사람도 설고 그야말로 물도 설었는데 닭이 있어서 다행이었다. 아침이면 닭들과 인사하는 것으로 하루를 시작하곤 했다. 남편이 없는 시댁에서의 생활은 긴장의 연속이었지만, 닭을 보는 시간만큼은 편안했다. 시댁 식구들이 외출하고 혼자 있을 때 닭장 앞에 쪼그리고 앉아서 마음대로 갈 수 없는 친정을 그리워하기도 했다.

어릴 적 닭의 뒤를 쫓아다니며 놀았던 기억이 새롭다. 마당은 우리와 닭들의 공동 놀이터였다. 닭장이 따로 없었기 때문에 닭들은 거름 더미를 뒤지다가 마당을 돌아다니다가 심지어 마루에까지 올라와서 똥을 싸놓기도 했다. 그래서 누군가는 늘 빗자루나 걸레를 들어야 했다. 하지만 어느 한 사람도 닭에게 싫은 소리 하지 않았다. 닭은 마당을 헤집다가 똥을 아무 데나 싸놓으며 놀다가도 저녁이 되면 누가 부르기라도 하는 것처럼 외양간에 몰려가서 잤다. 달걀을 낳을 때면 아버지가 만들어서 달아놓은 외양간에 있는 둥지로 날아올라서 알을 낳았다. 암탉의 꼬꼬댁 꼬꼬 소리가 나서 둥지에 손을 넣어보면 여지없이 동그란 계란이 하나 들어 있었다. 그러다가 어느 봄날이 되면 노란 병아리를 이끌고 마당으로 나왔다. 먹이를 챙겨주지 않아도 병아리는 금방 큰 닭으로 자랐다.

밭에서 나는 푸성귀가 반찬의 일색이었는데 가끔 닭고기를 먹을 수 있어서 좋았다. 병아리는 병아리대로 귀엽지만, 닭고기를 먹을 때는 병아리를 떠올리지도 않을 만큼 맛나게 먹었다. 귀여움의 대상이다가 놀이의 상대가 되기도 하다가 영양분을 채워주는 고마운 닭이다. 그렇게 정겹던 닭을 시댁에서 만나게 되니 정말 기뻤다. 친구는 물론이거니와 편하게 대화를 나눌 수 있는 존재를 만난 것이다.

그러던 어느 날 한밤중에 일이 있었다. 초저녁에 한잠을 자고 잠에서 깼다. 품에서 자던 아기가 칭얼대는 소리 때문에 깼는지도 모르겠다. 불은 켜지 않아도 되었다. 문으로 비춰 들어오는 달빛만으로 아기에게 기저귀를 갈아줄 수 있었다. 아기를 토닥이며 다시 잠들기를 기다리고 있는데 바깥이 수선스러웠다. 무거우면서도 은밀하게 무엇인가 들릴 듯 들리지 않는 부산스러움 같은 것이었다. 잘 못 들었겠지, 생각하면서 무시하고 잠을 청하려고 하는 데 불안해하는 닭들의 소리가 계속 들려왔다. 마음껏 지르지 못하고 뭔가에 눌려있는 듯한 닭들의 부르짖음은 무서움에 떨고 있는 소리가 분명했다.

나는 옆에서 정신없이 주무시고 계시던 어머니 어깨를 흔들면서 "어머니 바깥에 뭐가 왔나 봐요. 일어나보세요"라며 최대한 낮은 소리로 말했다. 왠지 목소리를 크게 하면 안 될 것 같았다. 내가 하는 말을 잠결에 들은 어머니는 응, 응하시더니 방문을 밖으로 확 밀어내셨다. 미닫이문이 밖으로 큰 소리를 내며 열렸다. 기회는 이때다 싶었는지 닭들은 마음껏 소리를 질러댔다. 그런데 방 안으로 큰 방망이 같은 것이 불쑥 들어왔다. 혹 밤 짐승이 닭장을 넘보는 것인 줄 아신 어머니는 문을 활짝 열어젖히면 그것들이 놀라서 도망가라는 행동이었는데, 난데없이 방 안으로 커다란 방망이 같은 것을 들이밀며 입으로 "쒸익 쒸익"하며 소리를 내는 것은 동물이 아닌 사람이었다.

들려오는 소리와 어렴풋하게 보이는 방망이, 온몸을 얼어붙게 만들기에 충분했다. 호기롭게 문을 열어버리던 당당함은 어디로 가고 두려움으로 온몸이 굳어버린 어머니는 멈칫멈칫 뒤로 물러나셨다. 평소에 당당함이 하늘을 찌를 것 같았고, 화를 내시면 내 몸과 마음이 얼어붙을 것 같았던 어머니가 놀라시는 모습이 왜 그리 우스워 보였는지 그 와중에도 나는 아주 조금 웃었다. 닭들마저 소리를 내지 못하는 잠시의 정적 후, 후다닥 마당을 어지럽히던 사람의 발소리도, 자지러질 듯 요란하던 닭들의 소리도 점차 잠잠해졌다.

옛날 시골에서는 서리라는 것이 있었다. 수박·참외·포도·사과 서리·김치 서리·심지어 닭서리까지 했다. 요즘 같으면 절도죄로 처벌을 받을 수도 있는 일이지만 그때는 "음 그럴 수도 있지. 어떤 놈들이 친구들과 내기해서 진 게로구나"라고 하면서 웃어넘기는 시절이었다. 그런 시절이라고 해도 그 경험은 아주 엄청난 놀라움이었다. 다음 날 아침에 닭장을 살피시던 어머니는 닭이 그대로 있다며 아무렇지도 않게 말씀하셨다. 어젯밤 일은 까맣게 잊으신 것처럼. 그때 마침 아기가 칭얼대기도 했지만, 평소에 친근감을 가지고 있던 닭들이 나에게 신호를 보낸 것이 아니었나, 그런 생각을 하기도 했다. 닭들과의 무언의 교류가 신기했는지, 많이 놀랐는지 그때의 상황이 생생하게 기억에 남아 있다.

남편 없는 시댁, 마음대로 가지 못하는 친정이 그리웠던 그 시절에도 어릴 때처럼 닭들은 소중한 친구였다. 그리고 지금도 눈을 맞추며 마음의 이야기를 나누는 상대가 닭이다. 닭을 키운 지 일 년이 넘었다. 병아리였던 닭은 이미 우리 몸속으로 들어와 영양분이 되기도 했고, 일부는 달걀을 낳아서 우리 가족을 살찌게 해준다. 오늘도 여전히 내 이야기 상대가 되어주기도 한다. 나는 닭에게 말을 건넨다.

"거의 한 시간이 걸려서 나는 너희들을 만나러 온단다. 지나치는 사람은 많았지만, 눈을 맞추는 사람도 말을 건넨 사람은 한 사람도 없었어. 마음이 답답해. 하지만 너희들이 있어서 다행이야."

"꼬꼬댁 꼬꼬."

두부 빚는 날

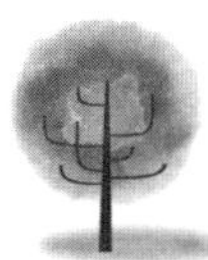

주방을 어슬렁거리던 남편이 그냥 지나칠 리가 없다.

"또 일거리를 만들어 놓았네."

그 말에 가만있을 내가 아니다.

"도와 달라 안 할 테니까 걱정 마요."

언제나 이렇다. 삐딱한 말을 누가 먼저 하나 내기라도 하는 것 같다.

연말이 되니 무엇인가 새로운 음식을 만들어서 먹고 싶었다. 가을에 수확한 콩으로 두부를 만들어야겠다는 생각이 문득 났다. 계획한 것도 아니고 그야말로 갑자기 콩을 물에다 담갔던 것이다. 남편은 어떤 일을 미리 의논하고 계획해서 하는 것을 좋아한다. 아니 편하게 생각한다. 그렇지만 나는 무슨 생각이 떠오르면 바로 행동으로 옮긴다. 어제도 마찬가지였다. 누워서 뒹굴뒹굴하다가 갑자기 벌떡 일어나서 콩을 담가 놓았다. 그것을 보고 본인은 전혀 몰랐던 일이 벌어지고 있는 것에 불편한 감정을 담아서 남편이 한 마디 던진 것이다. 그런다고 해서 하고자 했던 일을 멈출 수는 없다.

한번 대거리를 하고선 콩을 만져보았다. 물에 들어간 지 스물네 시간 지났으니 딱딱한 콩 본연의 성질이 어느 정도 누그러졌다. 엄지와 검지로 살짝 눌렀는데도 콩이 반 토막 났다. 믹서에 콩을 갈기 시작했다. 조금 담근다고 담갔지만, 퉁퉁 불어서 콩은 몇 배가 되었다. 작은 믹서에 두 국자씩 넣고 갈자니 콩이 줄어들 기미가 없다. 두어 시간은 족히 갈아야 할 것 같다. 뜬금없이 콩을 담갔다고 타박하던 남편은 믹서가 돌아가기 시작하자 간수로 쓸 바닷물을 떠 왔다.

두부는 시장이나 마트에서 사 먹으면 된다. 남편 말처럼 하나 사면 한참 먹을 수 있는데 왜 두부를 만들려고 하는지, 그건 나름의 이유가 있다. 우선 농사를 지으니 콩이 있다는 것이고, 농사지은 것을 소비해야 하기 때문이다. 물론 필요한 사람에게 팔면 된다. 하지만 힘들게 농사지은 것을 다 팔아버리면 허무할 것 같다. 무엇보다도 집에서 만든 두부가 맛이 좋고, 사서 먹는 것보다 훨씬 고소할 테니까.

두부를 만드는 과정도 단순하지 않아서 힘들지만, 콩을 수확하기까지도 쉽지 않다. 콩 모종이 검지만큼 자라면 옮겨 심는다. 여린 모종이 자라서 콩꼬투리를 매달 때까지 잡초를 뽑아줘야 한다. 콩밭 매는 것이 얼마나 힘들면 유행가 가사에도 쓰였을까. "콩밭

매는 아낙네야. 베적삼이 흠뻑 젖는다"라고. 그뿐만이 아니다. 콩이 누렇게 익으면 베어서 말려야 하고, 도리깨로 타작해야 한다.

아무리 힘든 일이어도 순간순간 즐거움은 있다. 여린 풀처럼 보이던 줄기가 튼튼하게 자라는 것을 볼 때가 그렇고, 콩 꼬투리가 조금씩 부풀어 오르는 것을 볼 때가 그렇다. 또 타작을 다 마치고 나서 콩대와 쭉정이, 그리고 먼지를 선풍기 바람으로 날려 보내고 그야말로 가라지는 다 날아가고 실한 알곡인 노란 콩만 소복이 쌓여있는 것을 보노라면 언제 힘들었냐는 듯 뿌듯함에 웃음이 절로 나기도 한다.

곱게 갈린 콩을 고운 천 자루에 넣어서 큰 솥에 담아 놓았다. 두부를 만드는 데 있어 가장 고난도의 기술과 힘이 필요한 단계다. 콩물을 짜내야 한다. 전문적으로 두부를 만드는 곳이 아니다 보니 집에 변변한 도구 하나 없다. 순전히 사람의 힘으로 해야 한다. 힘을 많이 써야 하므로 남편이 도와준다고 해도 미안할 지경이다. 그렇다고 내가 힘을 써서 하려고 하니 남편이 버젓이 있는데, 라는 생각에 남편의 움직임에 시선이 집중된다. 그런데 어찌 된 일인지 남편은 솥 주위까지 왔다가는 딴짓만 하고 지나쳐버리는 것이었다. 조금씩 화가 났다.

사실 아무 생각 없이 두부를 만들려고 일을 벌인 것이 아니었다. 조금만 힘을 줘도 오른쪽 어깨가 마비된 듯 아파지기 때문에 힘쓰는 일은 될 수 있으면 피하려고 한다. 하지만 지금은 남편이 집에 있으니까, 내가 힘든 일을 하지 않아도 해줄 사람이 있지 않은가, 이런 믿음이 있었다. 그런데 한참을 기다려도 남편의 입에서 이것 짜면 되냐고, 내가 해주겠노라는 말이 나오지 않는다. 참 이상하다. '콩을 갈아 놓았으니 당신이 콩물을 짜주면 좋겠어요'라는 말 한마디만 하면 되는 것을. 남편이 알아서 척척 해주기만을 기다리다 보니 물이 부글부글 끓어오르듯 점점 화가 치민다.

'도와주지 않으면 혼자 하지, 치사하게 도와달라는 말을 내가 하나 봐라'라는 오기가 발동한 나는 아픈 어깨를 비틀어 가며 자루를 눌렀다. 한창 낑낑거리고 있는데, 언제 왔는지 남편이 나를 밀어낸다. "뭔 힘을 얼마나 쓴다고. 저리 가"하며. 콩물이 묻은 손을 번쩍 치켜들며 일어나는 나를 향해 남편은 또 말 주머니를 던진다. "나한테 해 달라고 하는 게 그렇게 자존심이 상하나?"라는 말이 떨어지기 무섭게, 나는 말 보자기를 펼쳐 받는다. "그래 자존심 상한다. 자존심 강한 여자, 자존심에 상처 입지 않게 알아서 해주면 어디가 덧나나."

옥신각신하며 서로에게 눈도 흘기다가 나는 우두커니 서 있고, 남편은 자루를 누른다. 끙끙대는 소리가 연신 남편의 입에서 흘러나온다. 남편의 팔뚝에는 힘줄이 불끈 솟는다. 온몸의 힘을 두 손으로 모으는 모습이 안쓰러워 보인다. 조금이나마 도움을 주려고 남편의 손 위로 내 두 손도 올려서 힘껏 눌린다. 남편이 피식 웃으며 "우리 지금 뭐 하냐?"라고 묻는다. 나는 "소꿉놀이한다"라고 답한다.

콩물이 다 짜졌으니 지금부터는 온전히 내 몫이다. 부뚜막이라 할 수 있는 가스레인지 옆 조리대에 자리 잡고 앉았다. 콩물 저을 때 편하기 때문이다. 불을 세게 하고 끓을 때까지 젓는다. 끓을 때까지는 오래 걸리지 않는다. 그래서 잠시도 눈을 떼면 안 된다. 조금씩 참고 참아서 마음속에 담아두었던 화를 한꺼번에 폭발시키는 사람처럼 콩물은 갑자기 끓어오를 수 있다. 집중하고 있어야 한다. 조금이라도 딴생각했다가는 아까운 콩물을 버리게 되고 흘러내린 콩물을 닦아야 하는 수고로움을 감수해야 한다. 거품이 조금씩 일어나면 불을 아주 약하게 한다. 그래도 계속 끓어오르면 불을 끄고 냉수를 조금 부어준다. 화가 나서 폭발 직전인 사람을 차분한 말로 진정시키듯.

진정된 듯 거품이 없어지면 다시 불을 약하게 켜놓는다. 불 조절하랴, 끓어오르지 않게 진정시키랴, 주걱으로 눋지 않게 저어주랴, 정말 바쁘다. 바쁜 중에도 서두르면 안 된다. 안정된 자세로 차분하게 일의 순서를 지켜가면서 해야 한다.

안 해보던 일을 해서 시행착오도 여러 번 있었다. 서툴게 완성한 두부 같지 않은 두부를 먹을 때도 있었고, 끓이다가 넘쳐서 어떻게 할 수 없어 간수만 부어서 순두부로 먹은 적도 있었다. 어떤 때는 간수를 너무 많이 넣어서 바닷물만큼 짠 두부를 버리기 아까워서 밥을 잔뜩 넣고 먹은 적도 있었다. 만들면서 넘쳐흘러서 버리는 것이 더 많을 때도 있었고, 제대로 젓지 못해 누린내 나는 두부를 먹기도 했다. 그것도 몇 년 하다가 보니까 요령을 터득하게 되었다.

실패를 거듭해도 두부 만드는 것이 재미난다. 내가 먹으려고 하는 것이니까 못 먹을 정도면 버리면 그만이다. 잘 되면 맛있게 먹을 테고, 꼭 잘해야 한다는 부담도 없다. 이제는 끓어오르려고 하면 '슬슬 화가 나시나 봐요. 머리를 먼저 식혀드릴까요. 가슴의 뜨거운 불을 먼저 꺼드릴까요'라고 혼자서 키득거리면서 두부를 빚는다.

부부 사이도 이와 다를 게 없는 것 같다. 서로의 마음을 잘 모를 때는 별것 아닌 말로 티격태격하기도 한다. 큰 소리로 싸우다가 남 같은 생활을 하기도 했다. 그러다가 세월이 흘러 메주가 된장으로 거듭나듯 부부 사이도 그 맛이 변했다. 무르익는 것 같다. 상대가 무슨 말을 해도 악의가 없는 것을 알기에 마음에 상처가 나지 않는다. 꼭 말을 해야 할 때는 가시 박힌 말도 농담처럼 부드럽게 던진다. 그러면 그것으로 끝이다. 딱딱하던 콩이 물을 만나고 끓어오르다가 잠잠해져서 두부로 말랑말랑하게 재탄생되듯 그런 사이가 부부 아닐까.

산바라지, 그리고 행복

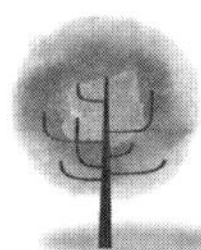

요즘 젊은이들은 우리가 젊었을 때보다 아주 다르다. 어떻게 보면 현명하게 사는 것처럼 보이기도 한다. 아이를 낳아서 자식을 위해 희생하는 부모가 되기보다는 자신이 하고 싶은 것을 하면서 살고 싶어 한다. 돈을 버는 목적이 자식을 키우고 공부시키는 뒷바라지를 위해서가 아니라 여행하거나 자신의 발전을 위해서인 것 같다. 결혼하지 않거나 결혼해도 아이를 낳지 않거나 한 명만 낳는 사람이 많다. 그런데 우리 집 아들과 며느리는 꼭 아이 둘이 있어야 한다고 고집한다.

두 번째 아기를 낳고, 둘째 며느리가 산후 조리하려고 우리 집에 왔다. 아들 둘을 일찌감치 독립시키고 밥 먹을 입이 둘이 된 지 벌써 오래되었는데 인제 와서 식구가 느니 힘겨운 시간이다. 아들은 직장 때문에 다시 제집으로 가서 우리 집에 식구는 석 달이 지나도록 다섯 명이다.

식구가 느니 여러 가지로 복잡해졌다. 시장도 자주 다녀야 하고, 세탁기도 여러 번 돌려야 하고, 음식도 많이 만들어야 한다. 아침부터 저녁까지 엉덩이를 바닥에 붙일 시간이 없을 때도 있다. 하고 싶은 것은 아무것도 하지 못하고 아기의 잠자는 시간에 맞추어 움직여야 한다. 미리 계획을 잡을 수도 없다. 며느리의 계획에 따라 일정을 소화해야 한다. 내 인내심의 한계가 여기까지냐는 생각도 여러 번 했다. 옛날 어린 시절 팔 남매를 키워내고, 그 자식들에 손주들까지 모여들어 북적일 때도 얼굴에 웃음기 가득 담고 계시던 부모님이 새삼 대단하셨다는 생각이 든다.

재작년 사월에 큰 며느리가 둘째 아이를 낳는다며 산바라지를 부탁했다. 예정일 일주일 전에 아들 집으로 갔었다. 일주일 동안 며느리와 함께 산책하며 많은 이야기를 주고받았다. 시장을 보러 가서는 간식도 사 먹고, 커피숍에서 수다를 떨기도 했다. 큰 며느리가 둘째 아이를 낳을 때까지 일주일 동안 지금껏 없었던 딸이 하늘에서 뚝 떨어진 것처럼 좋았다. 아들 둘을 키우면서 느껴보지 못했던 느낌이랄까. 남편이 내 편이라고 말들 하지만 내 속을 항상 설명해야 했고, 아들은 사랑을 끝없이 주면서도 눈치를 봐야 하는 대상이었다. 며느리는 사랑을 줘야 하는 자식이고 내 이야기를 들어주는 한 사람의 존재다. 그러면서 내 마음, 아니 여자의 마음을 알아주고 통하는 무엇이 있다는 어떤 것을 느꼈다. 예정일 이틀을 넘기는 날 밤에 큰며느리가 진통을 느껴 아들이 병원에 데리고 가서 손자를 보았다. 나에게는 두 번째 손주였다. 첫 번째인 손녀를 돌보며 며느리 산바라지를 한 달 해주고 집으로 왔다.

작년 일월에 둘째 아들네 집으로 갔다. 둘째 아들의 첫 아이가 태어났다. 한 달 동안 몸 아끼지 않고 자식에게 할 수 있는 일을 해주고 싶었다. "아낌없이 주는 나무"라는 동화에 나오는 나무가 부모라고 하는데 반론을 제기하는 사람은 별로 없을 것이다. 어른이 되어서야 만나는 자식이 며느리인 것 같다. 밤잠을 충분히 자지 못하는 날에도, 새로운 반찬을 만들어야 하는 때에도, 이런 시간이 있어서 새로 얻은 자식인 며느리와 친해질 수 있는 게 아니냐며 즐거운 마음으로 일했다. 한 달이 되어 아들네 집을 나오는데 그렇게 뿌듯할 수 없었다.

예전에 나는 무슨 일이든 자신이 없었다. 나에게 닥친 일은 무엇이든 피하려고 했다. 농사를 짓고 식구가 많은 집에는 항상 여자들이 해야 할 일이 천지였지만 내가 한 일이라곤 방 청소하든지 강낭콩을 까는 것이었다. 가끔 갈포 삼을 삼거나 뽕잎을 따기도 했다. 하지만 그 단순한 일을 하기에도 나는 힘에 부쳤다. 일을 조금만 해도 쉬 지치고 피곤하고 아파서 무슨 일이든 오래 하지도 못했다.

그랬던 내가 이제 다른 사람을 위해 무엇을 했다는 것은 대단한 발전이다. 자식은 부모를 철들게도 하고 성장하게도 하는 대단한 힘을 가진 존재임이 틀림없다.

둘째 며느리가 둘째 아이를 낳는다고 산후조리를 부탁했다. 큰 아이가 돌도 지나지 않았는데 벌써 둘째 아기 소식을 전해서 적이 놀랐다. 요즘은 살아가기 힘든 세상이라고들 한다. 그래서 아이 하나만 있으면 어떠냐는 조언을 하려고 했다. 한데 그 말을 할 겨를도 없이 덜커덕 아기가 벌써 뱃속에 생겼다고 했다. 둘씩 낳을 거니까 이제 마지막이라는 생각에 흔쾌히 승낙했다. 남편 혼자 두고 한 달 동안 집을 비운다는 것이 마음에 걸렸지만 한 달은 금방 지나가 버릴 것이었다.

산달이 가까워지자 며느리가 기특한 말을 했다. 시아버지가 큰 수술을 한 지 얼마 지나지 않았으니 혼자 계시는 게 미안하다며 자기네가 우리 집으로 오겠다고 했다. 나 또한 마음에 걸렸던 부분이라 그렇게 하기로 허락했다.

도움을 줄 수 있을 때 도움이 되어야 한다는 가벼운, 조금은 행복한 들뜸으로 아들 집으로 갔다. 가벼운 마음이란 집을 떠나면 새로운 무엇이 나를 기다리고 있다는 철없는 설렘이라는 풍선이 마음속으로 들어와 부풀렸기 때문이다. 남편과 하루하루 지내는 시간이 무료해져서 손자와 함께 지내는 새로운 날이 즐거울 거라는 기대가 여기에 한몫했다.

며느리는 병원에 가고 혼자서 갓 돌이 지난 손자를 돌보는 일이 그렇게 만만하지도, 생각처럼 즐겁지도 않았다. 손자를 보살피다가 손자가 감기에 걸렸는데 열이 떨어지질 않아 병원에 갔다. 며느리는 산부인과에 손자는 소아청소년과에 입원했다. 며느리가 둘째 아기를 낳아 퇴원하는 날에 손자도 퇴원시켜서 모두 우리 집으로 데리고 왔다.

이런 상황을 어떻게 표현해야 할지 적당한 비유가 생각나지 않는다. '훅 떼려다 혹 붙였다. 주객이 전도'라는 말이 어울릴까. 아무튼 한 달이 지나도 며느리는 자기네 집으로 갈 생각을 하지 않았다. 연년생을 키우는 게 쌍둥이 키우는 것보다 힘들다는 말이 있다. 나도 아들 둘을 연년생으로 키웠기 때문에 누구보다 남자 아기 둘 키우는 게 얼마나 힘든 줄 안다. 그래서 내가 힘닿는 데까지 도움이 된다면 도와주려고 했다. 더군다나 올해 일월에 돌이 지난 아이가 자주 아프고 아프면 병원에 입원해야 해서 보내면 안 될 줄 알면서도 어서 자기네 집으로 갔으면 하는 바람이 자꾸만 꾸역꾸역 내 마음에서 용솟음쳤다.

그럭저럭 새로 태어난 아기가 백일이 되었다. 백일 상을 차리고 사진을 찍었다. 음식을 장만해서 여럿이 먹으니 남편과 둘만이 있을 때보다 활기 있고 웃을 일이 많아서 좋기는 하다. 그렇지만, 울고 있는 아기를 몰라라 외면하지도 못하고, 며느리가 밥을 못 먹고 있는데 아이의 밥을 먹이지 않고 나만 먹고 있을 정도로 매몰차지 못해 이리 뛰고 저리 뛰다 보니 개도 걸리지 않는다는 오뉴월에 감기에 걸렸다. 감기는 떨어지려고 하지도 않고, 그렇지 않아도 지병이 있는 허리와 어깨통증은 점점 더 심해지고 있다. 며느리 앞에서 자꾸만 아프다고 말하기에도 체면이 서질 않는다. 그렇다고 언제까지 참고 있을 수만 없었다. "어차피 같이 살지 않을 거면 집으로 가야 하지 않겠느냐"라며 걱정 반 기대 반으로 여러 번 말했다.

추석까지 주저앉아 있을 거라고 어깃장을 놓던 며느리가 짐을 싼다. 어쩔 수 없다는 생각을 한 모양이다. 막상 며느리가 짐 싸는 모습을 보니 마음이 아프다. 한창 자아가 성장하는 시기인 아이와 이제 목을 겨우 가누기 시작하는 아기를 어떻게 혼자서 키울 수 있을지 걱정도 많이 된다. 지금까지 내가 무엇을 했든 어떻게 했든 생각나지 않고 꼬물꼬물 내 품에서 웃고 재롱부리는 아이들을 매일 못 보게 된다고 생각하니 눈물이 앞을 가린다.

큰며느리는 남매 중 둘째고 둘째 며느리는 자매 중 둘째다. 우리 아들은 형제다. 형제자매가 있어도 좋겠지만 주위의 사람들과 잘 지내고 사촌끼리 친하게 지내면 될 것 같았다. 하지만 우리 자식들은 그래도 세상에 혼자 있는 것보다 싸우더라도 둘은 있어야 한단다. 큰며느리가 손녀와 손자가 재미나게 놀고 있는 사진을 찍어서 자주 보내온다. 작은 아들네의 두 아기도 혼자일 때보다 둘이 있으니 보기에 좋다. 자식들 생각이 옳다고 무언중에 인정한다.

아이가 없었을 때를 돌이켜보면 며느리와 아주 서먹했다. 전화해도 서로 밥 잘 먹었냐는 안부만 물으면 그만이었다. 아들네가 어떻게 지내고 있는지 궁금해서 전화를 걸고 싶다가도 할 말이 없어서 그만둘 때도 있었다. 하지만 이제는 며느리가 스스로 그것도 아주 자주 실시간으로 아이들의 사진을 보내온다. 또 전화를 자주 해서 아이들의 동향을 전해준다. 아기들은 부부간에 꼭 있어야 할 사랑의 매개체이기도 하고 시부모와 며느리 사이를 연결해 주는 이쁜 케이블이다.

육십도 되지 않는 나이에 벌써 손녀 한 명 손자 세 명이 할머니라고 부르는 존재가 되었다. 정신없이 이리 뛰고 저리 헐떡이는 나를 보고 며느리가 말했다. "엄마가 가장 힘든 줄 알았는데, 할머니가 더 힘든 것 같아요. 할머니는 못 하는 게 없어요." 며느리의 그 말에 힘을 얻어서 몸이 아플지라도 어른 노릇 해야 한다며 하루하루를 잘 버틴다. 내 삶 속에 무엇보다 가족을 사랑하는 마음이 크게 자리 잡고 있어서 며느리들이 원하는 할머니의 모습을 보일 수 있지 않았을까 싶다.

며느리들의 산바라지를 하면서 좋았던 점은 손자들을 싫증이 날 정도로 실컷 안아 볼 수 있었다는 것이고, 또 좋았던 것은 며느리와 마음이 통하는 대화를 많이 할 수 있었다는 것이다. 그중에서 머릿속에 가장 강하게 박혀있는 "어머님이 제 시어머니여서 참 좋아요"라는 며느리의 말이다.

복숭아나무

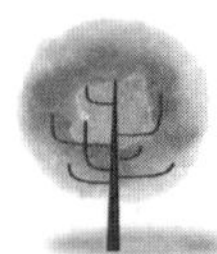

쓱싹쓱싹, 흥부가 제비에게 받은 박 씨를 심은 후 수확한 박을 타는 소리가 아니다. 남편의 톱질 소리이다. 더디고 둔탁한 톱질을 멈추고 그는 도끼를 들고 한 번씩 구령을 붙였다. 남편의 목소리와 도끼로 나무 찍는 소리는 요란했지만, 잘려서 떨어져 나가는 나무 조각은 조금밖에 되지 않는다.

작년 봄과 여름에 복숭아나무에서 활짝 핀 꽃과 실한 열매를 선물 받았기 때문에 올해도 복숭아를 당연히 먹을 줄 알았다. 여느 여름과 마찬가지로 달콤한 복숭아를 먹게 되리라 기대하며 솎아낸 꽃을 모아, 눈발 같이 꽃송이를 한 움큼 한꺼번에 확 날리기도 했다.

꽃이 하나둘 떨어지면서 그 자리에 달린 열매가 조금씩 자라야 하는데 어찌 된 일인지 이상했다. 꽃은 누렇게 변해 가고 그나마 몇 개 맺힌 열매는 시들시들한 것이 쭉정이 꼬투리처럼 비틀어져 가고 있었다.

나무 전체가 다 그런 것이 아니어서 다행이라면 다행이었다. 남편은 부실한 나뭇가지를 잘라냈다. 꽃을 너무 많이 달고 있어서 그럴까 싶어서 그나마 또렷하게 피어 있는 꽃을 드문드문 남겨두고 따내기도 했다. 거름이 너무 많아서일까 해서 나무 주위의 흙을 파내 보기도 하고, 너무 가물어서 그럴까 싶어 나무 주위에 물을 듬뿍 줘 보기도 했다. 살려 보려고 갖은 정성을 기울였지만, 복숭아나무는 한 가지 두 가지, 두 가지에서 세 가지. 싱싱한 꽃을 매달고 있는 가지 보다 말라 버려 잘려 나가는 가지가 더 많았다.

같은 시기에 꽃이 피고 열매 맺는 매실나무는 수확을 기다리는 열매를 주렁주렁 매달고는 자랑스럽게 서 있다. 하필이면 매실나무 옆에 복숭아나무가 있는 걸까. 이유 없는 책망까지 하게 된다. 초라하게 서 있는 복숭아나무가 측은하다. 몇 가지 남아 있지 않은 가녀린 가지는 누런 꽃과 비틀어진 열매를 마지막까지 놓지 않겠다며 안간힘을 다하고 있다. 애처로워서 마음이 아프다.

아침에 일어나면 밥 먹고, 직장인은 직장에 가서 일하고, 학생은 학교에 가서 공부하고, 우리처럼 농사짓는 사람은 농사일하다가 저녁이 되면 집으로 오면 된다. 그건 영원불변인 줄 알았다. 나무를 심으면 열매가 달리고 그 열매가 때가 되면 익어서 먹게 되는 것이 당연한 줄 알았다. 하지만 당연한 것은 없었다. 뜻하지 않은 일이 갑자기 벌어지면 눈코 뜰 새 없이 정신을 차릴 수 없는 것처럼 복숭아나무도 예기치 않은 어떤 일이 벌어진 것이 틀림없다.

완전히 말라 버리지 않았고, 그나마 누런 꽃일지언정 있는 힘을 다하고 있으니까 우리는 기다려 보기로 했다. 다시 살아나면 그보다 좋은 일이 없을 것이라 기대하면서 조금 떨어진 곳에 복숭아나무 묘목을 한 그루 새로 심었다.

이른 봄, 어느 나무보다 먼저 꽃을 피우는 복숭아나무는 너무나 예쁘다. 조금 떨어져서 바라보고 있노라면 태양이 떠오르기 전 붉은빛을 보고 놀랄까 봐 예고편으로 지평선에 핑크빛 물감을 뿌려놓은 것처럼 황홀하기도 하다. 산 넘어가는 태양이 훌쩍 떠나지 못하는 아쉬움에 핑크빛 물감을 하늘에 뿌려놓고 떠난 듯 아련하게도 보인다.

가까이 다가가서 보면 연분홍 치마를 곱게 차려입은 새색시가 수줍어하며 살포시 웃는 얼굴 같다. 새색시는 하루하루 그 모습을 달리한다. 새색시는 어느 사이 배 속에 아기를 품고 있다. 꽃잎들이 살짝 부풀어지면서 열매를 키운다. 열매가 조금씩 자라면 꽃잎은 제 할 일을 마친 어미처럼 자연스럽게 떨어져 나간다. 그 자리엔 어느새 새 보호자가 나타난다. 초록의 나뭇잎이다. '어머니 날 낳으시고 아버지 나를 키우시다'라는 말처럼 복숭아 나뭇잎은 늦게 돋아나지만, 열매를 보호해 주려는 책임감으로 부지런히 제 몸을 키우고 있다는 것을 알 수 있다.

복숭아나무와 복숭아꽃 그리고 열매까지 이야기가 참 많다. 복숭아나무를 깎아 부적을 만들어 귀신을 쫓은 데 쓰기도 했다. 복숭아꽃을 여성의 아름다움에 비유해 도화라고 하기도 한다. 꽃이 얼마나 예쁘면 어쩌지 못하는 여성성의 발산에 비유했을까. 이른 아침 이슬을 그 작은 꽃잎에 대롱대롱 매단 채로 피어 있은 꽃을 가만히 들여다보고 있노라면 간드러진 여린 아름다움에 고개가 절로 끄덕여지기도 한다. 그 열매인 복숭아를 먹으면 불로장생한다는 말이 있다니 복숭아나무는 그야말로 우리 곁에 없어서는 안 되는 나무 같다.

심은 지 10년이 된 복숭아나무는 고목은 아니지만 보기 좋을 만큼 자랐다. 남편은 다른 나무보다 복숭아나무에 정성을 더 들였다. 해마다 가을이 되면 볼품없이 위로 뻗은 가지를 잘라주고 옆으로 키워야 하는 가지 끝에는 줄을 매달아서 비행기가 하늘을 나는 것처럼 멋지게 키웠다. 과수원에서 자라는 복숭아나무 못지않게 보기 좋았다. 몇 해 전부터는 맛있는 복숭아를 실컷 따 먹었다. 이렇게 말라버리기 전해에는 복숭아도 실컷 먹고 남은 것으로 통조림을 만들어서 손주들에게 주기도 했다. 사서 먹은 통조림보다 할머니가 만든 것이 더 맛있다는 손주들의 말에 내년에는 더 많이 만들어주겠노라고 약속까지 했었다.

다른 나무는 두 그루씩 짝을 맞추어 심었으면서 복숭아나무는 왜 한 그루밖에 심지 않았는지. 단 한 그루밖에 심지 않은 나무가 이런 모양새를 보이니까 너무 속상했다. 무성한 잎을 자랑하며 푸르게 자라는 나무들 사이에 앙상하게 서 있는 나무를 볼 때마다 눈살이 찌푸려졌다. 남편에게 베어내자고 했지만, 남편은 내년 봄에는 꽃이 필지 모르니까 기다려보자고 했다.

새로운 봄이 왔다. 땅에서는 파릇파릇 새싹들이 돋아나고, 조용히 숨만 쉬고 있던 나무의 겨울눈에서는 새순들이 마구마구 돋아나기 시작한다. 새로 심은 복숭아 묘목에서도 꽃망울이 맺혔는데, 말라버린 복숭아나무에는 꽃도 피지 않고 새움 하나 돋아나지 않았다.

혹시나 기다려보자던 남편이 톱으로 나무를 베기 시작했다. 땀을 뻘뻘 흘리며 팔을 움직여보지만, 나무는 잘 베어지지 않았다. 도끼로 해봐야겠다고 했다. 남편은 흡사 선녀와 나무꾼 이야기에 나오는 부지런한 나무꾼 같았다. 도끼로 찍고 톱질하길 여러 번, 한 아름이나 되는 줄기에서 우지직 소리가 들렸다. 계속 베기만 하다가는 무방비 상태로 나무가 넘어질 것 같아서 남편과 힘을 합쳐서 안전하다 싶은 쪽으로 나무를 힘껏 밀었다. 밀고 또 미니까 나무는 넘어갔다. 큰 나무가 넘어지는 힘은 대단했다. 남편과 나는 맥없이 벌러덩 넘어지고 말았다. 팔도 아프고 넘어지면서 찧은 엉덩방아로 허벅지와 엉덩이가 조금 아프긴 했지만, 큰일을 마쳐서 마음은 후련했다.

새로 심은 복숭아나무에 분홍색 꽃이 몇 송이 피어났다. 키우던 복숭아나무를 보낼 때 아쉬워했던 우리의 마음을 조금 달래주는 듯하다. 꽃이 열매를 키우기에는 아직 어린나무다.

"이거 심으면 내년에 복숭아 달려요. 언제 복숭아 먹을 수 있어요?" 작년 가을 여린 묘목을 사면서 묻는 나에게, 주인은 허허하는 헛웃음을 날렸다. 우물에서 숭늉 찾으려는 철없는 농사꾼이라고 생각한 게 틀림없을 것이다. "삼 년은 키워야 열매를 먹을 수 있어요. 그전에 꽃이 피면 다 따줘야 해요. 그래야 나무가 잘 커요"라고 말했었다.

꽃이 떨어지면서 잎이 돋아나는 복숭아나무는 주위의 다른 나무에 뒤지지 않고 늠름하게 자라고 있다. 내년 봄에는 더 많은 꽃을 피울 게 틀림없다. 해를 거듭할수록 더 크게 자라서 내후년에는 복숭아를 먹을 수 있을 것이다. '할머니가 만들어 주신 복숭아 통조림 최고로 맛있어요'라고 하는 손자의 그 말이 듣고 싶다. 아직은 어리지만 건강하게 자라고 있는 복숭아나무, 나에게 희망을 품게 해준다.

호박 이야기

나에게 즐거움을 주는 곳으로 가는 발걸음은 늘 가볍다. 하나를 취하려면 다른 어떤 것을 포기해야 하듯 내 즐거운 발걸음을 멈추게하는 훼방꾼을 만날 때도 있다. 윙윙 소리를 내며 날고 있는 파리와 맞닥뜨릴 때면 손을 휘저으며 불쾌한 감정을 드러내지만, 그것은 내가 감수해야 할 몫이다. 파리에게 그곳은 저들이 머무는 집같은 곳이고, 나는 그 자리를 잠시 빌려 쓰고 있을 뿐이기 때문이다. 그러니까 푸른 잎을 활짝 펼치고 싱싱하게 자라고 있는 호박줄기를 살펴보는 나는 그들에게 불청객이지만, 이 순간 우리는 공존 공생하고 있다. 두 손을 휘휘 저으며 마주한 호박 줄기 마디마디에 활짝 웃고 있는 호박꽃이 나를 반긴다. 노란 얼굴들을 보면 나도 웃게 된다. 그 웃는 얼굴이 나와 교감이라도 하는 듯 착각에 빠지며 말을 건넨다. "안녕, 오늘도 반가워"라고.

흔히 못생긴 사람을 호박꽃에 비유하기도 하지만, 나는 호박꽃이 못생겼다고 생각하지 않는다. 어떤 사람을 보고 호박꽃처럼 생겼다고 한다면 그 사람은 예쁘기도 하거니와 덕성까지 겸비한 사람이라고 나는 생각할 것이다. 호박꽃이 노란색이라는 것은 누구나 안다. 하지만 그 꽃이 예쁘다고 모두가 말하지는 않는다. 어떻게 생각하는가는 주관적이다. 느끼는 대로 생각할 수밖에 없는 노릇이다.

오늘도 밭에 도착하자마자 가장 먼저 호박꽃이 있는 곳으로 간다. 물론 집에서 가져간 음식 찌꺼기를 버리기 위해서 그곳으로 가지만 다른 이유가 있다. 애호박이 얼마나 자랐는지, 따서 볶아 먹을 정도로 컸는지 보기 위해서다.

호박 줄기 마디마다 꽃이 참 많이 피었다. 호박이 달리는 꽃은 이미 몽우리가 맺을 때부터 작은 호박을 달고 있다. '될성부른 나무는 떡잎부터 안다'라는 말이 있듯이, 꽃이 피기 전에 이미 알 수 있다. 호박넝쿨이 다른 채소의 잎을 타고 올라가는 것은 금방이다. 하루만 소홀히 봐 넘겨도 금방 줄기를 뻗어서 그 세를 넓힌다. 호박이 맺힌 넝쿨은 건드리면 안 되지만, 할 수 없이 채소들이 있는 곳으로 가지 않도록 뻗어가는 줄기를 다른 곳으로 돌려놓으면 다음 날 여지없이 맺혔던 호박이 땅에 떨어져 있거나 누런색으로 썩어 있다. 호박은 둥글어서 모나지 않게 생겼다고 함부로 할 채소가 아니다. 아주 예민하고 여리다. 함부로 다루었다가는 호박을 먹을 수 없게 된다. 다행히 며칠 전에 봐 두었던 호박이 손안에 가득 들어올 정도로 알맞게 자랐다.

이곳에 음식 찌꺼기를 모아서 썩히는 장소로 하자고 정한 후 얼마나 지났을까. 조그맣게 싹이 돋았다. 자라는 모양을 보니 호박 싹이었다. 호박 모종을 사서 다른 곳에 심었기 때문에 이곳에 호박을 키울 이유도 없었다. 거름 더미를 만들었으니 그곳에다가 밭에서 뽑은 풀이며 집에서 가져간 음식 찌꺼기를 모아서 썩힐 판인데, 호박이 싹을 틔우니 뽑아내고 싶어서 몇 번 손을 댔다가 말았다 했다. 하지만 끝내 뽑아내지 못하고 줄기가 뻗어가는 것을 그대로 두었다. 그래서 거름 더미는 점점 옆으로 비껴가면서 호박넝쿨에 자리를 내줘야 했다.

호박꽃이 피는가 하면 어느 사이 손가락 한마디만 한 호박이 맺히고 며칠이 지나면 어른 주먹만 한 애호박이 되어 있다. 그것을 따서 전 부쳐 먹고 볶아 먹고 된장찌개에 넣어 먹는다. 그래도 남아서 이웃에게 나누어주기도 한다. 호박은 거름 더미에 심어야 잘 달린다는 말이 있다. 어릴 적에 마당 한쪽 거름 더미에서 뻗어 올라가 담장을 덮은 호박넝쿨에 호박이 주렁주렁 달린 모습을 보기도 했다. 하지만 심지도 않은 곳에서 싹을 틔우고 자라고 열매를 맺는 호박 줄기를 보면 새롭기도 하고 그 재미도 아주 쏠쏠하다. 냄새 나는 그곳에서 노랗게 방글방글 피어나는 호박꽃도 예쁘고, 동글동글 맺힌 호박도 사랑스럽다.

너무 비약적일지는 몰라도 문득 사람이 호박보다 못한 것 아니냐는 생각을 하게 되었다. 거름 더미에서도 필요한 영양을 먹으며 악취에 미혹되지 않고 꽃을 피워 열매를 알차게 맺는 고고함. 그것을 배운다면 남을 탓하거나 환경을 원망하는 일은 없을 것 같다.

어느 한 곳 모나지 않게 둥글고, 누구나 먹을 수 있다. 음식 어느 곳에 넣어도 그 맛이 튀지 않고 은은하게 융화되어 전체의 맛을 살려준다. 어느 곳에서나 건강하게 적응을 잘하는 호박. 호박만큼만 살아간다면 잘 사는 것이 아닐까.

또 가을이다

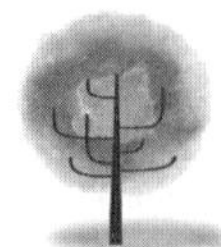

가을은 어디에서 오는 걸까. 어릴 때는 가을이 하늘에서 오는 줄 알았다. 아침에 눈을 뜨고 저녁에 눈을 감을 때까지 보이는 것이 모두 신기한 청초한 시절이었다. 개울에서 신나게 물놀이하다가 쳐다본 여름 하늘과 고추잠자리가 날아다니는 가을 하늘은 완전히 달랐다. 가을의 하늘은 구름 한 점 없이 파랬다. 그 파란 하늘이 하얗고 빨간 코스모스를 피우고 잠자리 꼬리를 빨갛게 물들이는 줄 알았다.

사춘기쯤, 그때의 가을은 나뭇잎으로 오는 줄 알았다. 낮이고 저녁이고 부대끼며 놀던 사내아이가 나와는 다르다는 것을 느끼듯 봄과 가을이 어떻게 다른지 알 즈음이었을까. 봄에 새잎이 돋아 여름에는 신록이 무성하던 산들이 가을이 되면서 울긋불긋 물드는 것이 오롯이 나뭇잎이 아름답게 단풍 들기 때문인 줄 알았다. 사계절 중에 단풍이 수놓은 가을 산에 오르는 것을 즐겼고, 노랑 빨강으로 물든 나뭇잎을 책갈피에 끼워 말리기도 했다. 다림질한 듯 납작하게 정리된 나뭇잎에 어쭙잖게 시를 적어보기도 하고 어디에서 주워들은 명언을 적어서 사진과 함께 앨범에 넣기도 했다.

결혼하고 난 후부터는 여성의 옷에서 가을을 느꼈던 것 같다. 그때서야 나도 여자로 성숙해서였을까. 가을바람이 살랑살랑 불어오는 것을 피부로 느껴서인지 반소매 옷을 벗어버리고 팔이 긴 옷으로 갈아입는다. 두껍지 않으면서 아주 얇지 않은 옷을 찾아 입느라 여성들은 언제나 신경을 쓴다. 나도 가을이라는 계절을 느끼며 옷가게에 드나들었던 것 같다. 옷장을 열어보면 다 얇아서 추워 보이는 옷이고, 그나마 깊이 뒤져서 찾아낸 옷들은 후줄근해져서 입고 싶지 않았다. 초가을 즈음에 옷을 두어 벌 정도는 사야 기분이 좋아졌다. 그렇지 않으면 가을 우울증을 앓아야 했다.

두 아이 결혼시키고 나서는 그것도 시들해졌다. 봄이 가는지 여름이 오는지 가을이 오면 추수해야 할 것이 많아서 바쁘기만 했지, 계절 변화에 둔감해졌다. 여자라기보다는 엄마와 할머니의 역할을 했기 때문이었을까. '옷을 사면 뭐 할 것이며 옷장 가득 찬 것이 모두 옷인데, 차리고 나갈 곳도 없어 저걸 언제 다 입지'라는 생각만 들었다.

어느덧 60년을 살고 환갑이라는 고개를 훌쩍 넘고 나니 가을이라는 계절이 또 다르게 느껴졌다. 계절에 봄, 여름, 가을, 겨울이 있듯 인생도 4계절에 비유하게 되었다. 새움이 돋는 봄의 싱그러움 속에서 그 싱그러움에 동승해 살 때도 몰랐고, 세상의 사랑을 한 몸에 받아 무럭무럭 자라 몸을 키우는 나무를 보면서 그 젊음에 내가 있다는 것도 몰랐다. 하지만 이제 나뭇잎이 다음 세대를 위해 모든 영양분을 나무에 제공하고 힘없이 떨어지는 지금에 와서야 가을이 뼛속 깊이 느껴지는 것이다. '아! 나도 가을을 사는 것인가'라고.

농사를 짓고 있어서인지 자연의 섭리를 조금은 느낄 줄 알 만큼 살아서인지 요즘에는 가을이 오는 것을 태풍으로 느끼는 것 같다. 언제부터인지 한반도에 영향을 끼칠 정도로 강한 태풍이 지나가고 나면 가을이 턱밑에 오고 있다는 것을 실감한다.

올해도 예외가 아니다. '힌남노'라는 이름을 가진 태풍이 한반도에 상륙해서 서해와 동해의 이곳저곳에 피해를 주고 지나갔다. 어제는 '난마돌'이라는 이름을 가진 태풍이 일본 규수 지방을 관통하고 한반도에 강한 비바람으로 영향을 끼치며 지나갔다. 이 태풍이 지나가면 섭씨 34~35도를 넘나들던 날씨도 확연히 시원해진다고 했다. 그리고는 가을이 왔다.

한반도에 크게 영향을 주는 태풍은 가을에 발생하는 태풍이고 특히 추석을 전후해서 오는 태풍의 피해가 큰 것 같다. 봄부터 여름 내내 정성을 들인 농작물을 갑자기 들이닥친 강한 태풍이 한순간에 망쳐버리기도 한다. 올해도 가을을 공으로 주지 않으려는 듯 태풍은 우리 밭을 그냥 지나가지 않았다. 넘어지고 부러진 농작물을 보고 망연자실해진다.

곡식이 여물어가는 가을에 태풍을 만나면 그 후유증을 오래 앓

듯 나이가 들어 태풍을 만나듯 몸이 아프면 젊어서 아플 때보다 더 우울해지는 것 같다. 얼마 전부터 갑자기 몸이 약해지고 있다는 것을 느꼈다.

몸이 아프다는 것을 느끼고 이젠 쉬어야겠다며 잠시 누워서 몸을 쉬게 해준다. 어쩌면 나이가 들면서 나를 돌아보고 느낄 수 있고 보듬어줄 수 있는 여유가 생긴 것 같다. 어쩌면 이 가을날 지난 계절을 돌아보듯 살아온 인생을 반추하는 시간이 있어 아름다운 삶이 아닐까.

버리기

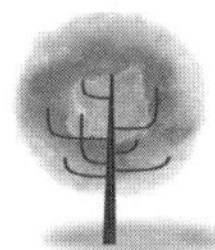

멈추어 버린 화면은 바뀌지 않고 오늘도 내 인내심의 한계를 시험하고 있다. 엔터 키를 여러 번 눌러도 화면이 바뀌지 않는다. '너는 내 손가락 움직임에 따라야 하는 기계일 뿐'이라고 화를 내도 소용이 없다. 두드리고 흔들어도 이놈의 컴퓨터는 고집스러운 늙은이처럼 떡 버티고 얼굴조차 변하지 않는다.

그러고 보니 이놈도 나이를 꽤 많이 먹었다. 아들이 대학을 막 졸업할 때 거금을 주고 산 것인데 몇 년을 쓰더니 새로 하나 샀다면서 필요하면 가져다 쓰라고 했다. 마침 집에 있는 것이 느리기도 느릴뿐더러 가끔 아예 꺼져버려 사야 하려나 하던 참이어서 얼씨구나 좋다 잘 되었다고 고맙게 가지고 온 것이었다. 그사이 아들이 장가도 들고 네 살배기 딸이 있으니 사람으로 말할 것 같으면 늙은이도 상늙은이다.

늙으면 생각이 많아진다. 생각이 많아진다는 것은 그만큼 머릿속이 복잡하다는 것이다. 복잡하다는 것은 쓸모 있는 것과 쓸모없는 것이 뒤엉켜있다는 것과 같다. 얼마 전에도 이런 현상이 생겨 서비스센터에 갔었다. "뭘 이렇게 많이 깔아 놓으셨어요. 꼭 저장할 게 있으면 USB에 저장하세요. 그리고 컴퓨터는 비워두세요. 오래된 컴퓨터인데다가 이렇게 많이 깔아놓으니 느릴 수밖에요" 라며 기사는 USB에 일부를 저장하고 필요 없는 부분은 지웠다. 그래서 컴퓨터가 조금 빨라진 것 같았다. 한데 오늘 보니 그때만큼이나 컴퓨터 화면 절반 가까이 아이콘이 자리를 잡고 있다. 그때보다 나이도 더 먹었고, 머릿속에다가 복잡한 것을 많이 담고 있으니 느릴 수밖에.

나는 기계치다. 쇠붙이로 된 것이면 무조건 멀리한다. 컴퓨터는 더더군다나 생소하다. 낯설다. 만지면 고장이 날까 봐 두렵다. 어떻게 하지도 않았는데 화면이 꺼져버리고 조금 건드렸는데 전혀 의도하지 않은 곳으로 가 버린다. 그래서 내가 설치하지 않은 아이콘이 있어도 그대로 둔다.

쓰레기통을 비워야 그곳에 다른 쓰레기를 담을 수 있다는 것은 잘 안다. 쓰레기를 오래 두면 집안의 환경도 망가지고 냄새가 난다. 보이는 것에는 빨리 행동을 취하지만 보이지 않는 것에는 둔하다. 이를테면 장롱에 넣어둔 옷이라든가, 머릿속에 쌓아둔 잡다한 생각 같은 것.

장롱을 열면 몇 년째 입지 않은 옷들이 떡하니 자리 잡고 있다. 새로 산 옷을 걸어놓으려고 해도 자리가 없다. 옷걸이를 밀어서 조금의 공간을 겨우 만들어 새 옷을 걸어놓는다. 혹 새로 산 옷이 구겨지면 어쩌나 하면서 최대한 옆의 옷들을 밀어낸다. 이럴 때 단호하게 버려야 하는데, '다시 입을 일이 있을지도 몰라, 없으면 아쉬울 거야, 살 때 비싼 돈을 지불하고 산 것인데 아깝지, 꼭 외출할 때만 입어서 아직 새것 같은데, 내가 입지 않더라도 두었다가 혹 필요한 사람이 있으면 줘야지'라며 버리지 못하고 장롱 문을 닫는다. 일단 보이지 않으니 그것으로 끝이다. 보이지 않으니 잠시 생각에서 한쪽으로 비켜난다. 또 달리 상자를 하나 가져다가 넣어두기도 한다. 상자는 보이지 않는 곳에 놓는다. 이렇게 집 안의 공간은 쓰지도 않고, 필요하지도 않고, 언제 쓰게 될지도 모르는 것들에게 자리를 조금씩 내어준다.

언제부터인가 생각이 많아지고 결정하기가 어려워졌다. 이렇게 결정을 내리면 저것이 걸리고, 저렇게 결정을 내리자니 이것에 마음 쓰인다. 느려지고 어두워졌다고 하면 맞을까. 꽉 차 있는 것 같은데 부족한 것 같고, 실행하자니 불안하고, 안 하자니 조급해진다. 혹자는 나이를 먹으면 현명해진다고 했다. 현명하다는 것은 경험이 많거나 지식이 많은 사람이 가질 수 있는 특권이다. 한데 나이를 먹으면 누구나 특권을 누릴 수 있는 걸까.

물건을 버리지 못하고 쌓아두는 것은 가지지 못했던 것에서 오는 결핍의 산물이고, 쉽게 결정을 내리지 못하는 것은 지금까지의 삶에 자신이 옳았다는 믿음이 없어서다. 쌓아두기만 하고 언제까지나 결정을 보류만 한다는 것은 생산적이지 못하다. 보이는 집 안의 공간만 그럴까. 보이지 않고 수십 년간 헤아릴 수 없을 만큼의 생각을 저장만 하고 비워내지 못한 머릿속은 어떨까.

머릿속이 복잡하고 엉켜버려서 무엇을 하려고 하는지 두서를 잡지 못할 때가 있다. 옷장에 옷을 쌓아두듯이 차곡차곡 넣어두려고만 하고 버리지 못했다.

옷장을 뒤지고, 구석진 곳에 쌓아두었던 집 안에 있는 안 입는 옷을 과감하게 버려야겠다. 컴퓨터는 서비스센터에 전화해서 고쳐야겠다. 한데, 생각에 생각만 하며 이러지도 저러지도 못하고 우유부단하게 눈치만 보게 하는 복잡한 내 머릿속은 어떻게 비울까.

빚지고 산다

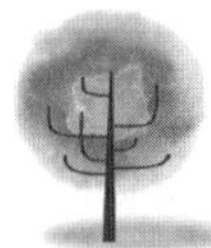

누렇게 익어가는 콩밭을 바라보고 있는데 가을바람이 휙 불어왔다. 키 높은 나무에서 떨어지는 낙엽들이 가을을 축하하는 꽃잎처럼 떨어졌다. 탄성이 절로 나온다.

농사를 짓기 시작한 지 벌써 사 년이 되었는데 올가을은 전에 느끼지 못했던 또 다른 감성이 느껴진다. 익을 대로 익은 콩 꼬투리가 터져 노란 콩이 바닥으로 떨어지는 것을 보면서 지난 시간이 불현듯 떠오른다.

남편이 퇴직하고 난 후 땅을 사서 농사를 짓고 싶어 했다. 반대는 고사하고 내심 반가웠다. 넉넉할 만큼은 아니지만 아껴 쓰면 생활하기에 부족하지 않을 만큼의 연금이 나오니, 소일거리로 농사만 한 일이 없을 것 같았다. 무위 속에서 오는 권태로움을 땅에서 해소한다면 건강도 지키고 건전하게 시간을 보낼 것 같았다.

여러 곳을 다녔지만 마땅한 땅을 찾지 못하였다. 얼마 지나지 않아 뜻대로 되지 않는 것 같다며, 농사지으려는 생각을 바꾸어 일자리를 알아봐야겠다고 했다. 그 무렵 지인을 통해 이 땅을 소개받았다.

시내와 멀리 떨어지지 않은 곳인데도 산으로 둘러싸여 있어서 첩첩산중에 들어온 것 같았다. 양쪽 옆에도 산이요 뒤도 산이다. 양쪽으로 산이 앞쪽까지 가리고 있어서 우리가 본 땅은 흡사 질그릇의 윗부분 같았다. 산에서 내려오는 물이 이곳으로 모이는 것 같았다. 사람 키보다 더 높이 자란 풀을 베지 않더라도 물웅덩이일 것이 뻔했다. 남편은 호감을 느끼는 것 같았다. 하지만 나는 마음에 들지 않아서 다시 생각해 보라고 말했다. 땅을 사겠다고 구두로 계약한 상태에서 일을 시작했다. 아니나 다를까 예초기를 빌려 와서 풀을 베어내니 드러난 바닥은 그야말로 가관이었다. 논두렁이 세 개인 다랑논에다가 위쪽에는 미나리를 키웠는지 풀에 밀려서 미처 자라지 못한 키 작은 미나리가 쫙 깔려 있었다. 그리고 군데군데 물웅덩이가 있었다.

매사에 신중한 남편이었는데 그때는 다른 사람 같았다. 포기하자는, 다른 곳을 알아보자는, 내 말은 흘려듣고 무엇에 홀렸는지 그곳을 선택했다. 조금 흥분한 듯 보이기도 했다. 무릎까지 빠져가면서 풀을 다 베어내면서도 아주 밝은 표정이었다. 굴착기로 땅을 깊이 뒤집고 물줄기를 양쪽으로 빼놓으니 그럭저럭 농사지을 만한 모양이 되긴 했다.

오랫동안 논농사를 짓던 흙이어서 그런지 흙이 물을 머금고 있어서 자꾸만 물웅덩이가 새로 생겼다. 땅을 파고 자갈을 깔고 유공관을 넣기를 몇 차례. 이제는 배수가 아주 잘 되는 밭이 된 것 같다.

나뭇가지가 쭉쭉 뻗어 올라 제법 나무 모양이 나는 호두나무와 작년에 열한 개의 감을 따낸 감나무가 밭 주위에서 주인인 양 당당히 서 있다. 올해 봄부터 삼백 평이 조금 넘는 땅에서 참 여러 가지를 거둬들였다. 겨울을 견디고 새순이 올라온 시금치는 삶아서 무쳐 먹었고, 취나물은 쌈으로 먹었다. 파는 뽑아서 깨끗이 다듬어 된장찌개와 국에 양념으로 넣었다. 마늘과 양파를 심었고, 감자도 심었다. 마늘은 아들네와 친인척과 나누어 먹고 남아서 필요한 사람에게 팔기도 했다. 이 외에도 옥수수·강낭콩·상추·오이·토마토·가지·호박·방풍나물·참나물 등을 수확했다. 아직 수확하지 못했지만, 더덕과 하수오가 줄기를 뻗으며 세를 과시하고 있다. 호두나무와 감나무 외에 자두나무·살구나무도 있다. 과실을 구경시켜준 매실나무와 대추나무도 튼실하게 자라고 있다. 무엇이든지 심으면 열매를 안겨주는 밭이다. 특히 고추는 까다로워서 키우기도 힘들고 말리기도 쉬운 작업이 아니지만, 우리에게 소득원이 되는 가장 예쁜 작물이다. 땅에 들어가는 거름·비료·씨앗값 등 모든 비용은 고추를 판 돈으로 해결한다. 남편이 일하는 품삯은 건강을 유지하는 비용으로 대신한다고 생각한다. 이 밭에 감사한 이유가 또 있다.

남편이 건강검진을 했는데 대장암이라는 결과가 나왔다. 정말 놀랐다. 암이라는 것이 우리에게는 피해 가는 병인 줄 알고 살아왔었다. 남편이 병원에 입원해 있어도 혼자서 밭에 나가 일해야 했다. 마늘 수확시기가 지난 듯 잎이 말라가고 있었다. 남편을 간호하던 중 강릉에서 늦은 오후에 버스를 타고 동해로 와서 집에 가지 않고 밭으로 갔다. 해가 넘어갈 때까지 열심히 캤는데 절반밖에 하지 못했다. 산속이어서 해가 넘어가니 금방 암흑천지가 되었다. 농막에 누워있으니 잠이 오지 않았다. 어서 날이 밝아 마늘을 마저 캐야겠다는 생각만 하고 밤을 새웠다. 남편이 정성 들여 키운 마늘은 알이 튼실했다. 이른 새벽부터 부지런히 일했는데 점심때가 한참 지나서야 끝이 났다. 비 맞지 않을 곳으로 마늘을 들여놓고, 남편이 있는 병원으로 갔다. 수술 후유증으로 인상을 쓰고 있던 남편은 마늘을 캔 이야기를 듣고 흐뭇해 했다.

병원에서 퇴원하고 남편은 아침이면 밭으로 출근하고 저녁이면 집으로 퇴근한다. 그리고 우리의 대화는 늘 밭에 관한 내용이다. 오늘은 무엇을 심지. 내일은 무엇을 거두지. 가끔은 언제 무엇을 심고 거둘지에 대해 의견이 맞지 않아 다툴 때도 있지만, 이제는 밭에 관해 이야기할 때 제일 잘 통한다.

이 밭이 없었다면 수술 후 남편이 어느 곳에서 이만한 만족감을 느낄 수 있었을까. 우리의 대화가 끊이지 않고 지속될 수 있었을까. 지금처럼 봄부터 가을이 되기까지 이 땅은 우리에게 참 많은 것을 안겨 주었다. 갚지 않아도 되는 빚을 지고 있는 것처럼 고맙고 고맙다. 땅은 내가 주는 것보다 더 많은 것을 준다. 가끔은 커다란 선물을 받을 때처럼 기쁘다.

사면이 나무밖에 보이지 않아 답답하게 생각했던 그때와 다르게 이제는 이 푸름이 좋다. 땅은 뿌린 대로 거둘 수 있다고 누가 말했는지 맞는 말이다. 아니 뿌린 것보다 더 많은 것을 준다. 이 가을 나는 밭에 그리고 주위의 자연에 감사함을 전하고 싶다. 어디에서 듣고 오는지 가을바람이 불어와 나뭇잎을 흩날려 어려운 시기 잘 견뎠다고 나에게 축하 꽃잎을 뿌려 준다.

잘못 걸려온 전화

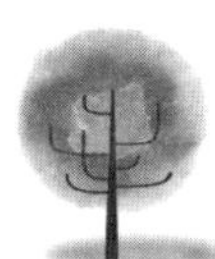

전화가 울린다. 즐거운 마음으로 전화를 집어 든다. 하루 중 가장 한가한 이 시간에 오는 전화는 반갑다. 어떤 사람일지라도 부여잡고 수다를 떨 준비가 되어 있다. 한데 액정에 뜬 번호가 낯설다. 호칭이라든가 이름 없이 아라비아 숫자만 액정에서 반짝이고 있다. 손이 멈칫거린다. 받지 말아야지, 쓸데없는 전화가 틀림없을 테니까. 그렇게 생각하면서도 손은 어느새 전화기를 귓바퀴로 가져간다.

"여보세요…."

내 말이 다 끝나기도 전에

"내다."

다급한 목소리가 들렸다. 투박한 남자 목소리다. 장난 전화인 줄 알았다. 전화를 끊으려고 하는데 조급한 소리가 들렸다.

"거기 경희 아니나, 김경희."

어디에 전화를 걸었느냐고, 번호를 잘못 누른 것 같으니 다시 확인해 보라고 말하려고 했다. 하지만 저쪽에선 내가 말할 기회를 주지 않았다.

"어……"

한마디밖에 하지 못했다.

"내다. 니 내 모르겠나. 허 벌써 목소리도 까먹었나."

뒤이어 말 폭포가 쏟아졌다.

"누구세요?"

"누구라니. 야 인마 오빠도 모르겠나. 오빠 목소리도 잊어버리고. 큰일이네."

"오빠?"

"그래 내가 니 큰오빠다."

"저는 오빠가 없는데요. 전화 잘못 거신 것 같은데요."

"잘못 걸다니 분명 이 번호 맞는데…."

"어디에 전화하신 건데요?"

"거기 평창 아니오."

"아닌데요. 여긴 동핸데요."

저쪽에서 미안하다는 말을 남기며 황급히 전화를 끊는 소리가 들렸다. 하지만 나는 전화를 들고 멍하게 한참을 그렇게 있었다. 큰오빠, 나도 큰오빠가 있었는데. 이 전화가 정말 오빠가 나한테 한 전화였으면 얼마나 좋을까.

나의 큰오빠는 오래전에 돌아가셨다. 내 나이 스물다섯일 적에.

오빠는 마흔 둘인 겨울에. 돌아가시던 그해 여름 오빠는 한 움큼이나 되는 약을 드시곤 했었다. 그러면서도 속이 쓰리고 아프다며 인상을 썼다. 연년생으로 아이를 가진 내가 친정으로 갔을 때였다. 금방 마루에 앉아서 많이 아프다며 하소연하던 오빠가 보이지 않았다. 엄마와 올케가 걱정했다. 아픈 몸으로 어디에 갔냐고. 저녁때가 다 되어서야 오빠가 자전거를 끌고 대문 안으로 들어왔다. 오빠는 자전거 뒷자리에 묶어 두었던 줄을 풀어내고 작고 누런 봉투를 두 개 집어 들었다. 그러고는 하나는 나에게 하나는 올케에게 주었다. 오빠는 나에게는 아무 말도 하지 않은 채 올케에게 말했다. "오랜만에 친정 왔는데 좋아하는 고기 한번 볶아 먹여 보내야지"라고.

오빠가 나에게 준 봉투를 열어 보니, 작은 반바지가 들어 있었다. 내 아이의 옷이었다. 나는 마루에 걸터앉은 오빠에게 "오빠는 뭘 이런 걸…"라며 말끝을 흐렸다. 고맙다는 말은 목이 메어 차마 하지 못했다. 오빠는 나를 보고 환하게 웃어 주었다. "돈이 없어 좋은 거 못 샀다"고 하며 웃던 웃음이 너무나 함박꽃 같아서 나는 오빠가 큰 병을 앓고 있는 환자라는 사실을 잠깐 잊었다.

오빠를 생각하면 선인장과 토끼가 함께 떠오른다. 오빠는 토끼처럼 순하고 온순한 성격을 가진 사람이었다. 농사만을 업으로 하는 가난한 집에 팔 남매 중 맏이로 태어나서 동생들이 줄줄이 있는 것에 대해 원망하거나 푸념하지 않았다. 동생들에게 한 번도 눈을 부라리거나 매를 대지 않았다. 오빠가 우리를 바라보는 눈길은 온화함 그 자체였다. 우리가 보기에 부모님은 큰오빠에게 운명을 걸고 있는 듯 보였다. 집안의 모든 일은 큰오빠를 중심으로 돌아갔다. 일곱 남매는 그것을 당연하게 여겼다.

군대에 다녀온 오빠가 서울에서 사업을 하겠다고 했을 때 부모님은 두 손 들어 반겼다. 논밭을 팔아서 뭉칫돈을 허리에 차고 아버지는 서울행 기차를 타셨다. 혹 돈을 잃어버리기라도 할까 봐 아버지는 돈뭉치를 싸고 또 싸서 허리에 꽁꽁 동여맸다. 아버지 평생에 그때처럼 긴장하고 신나신 적이 없었던 것 같다.

처음에는 사업이 잘되었다. 하루에 벌어 오는 돈을 다 세기도 힘들 정도라고 했다. 서울에 한 번씩 다녀오신 엄마는 "세상에! 매일저녁 돈을 한 보따리씩 싸 들고 들어오더라" 라고 했다. 그 소리를 들으면서 우리는 들떴다. 우리는 금방 부자가 될 것이고, 어쩌면 서울로 이사하게 될지도 모른다는 기대도 했다. 그건 정말 잠깐이었다. 아침에 잠에서 깨어나면 사라져버리는 꿈에 불과했다. 선천적으로 장기가 약했는지, 불규칙한 생활을 해서 그랬는지, 오빠는 병을 얻었다. 급기야 몸이 아파 사업을 할 수 없는 지경에까지 이르렀다. 서울에서 생활할 수도 없게 되어서 오빠네 식구는 시골로 내려왔다. 그 후로 온순하던 오빠는 선인장 가시와 같은 뾰족한 성질을 내보이기도 했다.

특히 아버지와 부딪힐 때가 그랬다. 아버지는 아버지대로 기대했던 아들이 성공은커녕 병만 얻어왔으니 속상했을 것이고, 아버지의 푸념을 자주 들어야 하는 오빠는 괴로웠을 것이다. 아버지와 오빠의 말다툼으로 집안에 큰소리가 잦았다. 자식의 아픔을 알면서도 아버지는 아들에게 칼날 같은 말을 던졌다. 아버지의 실망이 큰 줄 알면서도 오빠는 가시처럼 뾰족한 말로 답했다.

그러는 중에도 오빠는 새로운 것을 시도해 보려고 무척 노력했다. 토끼를 사육했다. 사육장을 짓고 새끼 토끼를 사 올 때만 해도 오빠는 파는 건 걱정하지 않아도 된다고 큰소리쳤다. 하지만 막상 토끼가 큰 토끼가 될 때쯤에는 판로를 찾지 못했다. 그 덕분에 우리는 매일 토끼 한 마리씩을 잡아먹었다. 그 후 오빠는 어디에서 정보를 얻었는지 선인장을 키우면 돈을 벌 수 있다고 했다. 그날부터 우리 집에는 이름 모를 선인장 화분이 수십 개씩 들어오기 시작했다. 뾰족한 가시가 있어서 가까이 가기에는 겁이 났지만, 선인장을 보는 것은 좋았다. 돈이 될 거라고 장담하던 오빠는 선인장이 많이 자라도록 화분 하나 팔 줄 몰랐다. 가끔 동네 사람들이 약을 하겠다며 선인장을 얻으러 오는 것이 고작이었다. 하지만 신기한 선인장이 우리 집에 많이 있다는 것이 나는 좋았다. 집안의 분위기에는 아랑곳하지 않고 하얀색 빨간색으로 꽃이 피어나면 친구들을 데리고 와서 자랑하기도 했다. 어쩌면 오빠는 부모님에게 돈으로 하는 효도에는 실패했지만, 토끼를 사육하고 선인장을 키우면서 가족의 마음을 하나로 모았던 것은 성공하지 않았나 싶다.

오빠가 있었다면, 실수로 전화한 그 사람처럼 '내가 니 큰오빠다'라며 나에게 전화해 주었을 것이다. 큰오빠를 떠올리며 추억에 젖어 있는데 전화가 또 울린다. 조금 전 그 번호다.

'사과까지 하고 전화를 끊어놓고는 왜 또 전화한 거지'라고 중얼거리며 전화를 받았다. 이번에는 여자의 목소리다.

"저 혹시 이름이 김경희 씬가요?"

예상과는 달리 귀에 익은 목소리다.

"안녕하세요."

나는 아는 사람이라서 반갑게 인사했다. 하지만 저쪽에서는 나를 모르는 눈치다.

"지난학기 때 평생학습관에서 같이 수업 받은 사람인데 저 모르시겠어요?"

내가 말하자.

"아 맞다. 그때 경희씨 이름하고 전화번호 내가 저장했었지. 이제 생각난다."

전화기 저쪽에서 들려오는 소리와 함께 나도 떠오르는 게 있었다. 그분이 내 전화번호와 이름을 저장하면서

"이름이 우리 시누이하고 똑같아. 어쩌면 성하고 이름이 다 같아."

하고 말했었다.

"그래요. 제 이름이 워낙에 흔하다 보니"

하며 웃었던 그때 기억이 났다. 나는 그녀의 전화번호를 저장하지 않았지만, 목소리는 기억하고 있었던 것이다.

"우리 남편이 내 전화기를 가지고 시누이한테 전화했는데 아니라고 한다고 당황해 하잖아."

그렇게 된 것이었다. 내가 받은 전화는 장난 전화도, 잘못 걸린 전화도 아니었다. 김경희의 오빠가 동생 김경희한테 전화를 건 것이었다. 전화를 받으면서 "내가 니 큰오빠야"라는 말을 들었을 때

나는 아주 잠깐 정말 우리 큰오빠가 전화한 건 아닌지 착각을 하기도 했다. 이런 전화는 또 받아도 좋겠다.

나에게도 오빠가 있었다

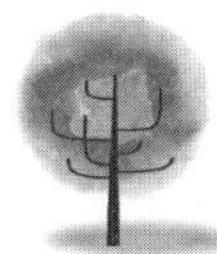

막 잠이 들려는 몽롱한 시각 전화벨이 울린다. 꿈인 줄 알았는데 정말 전화벨 소리였다. 남편이 전화를 받는다. 먼 곳에서 들리는 것처럼 가물가물한 목소리가 귓전을 때린다.

"오빠…."

"동생이 이 늦은 시간에 어쩐 일로…."

시누이의 전화다. 시누이는 자신의 오빠에게 볼일이 있어 전화했을 것이고, 남편은 대답했을 것이다. 주거니 받거니 남매의 대화가 길다.

오빠, 나에게도 오빠가 있었지만 이젠 없다. 오빠라고 부를 수는 있어도 대답을 들을 수는 없는 일이다. 나에게 오빠는 네 명이었다. 넷째 오빠는 어렸을 때 하늘나라로 가서 오빠라고 불러보지 못했지만, 내가 오빠라고 불렀던 사람은 세 명이었다. 하지만 이제는 한 명도 없다.

셋째 오빠는 열아홉이라는 어린 나이에 하늘나라로 갔고, 큰오빠는 사십 대 초반에 이승을 떴다. 태어날 땐 순서가 있지만, 죽을 때는 순서가 없다는 말을 아프게 실감했다. 나이 든 아버지와 엄마는 농사일하시면서 집안을 꾸려 가는데 젊은 자식들은 순서도 모르고 버릇없이 부모 앞서 떠나버렸다.

둘째 오빠는 오래 세상에 머무를 줄 알았다. 오빠는 험한 세상과 맞장 뜨며 뜨겁게 살았다. 오빠에 대한 처음 기억은 군복 입은 오빠의 모습이다. 나와 엄마 그리고 휴가 나온 둘째 오빠는 서울에 사는 큰 오빠네로 가는 길이었다. 엄마는 여러 개의 보따리를 챙기기에 분주했다. 기차에 오르려고 하는데, 군인인지 경찰인지 제복 입은 남자들이 와서 오빠의 팔을 양쪽에서 꼈다. 그때부터 나는 불안했다.

기차는 만원이어서 당연히 의자가 없었다. 기차에 올라 유리창으로 밖을 내다봤지만, 오빠는 보이지 않았다. 기차가 출발하는데도 오빠가 오지 않으니까 엄마는 내게 "어디 가지 말고 여기 꼭 있어라" 라고 일러 놓고 어디론가 갔다. 나는 무서웠다.

잠시 후 엄마는 혼자 돌아왔다. 엄마 역시 오빠가 어디로 갔는지, 왜 사람들에게 잡혀갔는지 모르는 눈치였다. 네 시간 동안 엄마와 나는 아무 말 없이 각자의 불안에 떨었다. 기차가 청량리역에 도착하자 오빠가 왔다. 아무 일도 없었던 것처럼 싱글싱글 웃으면서 오빠가 엄마에게 말했다. "기차에 군인들이 타는 칸이 따로 있었어요. 거기서 편하게 앉아서 왔어요." 나는 네 시간 동안 내내 오빠가 무슨 큰 잘못을 해서 감옥으로 잡혀가는 상상을 했지만, 그 말을 하지는 않았다. 그때 오빠는 스무 살 안짝이었을 것이다. 내 나이 여덟이나 아홉쯤이었으니까.

그다음 오빠를 기억하는 장면은 어느 날 학교에서 돌아왔을 때 오빠가 마루에 앉아 있는 모습이다. 오빠가 월남에 다녀왔다고 했다. 그때서야 엄마가 밤마다 잠을 못 이루고 한숨 쉬던 이유를 알았다. 오빠는 정말 전쟁터에 다녀온 사람 같았다. 얼굴색은 검었고, 자신감과 활기에 차 있었다. 처마 밑에는 큰 궤짝이 있었다. 그렇게 큰 궤짝이 어떻게 우리 마당까지 왔는지 신기했다. 그 궤짝 안에서 나오는 물건은 더 신기했다. 한 번도 보지 못했던 이상한 것이 많이 있었다. 오빠는 그야말로 전쟁터에서 있었던 경험담을 털어놓았다. 그중에서 가장 기억에 남는 것은 오빠가 웃옷을 들어 올려서 보여준 흉터였다. 그 흉터는 총알이 살을 뚫고 지나간 흔적이라고 했다. 죽음의 문턱에서 간신히 살아난 후 오빠는 훈장을 받았다고 했다. 그 훈장은 사회에서 어느 정도의 잘못을 해도 사면 받을 수 있을 만큼 위력이 큰 것이라고 했다. 그야말로 오빠의 말을 들을 때면 이야기책을 읽는 것처럼 신기하고 재미있었다.

나는 오빠가 가지고 온 궤짝 안의 물건들을 친구들에게 나눠주기 시작했다. 아이들은 신기하다며 내 주위에 모였다. 오빠로 인해 나는 친구들의 관심을 받는 아이가 되었다. 며칠 지나지 않아 우리 집은 동네 사람들에게 관심을 받는 집이 되었다. 오빠는 아버지가 노래 좋아하신다고 전축을 들여오고, 우리 동네 딱 한 집에만 있던 텔레비전을 들여왔다. 그래서 우리 집은 동네에서 두 번째 텔레비전이 있는 집이 되었다. 저녁이면 동네 사람들이 우리 집으로 왔다. 우리 식구는 방에서, 동네 사람들은 마루나 마당에서 텔레비전을 봤다. 동생은 동네에 텔레비전이 있는 그 집에 갔을 때 그 집 식구들은 누워서 텔레비전을 보더라고, 그게 부러웠다며 언제나 번듯이 누워서 텔레비전을 봤다. 아버지는 전축을 자주 틀었다. 노래가 나오면 따라 불렀다. 그때 불렀던 노래 중에 재미있는 노래가 있다.

"술 술 술이 원수다. 술 술 술이 원수다. 열두 잔을 다 마시고 한 잔 먹었다. 꼬부라지면서 술 안 취했다. 술 술 술이 원수다." 뭐 이런 노래다. 아버지가 술 마시면 술주정하시는 모습과 노래 가사가 얼마나 똑같은지. 나는 아버지가 들으시라고 아버지 앞에서 흥얼거리기도 했다.

오빠는 결혼했고, 잘 사는 듯했다. 어느 날 올케가 아기를 안고 왔다. 안방에 아기를 눕히더니 오빠와 못 살겠다는 한마디와 아기를 남겨놓고 갔다. 아주 조그마한 아기를 안은 큰언니가 자신이 키우겠다고 했다. 며칠 지났을까 아기의 얼굴이 새파란 풋사과처럼 되었다. 엄마는 놀라고 언니는 울었지만, 아기는 숨을 거두었다. 오빠는 서울에서 오지 않았다.

오빠가 서울에서 결혼식을 올렸다고 했다. 서울에 다녀온 엄마가 사진을 보여줬다. 사진 속의 올케는 인형처럼 예뻤다. 아버지는 논을 팔아 오빠에게 집을 얻어줬다. 그 일로 큰 오빠와 아버지는 크게 싸웠다. 아버지가 마련한 땅을 아버지가 필요해서 판 것이 왜 큰오빠가 화낼 일이었는지 나는 아직 그 이유를 모르겠다. 오빠가 두 번째 결혼했기 때문이었는지, 엄마는 작은오빠에게 그리고 올케에게 기가 죽어 있는 것처럼 보였다.

잘 살라고 마련해 준 번듯한 집에서 오빠네는 이사했다. 허허벌판과 판잣집들만 즐비한 거여동이란 곳으로. 오빠네도 판잣집에 살았다. 몇 년 전 우연히 차를 타고 지나간 그곳은 옛날의 거여동이 아니었다. 새로운 세상이었다. 이사하고 난 후 엄마가 오빠에게 왜 이런 곳으로 이사했냐고 물었었다. 그러자 오빠는 이곳이 조금 있으면 엄청나게 발전될 거라고 말했다. 본인 스스로 그 정보를 입수하고 이사한 것을 자랑스러워했고, 자신감에 차 있었다. 오빠는 들떠있는 듯 보이기도 했다. 하지만 오빠는 그곳이 개발되려고 이곳저곳에서 공사가 벌어질 무렵 하늘나라로 갔다.

언제 개발될지 모르는 채 몇 달이 가고 몇 년이 지났을까 오빠는 조급했던 모양이다. 오빠는 사우디아라비아에 간다고 했다. 몇 년 후 오빠가 돌아왔지만, 오빠네 형편은 좋아지지 않았다. 아니 좋아졌다고 할 수 있을까. 고물상 한쪽 허름한 판잣집에서 지하셋방으로 이사했으니까. 그 무렵 오빠 몸에는 벌써 큰 병이 자리잡고 있었다. 엄마는 마지막 남은 아들을 보낼 수 없다며 몸부림쳤다. 오빠 병을 고칠 수 있다면 무엇이든 했다. 하지만 엄마 희망의 불은 꺼졌다.

오빠는 살아생전 우리 집에 딱 한 번 왔다. 바닷가에 갔을 때 모래는 맨발로 걸어야 한다며 어린아이처럼 이리저리 걸어 다니던 모습이 생각난다. 세상살이란 것이 열심히 산다고 잘 사는 것이 아니라는 것을 오빠들을 보며 알았다. 우리 오빠들은 정말 열심히 살았다. 착했고, 성실했지만 오래 살지도 부자로 살지도 못했다. 하지만 부자가 아니어도 오빠가 한 분이라도 있으면 좋겠다.

우리 집에 왔을 때, 오빠가 "최 서방 잘해 주나?" 라고 물었다. "잘하기는 하는데 좀 까다로워서 힘들 때가 있어요"라고 대답했다. 나는 오빠가 그래도 참으라고 타이를 줄 알았다. 그런데 뜻밖의 말을 했다. "그래, 너를 힘들게 한다고. 안 되겠다. 그놈 내가 따끔하게 혼내줘야겠다. 내 동생 힘들게 하는 놈을 가만둘 수 없지"라고 말하는 것이었다. 엄마에게서도 들어보지 못했던 말이었다. 나는 눈물이 나려고 해서 눈두덩에 힘을 주며 웃었던 것 같다.

남편이 시누이와 '이 늦은 시간에….'로 시작한 통화는 삼십 분이 지나 한 시간 가까이 된 것 같다. 아직도 남매는 대화 중이다. 나도 오빠와 저렇게 이야기하고 싶다. 그리고 또 듣고 싶다. '언제든 힘들면 전화해. 오빠가 그놈 혼내줄게'라는 말을.

올게를 보내며

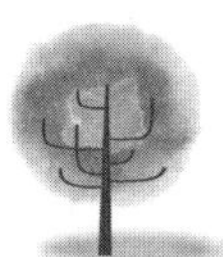

친정집 뒤란에는 큰 오동나무가 한 그루 있었다. 오동꽃이 만발할 때면 아주 큰 꽃다발을 선물 받은 것 같아 펄쩍펄쩍 뛰며 좋아했다. 늦가을 바람이 부는 날이면 지붕 위로, 마당으로 낙엽이 눈처럼 쏟아져 내렸다. 그럴 때면 나는 담벼락 밑을 자주 찾았다. 나뭇잎 밟는 소리를 듣기 위해서였다.

어린 나는 오동나무 주위를 맴도는 것을 즐겼던 것 같다. 그 때문이었을까. 또래 남자아이들이 내 얼굴만 보면 혀를 날름거리며 "오동추야 달이 밝아 오동동이야"라는 노래를 부르며 놀렸다. 거기에 맞장 뜨려고 개구쟁이들을 향해 돌을 던지기는 했지만, 나는 그 놀이가 그리 싫지는 않았다.

벌써 오래전에 베어지고 없는 오동나무는 친정집에서 무슨 소식이 전해 올 때마다 내 눈앞에 환영처럼 나타난다. 가지마다 열매를 주렁주렁 매단 채, 베어져 넘어지던 그날처럼 너무도 생생하게, 우람하고 당당하게 서 있던 나무가 쓰러지던 모습이 떠오른다. 친정아버지가 돌아가셨다는 전화를 받았을 때 그랬고, 친정엄마가 돌아가셨다는 연락을 받았을 때 그랬다. 이번에도 그 오동나무는 어김없이 내 눈앞에 나타났다.

생전 처음 외국 여행이란 것을 하고 돌아오는 날이었다. 전화기를 켜는 순간 여러 번의 부재중 전화와 문자가 차례로 나타났다. 그중에 믿기지 않은 글자를 보고 너무나 놀랐다. 설마 아니겠지, 내가 잘못 본 거겠지. 몇 번을 다시 보아도 쓰여 있는 글자를 확인하는 절차에 불과했다. 손이 떨리고 가슴이 두근거려서 도저히 전화를 걸어볼 수가 없었다. 친정 올케의 부음이었다. 날짜를 짚어보니 이미 발인이 끝났을 때였다.

'작년 칠순 잔치 날 그렇게도 밝게 웃었는데, 설 명절에 만났을 때도 정정했고, 아직 한창 살 나이고, 아주 아팠던 것도 아닌데'라고 중얼거리며 나는 현실을 부정하려 했다. 올케가 이미 이 세상 사람이 아니라는 사실이 믿기지 않았다.

시누 올케 사이가 얼마나 살가웠기에 올케의 죽음에 그렇게 충격이 크냐고 묻는다면 할 말이 없다. 사람과 사람의 사이가 관계에 따라 거리가 정해지는 것은 아니라고 본다. 나에게 있어 올케는 오빠의 아내 이상으로 큰 자리를 차지하는 사람이었다. 친정집 뒤란에 있던 오동나무가 베어지는 모습이 내 눈앞에 나타나는 것도 이제는 마지막인 것 같다.

올케는 내 나이 여섯 살 때 우리 집으로 시집을 왔다. 팔 남매

중 일곱 번째 태어난 나는 있어도 그만 없어도 그만인 존재였다. 엄마는 아침이면 세수만 겨우 하고 논으로 밭으로 나다녔다. 거기다가 푸성귀를 팔아야 가용에 쓸 돈을 마련할 수 있는 엄마는 늘 바빴다. 그런 엄마를 온종일 따라다녀 봤자 눈길 한 번 받지 못했다. 하지만 올케는 달랐다. 아침이면 예쁘게 화장하고 고운 옷을 입고 집안에서 나를 데리고 놀았다. 올케가 화장하면 신기해서 나는 빤히 쳐다보았다. 부엌에서 음식을 하면 뭐라도 얻어먹으려고 발길에 차일 정도로 가까이에 있었다. 어쨌든 올케는 신비하게 보였고 그때부터 내 의지의 대상이 되었다.

나중에 나는 신경숙 작가의 소설 『풍금이 있던 자리』를 읽고 그때의 감정이 그대로 책 속에 쓰인 것을 발견하고 신기해하기도 했다. 존재감이 없던 아이가 아버지가 밖에서 데리고 온 여자에게 마음을 준다는 내용이었는데, 그 아이가 나와 겹치곤 했다. 올케로서는 어려운 시누이라 함부로 할 수 없어서 받아준 것이지만, 그 때문에 나는 불평도 하고 떼를 쓸 줄 아는 아이가 되었다. 사랑받고 싶어 하는 내 마음을 아는지 모르는지 올케는 항상 웃어주었고, 투정을 부리면 달래주기도 했다.

올케가 우리 집에 온 지 얼마 지나지 않아 소동이 일어났다. 올케의 첫 친정 나들이 날이었다. 올케를 졸졸 따라다니던 나는 다른 날과 다르다는 것을 눈치채고 올케의 옆에 딱 붙어 있었다. 올케는 여느 때와 다르게 화장에 정성을 들였다. 얼굴을 백옥같이 하얗게 하고 눈썹을 그렸다. 마치 작은 갈매기 두 마리가 하늘을 나는 듯 멋지게 그려졌다.

그리고 작은 연필로 입술을 그렸다. 윗입술에 세 개 아랫입술 가운데 한 개 모두 네 개의 점을 찍었다. 윗입술은 위에서 옆으로, 아랫입술은 옆에서 타원형으로 연필이 움직였다. 연필이 지나간 자리에는 예쁘게 붉은색이 입술을 도톰하면서도 선명하게 드러내 주었다.

홀린 듯, 마비된 듯 그렇게 정신없이 앉아 있었는데, 올케가 어딘가로 간다는 소리에 정신이 번쩍 들었다. 이유 불문하고 무조건 나도 따라가겠다고 했다. 모여 있던 동네 사람들과 집안 대소가 사람들은 별일 다 보겠다며 웃어댔다. 엄마는 화를 내기도 하고 어르기도 하며 말렸지만, 소용이 없었다. 나는 올케의 옷자락을 부여잡고 놓지 않았다.

나는 올케의 첫 친정 나들이에 따라가는 시누이가 되었다. 큰 다리를 지나고, 작은 내는 물에 빠지면서 건넜다. 밭고랑 길을 끝도 없이 걸었다. 고불고불 산길을 아주 오랫동안 걸었다. 하지만 힘들다거나 괜히 따라나섰다는 후회 같은 것은 하지 않았다. 단지 너무나 피곤해서 밥을 먹다가 잠이 들었는데, 누군가가 나를 안아서 이부자리에 눕혀주던 황홀했던 기억이 있다. 잠결에 "사가 손 중에서 바지 입은 손님이 가장 어려운 손님이니 조심해야 한다"라는 올케의 엄마 목소리가 들렸다. 찢어진 종이처럼 조각난 기억을 간직하고 있지만, 나는 그 후로도 올케를 무조건 좋아했다. 올케의 친정어머니가 우리 집에 오신 적이 있었다. 나는 그분 옆에서 떠나지를 않았다. 놀다가 졸리면 그분의 무릎을 베고 잠이 들었다.

내가 결혼하고 친정에 가면 올케는 벙긋이 웃으며 “내가 제일 좋아하는 셋째 시누이 왔네”라고 말할 정도로 우리 사이는 각별했다.

여행에서 오는 다음날이 삼우제 날이었다. 이미 발인을 마치고, 분묘까지 했으니 마지막 가는 모습을 보지 못한 안타까움이 컸다. 삼우제라도 참석할 수 있는 것을 다행으로 생각해야 했다. 올케는 참 고생을 많이 한 사람이다. 삼십 대에 남편을 저세상으로 보내고, 삼 남매를 남부럽지 않게 키워냈다. 건강하게 더 살면서, 잘 자란 자식들에게 효도 받으며, 사는 재미를 더 누려도 되는데. 너무나 빨리 하늘나라로 갔다. 하지만 올케는 생전에 하나님을 믿고 하나님을 사랑한 사람이니 하나님의 뜻에 따라 이곳보다 더 좋은 곳으로 가지 않았을까 믿어 본다.

올케를 보내며, 평생을 성실하고 묵묵하게 살아내시고 돌아가신 부모님을 떠올려 보았다. 집 뒤란에 우람하게 서 있던 그 오동나무, 올케가 시집오던 그때 보라색 꽃이 활짝 피어서 잔치 분위기를 더해 주었던 그 나무는 이제 없다. 하지만 내 기억 속에는 영원히 지워지지 않고 남아 있다. 나에게 있어 오동나무는 친정집과 함께였다. 오동나무 꽃말이 ‘고상’이라고 한다. 아버지 어머니 올케까지. 나에게 있어 그분들은 정말 고상한 사람으로 영원히 남아 있을 것이다.

불꽃같은 삶

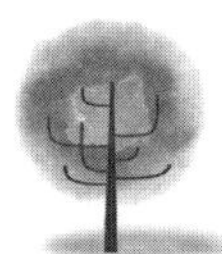

펑, 꽉. 화려하다. 열정과 뜨거움으로 뒤엉킨 여름밤이다. 숨 막히도록 정열적인 여름이 끝나는 것을 축하하며 터뜨리는 폭죽일까. 아니면 한해의 해수욕 철을 아무 사고 없이 보낸 것을 자축하는 행사인지, 켄트지 같은 밤하늘에 수많은 색깔의 불꽃이 반짝인다.

폭죽이 터지는 소리, 터져서 퍼져나가는 소리, 사람들의 환성이 한데 섞여 한밤중 망상해수욕장은 흥분이 최고로 고조된 분위기다. 수많은 폭죽이 터져 환하게 세상을 밝히는 그 순간 눈앞에 한 장면이 떠올랐다. 환한 큰엄마의 얼굴. 어린아이처럼 눈망울을 깜빡이며 "아짐마들은 누구요?"라고 말하던 애잔하고 천진난만한 모습이.

어느 누가 그 얼굴에서 어떤 말로도 설명할 수 없는 고난의 길을 걸어왔다고 읽어낼 수 있을 것인가. 한 권의 소설책으로도 다 담아낼 수 없는 생. 본인이 아니고는 감히 그 누가 유추해 낼 수 있을 것인가. 그야말로 100세를 앞에 두고 있으시니, 얼마나 많은 세월을 견디며 살아왔는지 구차하게 설명하지 않아도 될 것이다. 설명을 한다고 해도 굽이굽이 굴곡진 계곡을 어떻게 풀어놓을 것인지, 본인 외에는 아무도 모를 테니까. 그런 분이 이제는 아무것도 기억하지 못하고, 지금까지 알고 있던 사람의 이름조차 알지 못한다. 아니 오히려 천진스러운 표정은 어린아이 모습이다.

"큰엄마, 나야. 나 몰라?" 소용없는 짓인 줄 알면서도 잊힌 그 수많은 기억 속에 실오라기 같은 가냘픈 흔적이라도 끄집어내 보려고 얼굴을 바싹 붙인다. 엄마가 돌아가시고 친정에 발길이 뜸하다가 오랜만에 갔을 때 큰엄마는 두 손을 모아 잡고는 말했었다. "엄마가 없다고 그래 안 오나. 내가 친정엄마라 생각하고 나를 보러 자주 온나"라고. 그랬던 큰엄마가 왜 나를 못 알아보냐고 소리치고 싶었다.

내 기억 속의 큰엄마는 항상 바빴다. 종갓집인 큰집에는 언제나 손님이 많았다. 명절이나 제사가 있는 날이면 우리 가족은 며칠씩 큰집에서 머물렀다. 큰엄마는 언제나 말이 없었다. 묵묵한 중에도 손님들을 대접하면서 어린 조카인 우리에게도 소홀히 대하지 않았다. 큰엄마의 과묵, 그리고 매사를 웃음으로 일관해버리는 달관의 경지는 아무나 할 수 있는 게 아니다. 본인이 처한 어쩔 수 없는 상황을 무조건 받아들이고서야 가능하지 않았나 싶다.

부잣집 맏아들인 큰아버지는 특유의 게으름도 게으름이지만 일제 강점기 징용으로 끌려갔다가 돌아와 화투와 술 마시는 일 이외에는 아무것도 하지 않았다. 그 후 대대로 물려받은 큰 집을 빚 대신에 내어 주게 되었을 때도 큰엄마는 아무 말도 하지 않았다. 머슴들이 기거하던 아래채보다 허름한 한 칸짜리 집으로 짐을 옮길 때 큰엄마의 마음은 어땠을까. 가끔 큰집을 드나들면서 나는 그게 궁금하기도 했다. 하지만 그걸 물어본 적은 없다. 보잘것없이 초라하고 비좁았지만, 큰엄마는 그곳에서 여전히 집안의 크고 작은 행사를 치렀다. 부지런하다 못해 바지런한 큰엄마의 얼굴에서는 웃음기가 가신 적이 없었다. 힘들고 어려운 날만 계속되는 삶 속에서, 큰엄마는 현실을 있는 그대로 받아들이며 견디는 길을 살아왔다. 그런 큰엄마에게도 축제의 날에 터뜨리는 불꽃같은 시절이 있었을까.

"아짐마, 아들 있어? 난 아들이 없어. 아들을 못 낳았어."

종갓집 맏며느리로 들어와서 당연히 해야 할 일, 아들을 낳아야 하는 의무를 하지 못했다는 지점에 큰엄마는 머물러 있는 것일까. 큰엄마는 딸만 계속 낳아서 마음이 편치 않았나 보다. 어른들과 주위 사람들의 눈치를 많이 보며 살던 그때가 어렵고 힘든 시절이었던 것 같다. 어쩌면 죄의식을 느꼈는지도 모르겠다.

"난 딸 둘만 낳았어."

큰엄마의 얼굴에 갑자기 어두운 그림자가 드리워졌다. 그때 큰엄마의 마음속이 저랬을 거라는 짐작을 쉽게 할 수 있었다. 큰엄마는 그때 아들을 못 낳으면 어쩌나 하고 많이 불안했던 모양이다. 그때의 시점에 고착이 될 정도이니 말이다. 그러다가 큰엄마는 딸을 한 명 더 낳은 후 아들을 낳았다.

금방이라도 천둥 번개가 치고 소낙비가 쏟아질 것 같은 여름의 하늘처럼 불안한 표정을 짓더니 어느 사이에 먹구름이 물러간 가을 하늘처럼 완전히 바뀌었다. 세상을 다 얻은 그런 행복한 표정이다.

"나도 아들 낳았어."

"아들 낳았다고요. 아들 이름이 뭔데요?"

큰엄마는 또렷하게 아들의 이름을 말했다. 하지만 막상 아들 앞에서는 아들을 못 알아보신다. 그 귀한 아들을 오빠라고 부른다. 또는 아저씨라고도 한다. 얼굴을 바짝 가까이 들이대며 묻는 내게 큰엄마는 여전히 어린아이처럼 천진난만한 미소만 짓는다. 질문을 던지는 사람이 누구인지 알려고 하지도 않는다. 그냥 웃기만 한다.

화사하게 퍼졌다가 사라지는 폭죽처럼 지금은 잊혔지만, 큰엄마에게도 축제의 날은 있었다. 딸을 셋 낳고 아들을 얻었을 때 세상을 다 얻은 것처럼 행복했으리라. 큰엄마가 짓고 있던 표정, 그것은 불꽃의 정점이 발하는 환한 표정임이 분명하다.

축제의 날 밤하늘을 수놓는 폭죽은 화려하다. 그 순간에 자신만의 축제를 기억해 낼 것이다. 자신도 모르게 가슴에 새겨놓을 것이다. 그리고 그 불꽃같은 삶이 희미하게 사라질지라도 가끔 꺼내 보며 얼굴에 웃음을 얹어보는 순간이 있으리라.

5부 가을에 핀 목련

가을에 핀 목련

오르막길을 오르다가 한숨 돌리려고 섰는데, 어떤 생소한 느낌에 눈길이 끌려갔다. 그곳에는 나를 깜짝 놀라게 하는 광경이 펼쳐져 있었다. 국화가 활짝 피어있는 이 가을, 잎 하나 없이 앙상한 가지에 달빛처럼 환하게 피어있는 목련꽃이 웬일인가.

"네가 왜, 여기에 있는 거니?"

목련꽃은 환하게 웃는 것으로 답한다. 봄에는 뭐 하다가 가을이 되어서 이제야 꽃을 피운 것일까. '이럴 수도 있구나. 목련 나무가 봄에만 꽃을 피우는 게 아니구나. 때에 따라서 가을에도 꽃 피울 수 있구나.'

늦게 피어난 목련꽃을 바라보는데, 그 하얀 꽃잎이 기억 속에 잠겨 있던 지나간 내 삶을 불러내었다. 나는 어렸을 때부터 아주 아팠다. 어떤 장애가 있거나 눈에 띄게 모자라는 아이는 아니었지만, 항상 기운이 없었다. 봄이면 바람이 불어서 기침을 많이 했고, 여름이면 더위를 많이 타서 바깥 활동을 잘하지 못했고, 가을이 되면 몸이 시려오기 시작했다. 그러다가 초겨울이 오면 몸 어딘가에 붉은 반점이 생기고 온몸에 열이 나곤 했다. 몸이 불덩어리처럼 끓어오르면 엄마는 검은 천을 내 몸에 둘둘 감아줬다. 나는 검은 천을 칭칭 감은 채 떨었다. 겨울이 되면 아예 바깥에 나갈 엄두를 못 냈다. 겨울의 아침과 저녁이면 아랫목에서 꼼짝도 안 했다. 그것이 습관이 되었는지 어느 곳에 가든 그곳에서 가장 따뜻하게 보이는 곳을 찾아서 앉는다. 엄마는 그런 내게 말했다. “니는 아 논 어미 같다”라고.

몸이 아프니까 정신이 혼미해졌는지, 정신이 맑지 못해서 몸이 아팠는지 잘 모른다. 어쨌든 나는 아팠고, 그러다 보니 또래 아이들 보다 모든 것이 늦었다. 초등학교 6년 동안 한 번도 개근하지 못했다. 아파서 학교에 가지 못해 공부를 못했는지 공부를 못해서 학교 가는 게 더 싫었는지 모르겠지만, 그 시절에는 집도 싫고 학교는 더 가기 싫은 곳이었다. 그래도 학교에는 가야 했다. 의자에 앉아 있어도 선생님의 설명은 눈곱만큼도 귀에 들어오지 않았다. 그래서인지 초등학교, 중학교, 친구들이나 선생님이 기억에 없다.

결혼하고 다른 사람처럼 평범한 주부로 살았는데, 언제부터인지 어릴 적 앓았던 병이 도진 것 같이 몸을 떨게 하는 추위가 가을부터 시작되었다. 몸이 무거워서 자리에서 일어나기가 싫어졌다. 머리가 아주 아팠다. 어느 날 약국에서 약을 지어왔다. 약을 먹고

야 겨우 잠이 들었다. 잠깐 잤을까, 눈을 떴는데 앞이 보이지 않았다. 깜깜한 눈으로 앞으로 살아갈 일이 캄캄했다. 어떻게 살까. 두려움이 엄습했다.

남편은 내가 먹을 밥은 비벼서 한 숟갈씩 먹여줬다. 병원에 갈 때면 길옆에 무슨 나무가 있고, 어떤 꽃이 피었는지 설명해 주었다. 병원에 다니면 병이 말끔히 나아 앞을 보게 될 줄 알았는데, 의사들은 하나같이 병명을 모르겠다고 했다. 어느 날 밤 남편의 독백을 들었다. "이대로 살 수 없어. 어떻게 살아"라는. 아마 혼자서 술을 마시며 울고 있었던 모양이다.

이불 속에서 나도 울었다. 하지만 날이 새면 남편은 아무 일도 없었던 것처럼 나를 또 다른 병원에 데리고 갔다. 다행히 네댓 달 정도 시간이 흐르자 조금씩 보이기 시작했다. 앞을 볼 수 있게 되었지만, 수시로 아픈 것은 계속되었다. 우울증과 조증 증세가 나를 지배했다.

더 떨어질 곳이 없으면 올라올 수밖에 없어서일까. 의욕이 없는 중에도 뭔가를 쓰고 싶다는 생각이 자꾸만 나를 자극했다. 무엇을 쓰고 싶은데, 쓰려고 하면 써지질 않았다. 한 줄을 다 못 쓰고 포기했다. 아이들을 학교 보내고 가끔 차를 마시던 아래층 젊은 새댁과 커피를 마시는 중이었다. "아줌마, 나 방송통신대에 원서 냈어요"라는 것이었다. 순간 망치로 머리를 한 대 맞은 것처럼 정신이 번쩍 들었다. '그래 그거야. 나도 공부하자.' 바닥에서 빠져나오고 싶어 허우적거리고 있다가 빛처럼 내려온 밧줄을 잡듯 나는 그 끈을 힘껏 잡았다.

공부하고 싶다고 말하자 남편은 반색했다. 말한 나보다 더 좋아했다. 사실 남편에게 말하기 전에 조금 망설여지기도 했다. 지금 와서 공부는 무슨 공부. 그럴 시간 있으면 아이들한테나 신경 쓰라는 말 정도는 들을 각오도 했다. 그렇지만 어렸을 때 못한 공부 지금이라도 해보고 싶었다. 그때 남편이 반대했어도 내 의지대로 밀고 나갔을 것이다. 오래전에 졸업한 중학교에 전화하고 필요한 서류를 부탁하며, 남편은 고등학교 입학 준비를 해줬다.

방송통신고등학교에 입학했다. 학교생활은 또 다른 세상이었다. 옛날에 그냥저냥 다니던 학교, 그런 곳이 아니었다. 입학할 때 조금 걱정하긴 했다. 공부에 소질이 없으니까 성적이 좋게 안 나올 것 같았다. 그러면 남편에게 미안할 것 같고, 아이들에게도 부끄러울 것 같았다. 하지만 걱정했던 마음은 언제 그랬냐는 듯 깨끗이 사라졌다. 학교생활은 즐거웠고, 공부 시간은 재미있었다. 그야말로 나는 행복한 고등학교 시절을 보냈다.

일요일 아침 머리를 감고 나오면 남편은 어느새 드라이기를 들고 나에게 온다. 남편이 말려준 긴 머리칼을 찰랑찰랑 흔들며 학교에 간다. 과목마다 선생님들의 수업이 다 재미있다. 특히 국어 시간이 좋았다. 중학교 다닐 때 수학과 과학은 무조건 싫었다. 그 시간만 되면 아프던 머리가 터져버릴 것처럼 통증이 더 심했다. 그래서 선생님을 멍하게 바라보며 머리로는 딴생각했었다. 그 시간이 얼마나 길고 지루했는지 모른다. 그런데 고등학교 수학과 과학 시간은 재미있다. 이해가 안 될 때는 무조건 손을 들었다. 다시 설명해 달라며 선생님에게 또박또박 말했다. 어디에서 그런 용기가 났는지 모르겠다.

'어릴 적 기억이 오래가고 중학교 때 공부가 가장 중요하다'라고 혹자는 말하지만, 나는 거기에 대해 침묵할 수밖에 없다. 그때 배운 공부와 그때 만났던 사람들에 대해 기억이 없으니까. 나는 그 시절을 '나의 암흑기'라고 표현한 적도 있다. 하지만 고등학교에서 만난 선생님은 그 생김새 목소리 전부 다 좋다. 오래오래 기억하고 싶다. 고등학교에서 만난 친구들도 정말 소중하다. 어떤 사정이 있어 늦게 공부하게 되었다는 공통점이 있기에 우리는 만나자마자 친한 친구가 되었다. 마치 오래전부터 알았던 사이처럼. 오전 수업이 끝나면 각자 준비해 온 도시락을 꺼낸다. 서로의 반찬이 무엇이든 상관없다. 젓가락에 걸리면 그 사람의 입으로 들어간다. 어떤 날은 커다란 찜통에 라면을 끓이기도 했고, 떡국을 끓여서 나누어 먹기도 했다. 소풍 가는 전날은 학우네 집에 모여서 우리 반 전체가 먹을 김밥을 싸기도 했다.

소풍이라는 말이 나오니 또 생각나는 게 있다. 초등학교 6년, 중학교 3년, 그리고 교회에 오래 다녀서 해마다 소풍을 많이 갔다. 소풍하러 가면 꼭 보물찾기를 한다. 그런데 나는 보물을 한 번도 찾아본 기억이 없다. 나무 위에 얹어 놓거나 돌 아래 넣어두는 하얀 종이를 나는 도대체 찾을 수가 없었다. 어리바리 이곳저곳을 헤매다 보면 다른 아이들의 목소리가 들린다. "나 보물 찾았다. 나는 크레용, 나는 공책." 그랬던 보물이 이젠 환하게 보이는 것이었다. 여기에 있겠지, 하고 보면 틀림없이 그곳에 있었다. 선생님이 열다섯 개를 숨겼다고 했는데, 내가 열두 개를 찾았다. 도대체 이런 일이 있을 수 있을까. 그날은 잠을 잘 수 없었다. 눈을 감으면 보물이 내 앞에 쏟아져서.

소풍뿐만 아니라 고등학교 체육대회 날도 신나는 날이다. 어릴 때의 나는 공부를 좋아하지 않았지만, 운동은 더더구나 싫어했다. 뛰는 것 자체를 못 하니 운동을 좋아할 리가 없었다. 백일쯤에 시작한다는 백일해 기침을 나는 중학교 다닐 때까지 했다. 시작하면 멈추지 않는 기침 때문에 뛸 수가 없었다. 운동회 날은 아예 학교에 가지 않을 때도 있었다. 그런데 고등학교 체육대회 날은 기대된다. 기대하는 마음은 나를 학교 운동장으로 가게 했다. 어둠이 깔린 운동장을 달린다. 공을 찬다. 그렇게 나는 체육대회 날을 준비하기 위해 며칠 밤마다 연습했다. 하지만 달리기는 역시 꼴찌였고, 내가 찬 공은 너무나 정직하게 골키퍼의 가슴에 안겼다. 그래도 좋았다. 이기고 지는 것이 중요하지 않고 내가 얼마나 그 게임에 적극적으로 임했느냐가 중요했다.

방송통신고등학교에서 나는 진짜 보물을 찾았다. 내가 무엇을 하고 싶어 했는지 알게 되었다는 것이다. 2학년 새 학기가 되었을 때 담임선생님이 말했다. 가을에 열리는 전국 방송통신고등학교 백일장에 나가보라고. 내가 그런 곳에, 할 수 있을까, 선생님이 왜 나한테 그런 말을 하지, 당황스러웠다. 하지만, 내 마음속에 요동치던 무엇이 꿈틀거리며, '그래 한번 해보자. 결과야 어떻든 한번 해 보는 거야'라는 어떤 새로운 마음가짐이 생겼다.

여러 가지 생각이 나를 흥분시켰지만, 마음을 가라앉히고, 무엇인가를 해야 했다. '길은 책에서 찾자'라는 생각에 도서관에 가서 무조건 책을 읽었다. 아침에 가서 오후까지 책을 읽다가 집에 돌아와서도 대여해 온 책을 읽었다. 드디어 가을이 되어 백일장이 열리는 날 나는 전국에서 온 많은 학생 사이에 끼어 글을 썼다. 내가 눈이 보이지 않았을 때 남편의 헌신적인 사랑에 대해서, 공부를 시작했을 때 가족의 도움을 받았던 일을 진솔하게 썼다. 그렇게도 쓰이지 않던 글이 그때는 얼마나 쉽게 쓰이던지. 신기한 일이었다.

다음날 모든 경연의 결과 발표가 있었다. 수많은 사람 틈에 나는 아무 생각 없이 앉아 있었는데, 갑자기 스피커에서 내 이름이 들렸다. 앞으로 나간 나를 누군가가 작은 공간으로 안내했다. 그곳에 앉아 있던 선생님이 "이 글 혹시 어디에서 베낀 것 아닌가요?"라고 물었을 때 의아했다. 내가 겪은 일을 그대로 썼을 뿐인데, 다른 사람의 글을 베낀 것 아니냐고 하는 말이 도대체 무슨 뜻인지 이상했다. "내가 겪은 일인데요"라고 답했다. 그분은 알았다고 말하며 고개를 끄덕였다. 자리에 돌아오는데 사람들의 웅성거림이 이명처럼 들렸다. 소음이 잠잠해지고 잠시의 정적을 깨우듯 사회자가 "수필 부문 대상"에 나를 호명했다.

고등학교 졸업식장에 참석한 큰아들이 말했다. "오늘이 엄마 날 같아요. 모든 상을 엄마가 다 받는 것 같아요"라고. 남편과 아들의 축하를 받았다. 내가 받은 상장 중에 3년 개근상이 있다. 정말 기뻤다. 매일매일 방송을 듣고, 어려운 수학을 이해하려고 아들에게 과외수업을 받고, 영어 단어를 외우려고 밤을 새우던 날을 떠올렸다. 결석을 한 번도 하지 않은 나에게 손뼉을 쳐주었다.

내 생에 대학은 꿈조차 꾸지 않았다. 하지만 나지막한 화초들이 몽우리를 피울락 말락 하는 화단에, 뜬금없이 앙상한 나무 한 그루 자라듯 그렇게 어린 학생들 틈에서 4년도 마쳤다. 원인도 치료 방법도 찾을 수 없었던 그런 아픔이 내게 왜 왔었는지 몰랐듯이, 어떻게 나에게서 떠났는지도 모른다. 그렇지만 우울증, 조증이라는 보이지 않는 적과의 싸움은 나의 승리로 끝난 것 같다.

가을에 피는 꽃은 색이 진하다. 누군가 말했다던가, 인생의 중년이 가을이라고. 그렇다면 나는 인생의 어디쯤 와 있을까. 내가 꽃을 피운다면 어떤 꽃을 피울까. 꽃을 피울 수는 있을까. 오늘도 나는 도서관에서 책을 빌려오는 길이다. 시기를 놓치고 늦게 피어서도 환하게 웃고 있는 목련꽃에 힘내라는 인사 건네고, 나는 멈췄던 발걸음 다시 걷는다.

겨울바람에 꽃향기 실어

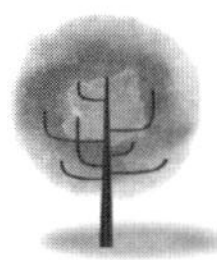

'남이 나를 헤아리면 비판이 되지만, 내가 나를 헤아리면 성찰이 되지'라는 문구를 유안진의 「계란을 생각하며」에서 읽었다. 성찰이라 하기엔 거창하고, 내가 간과하며 살고 있었던 부분에 대해서 생각해 본다. 가끔 내 안에 있는 어떤 것에 부딪혔을 때 '나에게도 이런 부분이 있었나'라는 질문을 스스로 할 때가 있다.

문화원에서 일 년을 마무리하는 발표회 날이다. 발표회 준비에 모두 분주히 움직이는 소란스러움 속에 전화벨 소리가 들렸다. 문학회 회원인 지인이었다. 이틀 후에 재능기부로 기타 공연을 해 줄 수 없느냐는 내용이었다. 함께 있던 기타 중급 반원들에게 이 소식을 알렸고 함께 공연하자고 부탁했다. 문화원 발표 때문에 꾸준히 연습했고, 마침 발표회도 끝났으니, 발표한 곡으로 재능기부하는 날 공연을 하면 좋겠다는 의견이 모였다.

행사 시간은 저녁인데 오전에 모두 한자리에 모여서 회장님의 지도하에 한마음으로 열심히 연습하고 헤어졌다. 행사 시각에 맞춰 공연장에 모두 늦지 않게 모였다. 그런데 일이 있어서 함께하지 못하겠다고 했던 분이 한 명 더 참가하였다. 정말 고맙고 기뻤다. 회장님과 다른 한 분은 무거운 앰프를 직접 가지고 와서 설치하였고, 노래하니 공연이 멋있었다. 우리도 만족했고, 주최 측에서도 여러 번 감사하다고 말해 주었다.

나는 '기부'라는 말을 들으면 '거부'하고 싶은 생각이 마음속에서부터 꾸역꾸역 올라오는 것을 느낀다. 어릴 적 아무 맛도 없는 퉁퉁 불어 터진 식은 꽁보리밥, 배고픔을 면하려고 먹기 싫어도 끼니를 때우기 위해 입안으로 억지로 밀어 넣었던 그때의 그 느낌이 왜 '기부'라는 좋은 단어를 들으면 느닷없이 온몸으로 퍼지는지 모르겠다.

이런 느낌은 꽃을 볼 때 느껴지기도 한다. 특히 장미꽃을 봤을 때가 그렇다. 어릴 적 우리 집 뒤란과 안마당에는 많은 꽃이 예쁘게 피어 있었다. 겨울에만 꽃이 없지 봄에는 나리꽃이랑 튤립부터 마당에는 꽃으로 만발했다. 하지만 장미는 없었다. 동네에서 가장 담장이 높은 그 집에는 장미꽃이 있었다. 활짝 핀 장미꽃이 집안을 들여다볼 수 없는 담장을 화사하게 꾸몄다. 우리 집에는 없는 꽃, 하얀 쌀밥을 먹을 수 있는 부잣집 꽃이 장미꽃인 줄 알았다. 그래서 나는 장미꽃을 보며 예쁘다고 말하는 것에 인색했다.

이 느낌은 어릴 적 기억과 관련이 있는 것 같다. 내 안의 어떤 욕망이 현실과 부딪혔을 때 입었던 상처와 연결되어서 가끔 아름다운 것을 보거나 뜻이 좋은 말을 들었을 때 종종 이런 반응이 마음속에서부터 터져 나오는 것 같다.

재능기부란 참 좋은 말이다. 나에게 있는 어떤 부분을 다른 사람에게 나누어주는 것이다. 그것이 도움이 될 수도 있고 기쁨이 될 수 있다. 어렵거나 힘들지 않을 수도 있겠다는 걸 알면서 나는 지금껏 '재능기부'를 해달라는 소리를 들었을 때 선뜻 대답하지 못했다. 태도는 우유부단했고 답은 거절이었다. 단체에서나 아니면 다른 사람이 주관하는 행사에는 있는 듯 없는 듯 봉사를 하기도 했고, 불우이웃 돕기를 하게 되면 동참하기도 했다. 하지만 나서서 무엇을 한다든가 스스로 사람을 모아 다른 사람을 위해서 무엇을 하진 않았다. 그런 일은 가진 것이 많은 사람이거나 희생정신이 강한 특별한 사람이 하는 줄 알았다.

'후원인 초청 감사의 밤'에 재능기부를 해달라는 말을 들었을 때 순간 당황했다. 무조건 하고 싶지 않았다. 공연한다면 자신의 시간을 포기해야 하는데, 그렇게 하겠다는 사람이 있을까. 연습해야 할 텐데, 시간을 내서 연습할 사람이 있을까. 내가 제안했을 때 모두 거절하면 어쩌지, 잠깐의 시간 동안 여러 가지 생각이 많았다. 그런데 너무나 뜻밖에 많은 사람이 찬성했다. 편협한 나만의 생각으로 결론 내려버리는 오류를 범할 뻔했다. 사람들의 마음을 알아보려고 노력하지 않고 피하려고만 했다. 세상이 혼탁하다고 말하면서도 정작 스스로는 혼탁함에서 벗어나려고 노력하지 않았다. 아무튼 공연을 함께하게 된 모든 사람은 보람 있었다고 말해 주었고, 나 역시 잘했다는 뿌듯함까지 느꼈다.

지금껏 나는 다른 사람을 위해 무엇을 한다는 것이 쑥스럽기도 하고 자연스럽지 않았다. 더구나 내가 부탁받고 일을 추진한다는 것은 책임감이라는 부담의 무게 때문에 될 수 있으면 피하려고 했다. 오늘의 공연은 낯설기도 했지만, 나에게 많은 것을 느끼게 해 주었다

어린 날의 나는 날씨가 추워지려고 하면 병아리가 어미의 깃 속으로 파고들 듯 아랫목에 자리 잡고 이불을 푹 뒤집어쓴 채 꼼짝하지 않으려 했다. 어느 곳을 가든지 가장 따뜻하다고 생각되는 곳이면 그곳이 내 자리가 되었다. 어른이 된 지금도 겨울이라는 계절에 접어들면 겨울잠을 자는 동물처럼 이불 하나 둘둘 감고 아랫목에 누워만 있고 싶다. 돌이켜보면 겨울이라서 아랫목을 찾았던 것이 아니라 세상과 부딪히는 것을 피하고자 이불 속으로 파고들지 않았나 싶다.

이 행사는 '나'가 아니라 '우리'라서 할 수 있었다. 편협한 생각에서 한 발짝 발돋움할 수 있도록 해준 지인과. 함께 공연한 분들이 고맙다. 오늘은 찬 바람 부는 겨울날 꽃바람처럼 따스한 재능기부라는 바람이 불어와 내 몸과 마음을 녹여준 것 같다. 이제부터라도 찬 바람을 피해서 웅크리고만 있지 말고 어디에서 꽃향기가 나는지 찾아봐야겠다. 그리고 겨울바람이 차갑지만, 그 속에도 따스함이 있다는 것을 담아서 다른 사람들에게 전하고 싶다.

꽃은 묵은 가지에서 핀다

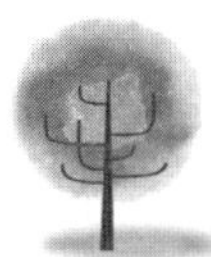

새로운 봄이다. 삼월하고도 나흘이 지났으니 땅 밑에서는 새로운 생명이 용트림하려고 야단법석일 것이다.

오랜만에 한가하다. 재래시장에서 장을 봤다. 버스를 타려고 정거장 쪽으로 걷다가 주위를 둘러보았다. 조그만 비닐봉지 세 개를 들고 차를 타자니, 날씨가 너무 좋았다. 군데군데 한 그루씩 눈에 띄는 큰 매화나무와 키 작은 개나리나무에는 하얗고 노란 작은 꽃송이들이 활짝 피어 있다. 이런 날 건강한 다리를 갖고 차를 탄다고 생각하니 날씨에 미안한 생각이 들었다.

길을 걷고 있는데 나도 모르게 콧노래가 흘러나왔다. 매화 꽃잎들이 장단을 맞추듯 봄바람에 흔들리고 있다. 그런데 어느 나뭇가지의 끝에는 꽃이 보이지 않았다. 봄이 되면 새움이 돋아나듯, 봄꽃이 피는 나뭇가지에 꽃이 당연히 피어야 한다고 여겼던 나는 의아하게 생각하지 않을 수 없었다. 그러고 보니까 매화나 무뿐 아니라 개나리도 마찬가지였다. 맨 끝에 가늘게 자란 가지에는 꽃송이가 하나도 보이지 않는다. 가냘픈 가지는 색깔도 다르다.

'이 가늘어 보이는 가지는 새로 자라난 것이구나. 맞아, 사람의 일도 이와 별반 다르지 않아.' 갓 태어난 아기처럼 여리여리한 나뭇가지를 보며 내가 가장 후회하고 마음 아파하던 일이 생각났다.

"어서 안 해! 빨리빨리 여기에 답을 적으란 말이야. 금방 엄마가 설명해 줬잖아. 너는 도대체 엄마가 몇 번을 설명해 줘야 하냐. 귓구멍이 막혔어? 아휴 답답해."

이것뿐이 아니다. 급기야는 아이에게 하지 말아야 하는 말까지 했다. 아이는 울고, 나도 눈물을 찔끔거리고야 상황이 종료되었다. 아이를 잡고, 공부랍시고 가르치던 내 모습이다.

차라리 학교 선생님에게 학습은 모두 맡기고 집에서는 아이를 마음껏 놀게 해줄걸. 그렇게 하지 못했다. 아이가 초등학교 고학년이 되어서는 내가 힘들어 나가떨어졌지만. 그때까지 이미 나는 아이에게 상처 입힐 건 다 입혔다.

다른 아이들은 학교에서 돌아오면 학원에 가기도 하고, 집에 선생님이 와서 공부하기도 했다. 하지만 나는 고집스럽게 내 아이 공부는 내가 가르쳐야 한다고 다짐했다. 물론 그 이유는 학원에 보낼 돈이 없다는 것이었고, 초등 교과서를 보면서 이 정도는 내가 집에서 가르칠 수 있겠다는 생각이 들었기 때문이다.

나는 가르친다는 개념도 정확히 모르면서 단지 교과서를 읽고 이해했다. 문제집도 먼저 풀어 보았다. 집에 온 아이에게 오늘 학교에서 어떤 것을 배웠는지 물어보고는 거기에 해당하는 문제집을 펼쳤다. 그리고 아이에게 풀게 했다. 현재 학교 진도는 어느 정도인지, 학교에서 배우는 내용 이전에는 무엇을 배웠고 지금 배운 것과 나중에 배울 것이 어떻게 연계되는지 알아보지도 않고 무조건 문제집에 대해서 아이가 정확하게 답하기를 다그쳤다.

"이거 풀어 봐. 못 해!" 두 번을 참지 못하고 내지르는 내 목소리는 음치의 소프라노 소리다. 답답해서 속이 터져버리겠다는 신호다. 조금 있으면 책을 덮어버리고 옆에 있는 매를 들거나 문을 쾅 닫으며 밖으로 나와 버릴 것이다. 조금 전까지만 해도 좋은 낯으로 "학교 다녀왔습니다"하고 아이가 인사하면 "그래 우리 아들 주려고 간식 만들어 놨어. 이거 먹어. 맛있어?"하고 상냥하게 말했던 내 모습. "응 맛있어." 냠냠 쩝쩝, 맛있게 먹는 아이의 얼굴을 바라보며 만족하게 웃던 내 모습은 어디에도 없다. 아이의 얼굴, 세상에서 엄마가 해준 떡볶이가 가장 맛있다고 말하며 웃던 얼굴은 어디에도 없다. 나와 아이는 적도 아니면서 적이 되고 원수도 아니면서 원수가 돼서 서로를 괴롭히고 있었다. 아니 내가 일방적으로 아이를 할퀴고 있었다.

나는 아이가 학교에서 배웠으니 당연히 문제를 쉽게 풀 수 있을 거라고 짐작했고, 아이는 배웠을 뿐 그 문제를 완전히 이해하지 못했다. 그런 아이에게 원하는 답이 나오지 않자 소리치며 윽박질렀다.

요즘 내가 만나는 아이 엄마 중에서 내가 뼈저리게 후회하고 있는 그런 모습을 보이는 사람이 있다. 아이는 엄마가 끌면 그만큼 따라오게 된다는 논리를 펼치는 엄마들.

'아이 잘 키우는 방법'이란 책이나 텔레비전에서는 하나같이 '엄마가 잘해야 아이가 바로 자란다. 엄마가 똑똑해야 아이를 똑똑하게 키운다'라는 단어로 도배되어 있다. 물론 아이의 편에서 아이의 눈높이를 맞추라는 말도 있기는 하다. 그러나 결과적으로 아이의 성적은 모두 엄마의 담당이며 책임으로 되어 있다. 아이의 장래도 모두 엄마에게 달렸다고 한다. 옛날에 '남편은 아내 하기 나름이에요'라는 유행어가 있었는데 요즘에는 '아이는 엄마 하기 나름이야'라는 말이 정석이 되어버렸다. 맹자의 어머니가 아이를 위해 세 번이나 이사했다는 이야기가 있다. 어머니의 특별한 극성으로 '맹자'라는 훌륭한 인물이 탄생하였다는 이야기다. 물론 맹자라는 인물이 탄생한 데는 어머니가 큰 몫을 차지하기도 했을 것이다. 이해하기에 따라서는 엄마의 특별한 극성을 찾을 수 있겠지만, 깊이 들어가면 맹자의 어머니는 아이의 상태를 그때그때 관찰하였으며 그런 다음에 또 다른 결정을 내렸다는 것을 알 수 있다.

엄마들은 모두 좋은 엄마가 되고 싶다. 내 아이는 정말 똑똑하고 현명한 아이가 되기를 바란다. 그래서 내 아이가 자라서 지금의 내 나이가 되었을 때 현재의 내 모습보다 더 나은 모습으로 살아주기를 바란다. 그래서 모든 정보에 민감할 수밖에 없다. '어머니 교육 프로그램이 있으면 바쁜 시간을 쪼개서라도 참석하려고 하고, 혹 자녀를 서울대학에 보낸 나름 성공한 어머니가 쓴 자서전이 출판되었다고 하면 어떤 방법으로든 구입해 읽으려고 한다. 혹 그런 책 한두 권 읽지 않으면 엄마로서 자격이 없거나 정보에 뒤처지는 것 같은 생각을 한다. 아이에게도 뭔가를 못 해주는 엄마인 것 같아 죄책감에 시달린다.

책 읽은 대로 또는 교육받은 대로 아이를 가르치려고 하면 아이는 의아해한다. 가끔은 우리 엄마가 갑자기 왜 저러지 하는 표정이다. 그럴 때면 아이도 엄마가 낯설고 엄마도 아이가 낯설다. 물론 하나를 가르치면 둘 셋까지 아는 천재적인 아이도 있을 수 있다. 그러나 그런 일은 어쩌다 있는 일이지 그리 흔하지 않다. 흔하지 않은 특별한 일이 내 아이에게 일어나기를 바라는 엄마는 늘 조급해지고 그 조바심으로 아이를 괴롭게 한다.

요즘 엄마들도 옛날의 나와 조금도 다를 게 없다. 아이들이 아파하고 힘들어하는 건 생각하지도 못한다. 다만 아이에게 공부를 잘하기만을 강요한다. 하얀 백지에 빽빽하게 쓰인 글씨, 그 위에 100점이란 숫자가 있기만을 바란다. 그래서 아이가 상처받을 말을 너무나 쉽게 내뱉는다.

"나도 할 만큼 했어. 이제 됐어. 해도 해도 끝이 없어. 너, 커서 무엇이 되겠니? 다른 사람은 편하게 사람 부리며 높은 자리에 앉아 있을 때 너는 그 밑에서 심부름이나 하지 않으면 다행이다." 등등.

아이들은 참 바쁘다. 해야 하는 것들이 너무나 많다. 그건 엄마들의 알 수 없는 조바심 때문에 더 그렇다고 볼 수 있다. 무엇을 얼마나 했나. 얼마나 기다렸다고. 거름도 제대로 주지 않았으면서. 뿌리를 내릴 수 있도록 땅을 부드럽게 해주지도 않았으면서. 새로 돋은 연한 순에서 바로 꽃이 피어나길 바랐던 것이다. 뭐가 그렇게 조급한지. 아이를 끌어당기려고만 한다.

아이는 자란다. 자라야 한다. 자랄 때까지 기다려야 한다. 나무에 물과 거름을 주고 꽃이 피기를 오래 기다리듯 말이다. 새로 돋은 나무에 연한 잎이 돋아나고 비바람을 맞고 추운 겨울을 견딘 후 그다음에 아름다운 꽃을 피우는 가지가 되듯, 아이에게도 시간이 필요하다.

조금의 여유를 가지고 아이의 이야기를 들어주는 엄마. 아이의 눈높이에 맞게 책을 고르고 함께 읽는 엄마. 한 해, 또 한 해. 스스로 꽃 피기를 기다릴 줄 아는 엄마. 뿌리를 뻗어 많은 영양분을 말없이 공급해 주는 든든한 기둥 같은 엄마. 지금은 꽃을 피우는 때가 아니라 줄기를 튼튼히 해야 한다는 것을 아는 성숙한 엄마. 아이와 같이 자라는 엄마가 아닌 진정으로 든든한 어른으로의 역할을 하는 엄마였으면 얼마나 좋았을까.

사람은 어떤 방법으로 살아도 뒤돌아보면 후회투성이라고 한다. 사랑하는 아이에게 후회할 말만 하는 엄마였던 나. 우리 아이 어릴 때 얼굴과 닮은 매화, 개나리를 바라보는 내 얼굴이 화끈거린다.

어쩌다 수필가

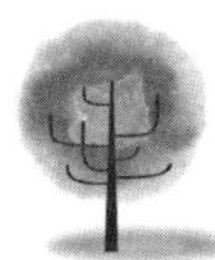

글을 쓴다는 것, 글 쓰는 시간이 즐겁지만 가끔은 쓰고 싶지 않을 때도 있다. 하지만 쓰고 난 후에는 언제나 행복감이 찾아온다. 글은 고사하고 일기도 제대로 쓰지 못하던 내가 글을 쓴다는 것이 신통스럽다는 생각이 든다. 신춘문예라도 등단했으면 하늘을 찌를 것이라고 비웃는 사람이 있을지도 모르겠다. 하지만 각자의 재능이 다르고 역량이 있는 것이니까 나로서는 이만큼 쓴다는 것에 더 바랄 것이 없다. 문학잡지에 기고해서 신인상을 받고 수필가로 등단했지만, 아직 수필가라는 말을 들으면 부끄럽기도 하다.

글쓰기의 시작은 공부를 다시 하면서부터였다. 어쩌면 나를 키우는 작업이 그때부터였는지 모른다. 내가 만학도로 공부할 때였다. 어느 날 선생님에게서 가을에 열리는 전국 백일장에 나가보라는 권유를 받았다. 몇 번 망설이다가 가겠다고 했다.

너무나 막막하고 자신이 없었다. 글을 써 보려고 연습장에 수없이 시도해 보았지만 몇 줄 완성하지 못하고 번번이 포기하기 일쑤였다. 백일장이 한 달 앞으로 가까워지자 조급해졌다. 어떻게 해야 할지 방법을 찾지 못했다. 무조건 책에서 답을 찾기로 마음먹고 도서관으로 갔다. 하루도 빠지지 않고 한 달 동안 도서관에 출석 도장을 찍었다. 처음엔 어떤 책을 읽어야 할지 몰랐다. 좋아하던 소설책을 시작으로 닥치는 대로 아무 책이나 읽어나갔다. 도서관 매점에서 빵이나 컵라면으로 점심을 때웠다. 다른 사람 눈에는 고시 공부하거나 공무원 시험 준비생으로 비쳤을지도 모를 일이다.

한 달 동안 꼬박 책을 읽고서 글을 써보려고 시도했는데도 글은 써지지 않았다. 어떻게 시작해야 할지 무엇을 써야 할지 도저히 감이 잡히지 않았다. 그 와중에도 구체적으로 무엇을 쓰고 싶다는 생각은 있었다. 하지만 마음속의 생각을 어떻게 표현하고 나타내야 할지 몰랐다. 그믐날 가로등까지 꺼져버린 낯선 길에 홀로 서 있는 것만 같았다. 그렇게 시간이 흐르고 백일장에 가야 하는 날이 되었다. 이상하리만치 마음이 담담해지고 평온해졌다. 글을 잘 써야겠다는 욕망의 외투를 벗어버리고 '선생님과 친구들이랑 1박2일 여행 즐겁게 다녀오는 거야'라는 가벼운 옷을 입었기 때문이었는지 모르겠다.

백일장에 참여한 사람 중에는 등단한 시인도 있고, 수필가도 있다는 소리를 들었지만 그게 어떤 뜻인지도 몰랐다. 자리에 앉자 전년도의 수상 작품을 묶은 소책자를 나누어 주는 것이었다. 시작 시각도 많이 남아서 받은 책을 꼼꼼히 읽었다. 책을 다 읽고 나자 나도 이 정도는 쓸 수 있을 것 같다는 자신감이 생기는 것이었다. 어디에서 오는 자신감인지는 몰라도 조금의 떨림도 없이 나 자신이 우뚝 서 있는 것 같은 느낌이었다. 시제도 발표되지 않아서 어떤 글을 쓰게 될지 모르는 상태인데 나는 그 책의 빈칸에 두서없이 낙서했다.

주위에 있는 것을 치우고 나서 나누어 준 원고지에 글을 쓰기 시작했다. 아마 맨 마지막까지 남아서 글을 쓴 것 같다. 두 시간 꼬박 쓰고 고치고, 또 쓰고 지우고를 반복하다가 시간이 다 되었다는 소리에 마무리하고 원고지를 냈다. 교실을 나와서 밖을 바라보는데 교실에 들어가기 전 세상과 완전히 바뀐 것 같았다. 현기증이 조금 일었다. 속 내장까지 꺼내놓은 발가벗긴 내 모습이 고스란히 원고지에 담겨있을 것 같았다. 별걸 쓰지 않았을 것 같으면서도 내 속의 모든 것을 다 털어낸 것처럼 허전함이 밀려왔다. 부끄럽고 민망해서 누가 보면 안 될 것이라도 되는 것처럼 교실로 다시 들어가서 원고지를 가지고 나오고 싶었다. 말로 표현하기는 어렵지만, 그때의 느낌은 허전하면서도 짜릿한 희열 같은 것이었다. 어쩌면 아주 기쁘면 웃기보다는 울어버리는 감정처럼 좀 야릇했다. 그런 느낌은 생전 처음이었다.

그때를 계기로 글을 쓰는 것이 나를 비워내는 것이라는 걸 알게 되었다. 지금은 나를 꺼내 보고 뒤돌아보고 뒤집어보고 들여다보며 글을 쓴다. 그렇기에 때론 내가 쓴 글을 다른 사람이 읽는 것이 부끄러울 때도 있다.

글의 기초는 일기 쓰기인데 초등학교 다닐 때 일기를 써야 하는 부담감을 참 무겁게 느꼈던 것 같다. 일기를 써야 하는데 어떻게 써야 할지 몰랐고, 쓰고 싶은 내용을 마음대로 쓰지도 못했다. 마음을 내놓는다는 것이 그렇게 어렵고 힘이 들었다. 백일장에 참가했던 친구가 조회대로 나가 교장선생님께서 주시는 상을 받는 것을 볼 때는 마냥 부러웠다. 아련한 그때의 장면과 마음의 움직임을 잊지 않고 있었다는 것은 내 마음 어느 한 편에 글을 쓰고 싶다는 씨앗이 자리 잡고 있었는지 모를 일이다.

아이가 시간이 지나 어른이 되는 것은 자연스러운 일이다. 되돌아보면 글쓰기의 시작도 자연스레 나에게 다가온 시기였던 것 같다. 마음속에 쓰고 싶은 것이 있었기에 글을 쓰게 되었고, 수필가가 되었다. 비워낸다는 것은 허전하면서도 빈 곳에서 오는 희열, 그것은 기쁨이다. 어쩌다 글을 쓰면서 나를 지배하고 있던 견고하면서도 투박한 옷을 벗어버리는 것처럼 억눌렸던 무엇에서 해방되는 것 같기도 하다. 사람은 끝까지 완전한 어른이 되지 못하고 그 과정에 있다는 것처럼, 나의 글쓰기도 나를 알아가는 과정의 길 위에 있다.

어떤 책을 읽다가 글쓰기는 '기억의 부활'이라는 글귀를 읽은 적이 있다. 나의 글쓰기는 그것이다. 내 기억 속에 있던 어떤 아픔을 끄집어내어 날개를 달아줘 훨훨 자유롭게 날려 보내는 작업이다. 어떤 때는 부끄럽고 때론 가슴 아파 눈물 흘릴 때도 있다. 하지만 이 시기가 지나면 그야말로 아름다움이 깃든 미래만이 내 글에서 보이기를 기대한다.

진달래 먹고

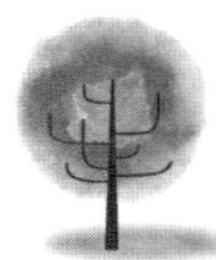

사르륵사르륵. 봄이 이사 온다는 전갈이 왔다. 삼월에 오는 봄눈은 포근하다. 겨울눈 속에서는 얼어버리지만 봄눈 안에서는 이불속에 잠든 아기처럼 새순들이 뒤척뒤척 눈 뜰 준비를 한다.

요즘을 흔히 코로나 시대라고 한다. 혼자 우두커니 텔레비전 앞에 앉아 있다. 길을 걸어도 혼자, 밥을 먹을 때도 혼자, 이것이 풍경이다. 무엇을 할 것인가. 체온이 없는 사람의 소리가 나는 텔레비전을 과감하게 끄고 밖으로 나왔다.

자박자박, 내 발소리에 경쾌한 리듬이 실린다. 늘 걷던 앞산으로 간다. 아파트 부근에 이런 야산이 있다는 것이 행운이다. 공원이라고 하기엔 넓으면서 험하고, 산이라고 부르기엔 뭔가 조금 부족한 것 같다. 이곳을 자주 이용하는 사람의 책임감이나 의무감 같은 것이 느껴져 이름이라도 지어주고 싶은데 마땅하게 떠오르지 않는다. 이곳의 장점이라면 높지 않은 흙길이어서 운동하기에 안성맞춤이라는 것이고, 단점이라면 묘가 많다는 것이다. 어떤 이는 묘가 많아서 그런지 이 산에 오면 왠지 으스스한 느낌을 받는다고 했다. 하지만 나는 그것이 좋다. 불룩불룩 솟은 묘를 조금 지나면 바둑판같은 작은 밭이 있다. 묘에서도 밭에서도 사람의 냄새가 나는 듯하다. 처음 이곳에 왔을 때 어느 곳에서나 볼 수 있는 풍경, 어릴 적 내가 뛰고 뒹굴며 놀던 그곳과 너무나 비슷해서 반해버렸다. 어쩌면 향수에 목마른 나를 이곳이 받아주었다고 할 수 있겠다.

요즘은 평지에 밭이 많지만, 옛날에는 넓은 들은 전부 논이고, 사람의 손길을 많이 필요로 하는 밭은 산에 있었다. 우리 집도 예외가 아니었다. 한 사람이 겨우 걸어갈 수 있는 길이 밭으로 가는 길이었다. 농사지으러 밭에 가는 길은 흡사 등산하는 것이었다. 하지만 숨이 턱 밑까지 치받아 올라와도 볼거리는 많았다. 산과 동네가 이어져 있고 그 안에 밭이 있고 그곳에 바로 소나무가 무성하게 자란 솔밭이 있고 그 솔밭에 묘가 있다. 우리 밭은 아니지만, 그 밭은 우리 집 뒤란과 맞붙어 있다. 그 밭에는 작약과 도라지가 꽃을 환하게 피울 때도 있었다. 맞은편 솔밭은 동무들과 숨바꼭질하며 뛰어놀던 곳이었다. 그 옆으로 난 오르막길을 걸을 때 가끔 아버지의 지겟다리를 잡고 가기도 했다. 우리 밭은 아직 한참을 걸어가야 한다.

어느 때인지 기억은 안 나지만 목화밭에서 조그마한 열매를 따 먹기도 했다. 그 열매는 단물이 많아서 목마를 때 먹으면 어느 정도 갈증을 해소해 주었다. 우리 밭은 아니지만, 목이 마를 때 몇 개 따 먹는 것은 죄가 아니었던 모양이다. 아버지가 따서 먹여줄 때도 있고 내가 따서 먹을 때가 더 많았다. 나중에 그것이 목화 다래라는 것을 알았다. 목화가 될 어린 열매를 따 먹은 것이다. 어느 해엔 우리 밭에서 목화 다래를 따 먹은 기억도 있다. 남의 밭에서 하나씩 감질나게 따 먹었는데 우리 밭에서 실컷 먹을 수 있어서 좋았다. 몇 번을 지켜보던 엄마가 나중에 목화솜 만들 것이 없겠다고 말하기도 했다. 그 후로는 목화 다래 먹고 싶은 것을 참았던 것 같다.

조금 더 올라가면 평평한 길이 나온다. 아버지는 거름이 가득 실린 지게를 옆으로 돌리며 걸었다. 양쪽 울타리 안에서 사과나무 가지가 길 쪽으로 뻗어있기 때문이다. 가을이 무르익을 때쯤이면 붉은 사과가 주렁주렁 달려 있다. 절로 입 안에 침이 고인다. 하지만 조금만 더 가면 우리 밭이다. 우리 밭에도 사과가 지천이니 남의 밭 사과는 탐이 나지 않는다. 사과는 완전히 익은 가을 사과가 제일 맛있다. 하지만 가을에는 먹을 것이 지천이어서 굳이 사과가 아니어도 맛난 것은 얼마든지 있다. 그런데 먹을 것이 귀할 때 먹는 사과는 정말 맛나다. 지금 생각해도 입에 침이 고인다. 사과나무에서 꽃이 떨어지고 열매 맺은 지 얼마 되지 않아서 과수원에서는 열매를 솎는다. 아기 주먹보다 조금 작은 듯싶다. 단 것을 넣었는지 안 넣었는지는 모른다. 아마 넣었다면 당원을 넣지 않았을까 싶다. 그 당시 설탕은 엄청 귀했으니까. 깨끗이 씻은 아기 사과를 큰 가마솥에 넣고 푹 삶아내면 그게 그렇게 맛있을 수가 없다. 엄마는 큰 소쿠리에 담긴 풋사과가 다 없어질 때까지 네 자매를 지켜보기만 할 뿐 한 개도 집어서 입으로 가져가지 않았다. 맛있게 먹고 있는 딸들을 보는 것만으로도 배가 불러서였을까 신 것을 싫어해서였을까. 아무튼 그 맛난 걸 엄마가 먹는 것을 한 번도 보지 못했다. 새콤달콤한 것을 꼭지째 입에 넣으면 나오는 것은 씨를 감싸고 있는 앙상한 사과 속뿐이었다.

사과나무에 거름을 뿌리는 아버지를 뒤로하고 더 위에 있는 밭에서 김을 매고 있는 엄마에게로 간다. 밭 가운데는 이미 풀 한 포기 보이지 않는다. 하지만 엄마는 호미질을 멈추지 않는다. 밭이 끝나는 들머리에는 언덕배기에서 언제든 밭으로 쳐들어오는 풀로 몸살을 앓는다. 엄마는 그곳에 있다. 그때의 기억 때문인지 나는 지금도 밭이 끝나는 곳에 풀이 자라는 걸 두고 보지 못한다. 그래서 요즘의 나도 엄마처럼 들머리에서 풀을 뽑는다. 밭가장자리가 깨끗하면 마음마저 개운하다.

그 당시 부모님은 우리에게 밭일을 시키지 않았다. 밭에 따라갔다가 심심해서 풀이라도 뽑을라치면 호통을 치셨다. 힘든 일은 당신들 뼈가 바스라 지도록 할지언정 자식들이 하는 건 정말 싫으셨던 모양이다. 그날도 한쪽에서 풀 한 포기 뽑으려다가 엄마에게 쫓겨나고 말았다. 아버지는 사과밭에서 일하시고 엄마는 부추밭에서 김매시는데 나는 더 높은 곳으로 놀러 갔다.

그곳은 밭과 맞붙어 이어진 산이다. 그 산에도 아버지 엄마가 개간한 밭이 있다. 어린 내가 그곳에서 뛰어다니며 놀고 있는 꿈을 요즘 가끔 꾼다. 능선까지 오르는데 힘들지 않다. 우리 밭에서 조금만 더 오르면 되니까. 송구를 먹으면 적당할 만큼 소나무에 물이 오른 것 같다. 곧고 가는 소나무 가지를 꺾는다. 입으로 대충 껍질을 벗기고 그 안에 물을 담고 있는 보드라운 속껍질을 씹어 먹는다. 마지막으로 핥듯이 물기를 빨아 먹으면 송진 맛이 나면서 달콤한 물이 목으로 넘어간다. 시원하고 맛나다. 주위를 둘러보니 먹을 것이 더 있다. 진달래다. 떫으면서도 달콤한 꽃을 따서 꼭꼭 씹는다. 이 또한 맛나다. 어디에선가 무슨 소리가 나서 주위를 둘러보는데, 산소 두 기가 붙어있는 쌍봉 부근에서 간드러진 남녀의 웃음소리가 들렸다. 봄볕이 따사로운 그곳에 동네 언니 오빠 둘이서 다정하게 손잡고 연애 중이었던가 보다. 나는 그들을 방해하면 안 될 것 같아 발걸음을 죽이며 산에서 내려왔다.

그곳에서 사랑을 속삭이던 언니 오빠는 어디에서 무엇을 하며 살고 있을까. 이곳을 산책하면서 두기가 붙어있는 묘를 보면 문득 생각난다. 송구를 꺾어서 빨아먹을 용기는 없지만 그래도 숲속에 핀 진달래꽃잎 하나 따서 입에 넣어본다. 그때 그 맛이다. 운동하러 올라왔다가 향수에 젖을 수 있어 더 정겨운 이곳에 맞는 이름이 뭐 없을까. 작명가가 되어서 멋진 이름을 지으면 좋겠지만, 나만의 생각으로 불러본다, 천향산. 동해시 천곡동에 자리하였고, 나에게 고향을 떠오르게 하는 곳. 옛날의 그 맛 그 모습을 떠올려 보려고 어쩌면 오늘도 나만의 천향산으로 오는지 모르겠다.

정거장

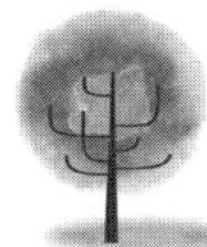

부모님이 돌아가시고 안 계신 그곳을 자주 찾아가지 않았다. 추석 지난 후에 한번, 구정 지나고 한번. 그저 일 년에 두어 번 간다. 오랜만에 친정에 갔다.

산소에 가기 전에 친정집에 들렀다. 텅 빈 집은 휑했다. 대문을 들어서자 안에서 불어오는 바람은 나를 밀어내기라도 하는 듯하다. 이유 없이 설움이 복받쳤다. 버스를 타고 가다가 무심결에 내린 낯선 정거장 같다. 오지 않았을 때는 한없이 그립다가 막상 와서 보면 불청객이 된 느낌, 이것은 무엇 때문인가. 그리움과 동화는 공존하지 않을 수도 있다는 것을 알게 된 순간이었다.

"다녀왔습니다."

큰 소리로 외치면 아버지의 '허허' 웃음소리가 들릴 것만 같은데. 아버지가 앉아 계시던 자리는 지금 어느 곳에도 없다. 말끔하게 정돈된 집에는 그 옛날 흘러나오던 우리 남매들의 웃음소리도 아버지의 소박한 웃음소리도 없다. 황량하다. 이곳이 내가 자란 곳이었던가. 너무나 낯설었다.

초등학교에 입학하고 얼마 되지 않아서다. 집에 가면 부모님에게 인사를 꼭 하라고 선생님이 말했다. 평소에 아버지와 별별 이야기를 다 하는 나였다. 학교에 다녀오면 학교에서 있었던 이야기를 하나도 빼놓지 않고 아버지에게 했다. 나는 아버지의 사랑을 듬뿍 받고 있다고 믿었으나 '학교 다녀왔습니다'라고, 안 하던 말을 하자니 여간 쑥스럽지 않았다. 입학하고 일주일이 지나가지만, 그 말이 입 안에서만 맴돌 뿐 소리가 되어서 밖으로 나오지 않았다. 어떤 날은 내일은 꼭 해야지 다짐하면서 이불 속에서 작은 소리로 연습하기도 했다. 어떤 날은 학교에서 돌아오며 중얼거려 보기도 했다. 하지만 막상 대문 앞에 다다르면 벙어리가 되어버렸다. 평소에 재잘재잘 학교에서 있었던 이야기를 잘도 하다가 어느 날부터 말수가 적어진 것을 눈치채신 아버지가 엄마에게 걱정하는 말까지 했다.

"조그마한 게 학교 다니느라 힘이 드나 보네. 닭이라도 한 마리 잡아서 고아 먹여야겠네"라고.

나는 대문 안으로 발을 들여놓았다. 아버지는 햇살이 따사로운 양지바른 곳에서 새끼를 꼬고 계셨다. 내 가슴속에서는 다듬잇방망이가 두방망이질하는 것처럼 쿵쾅거렸다. 나는 크게 숨을 들이마셨다. 그리고 단숨에 내뱉었다.

"학교 다녀왔습니다"라는 소리만 남기고 아버지와 눈이 마주칠까 봐 있는 힘을 다해 나는 집 안으로 달음질쳤다. 아버지의 웃음소리가 환하게 귀에 울렸다.

친정에 올 때마다 기대했다가 실망하고 허전해 하는 것은 아버지의 그 웃음소리를 잊지 못해서다. 학교에서 돌아오는 나와 나를 반기는 아버지처럼, '다녀왔습니다.' '어서 오너라'라는 그 소리가, 그 장면이 그립기 때문이다.

허전함을 달래기 위해 아버지가 계신 곳으로 발길을 돌렸다. 아버지는 평소의 바람대로 양지바르고 사람들의 왕래가 잦은 그곳에 계신다. 아버지 옆에 앉았다. 멀지 않은 곳에 자동차가 많이 다니는 큰길도 보인다. 큰길 건너편에는 소백산에서 내려온 물줄기가 큰 강을 향해 달려가는 거랑이 보인다. 그곳에서 우리는 다슬기도 잡고 멱을 감기도 했다. 아버지는 물고기를 잡아 올리기도 했었다. 조용한 곳에 있어서인지 어릴 적 그때의 일이 어제인 양 뚜렷하게 떠오른다. 아버지는 평소에 "나는 죽어서도 양지바르고 사람들 소리, 차 소리가 많이 들리는 그런 곳에 묻히고 싶다"라고 하셨다. 정 많고 사람 좋아하시는 아버지는 당신이 원하는 곳에 누워계신다.

만지고 싶어도 만질 수 없는 아버지의 손, 맡으려고 노력해도 맡아지지 않는 아버지의 체취, 불러도 대답이 없는 아버지에게 인사하고 뒤돌아 산에서 내려왔다. 이제는 초연할 때도 되었건만 이번에도 여전히 가슴은 두근거리고 깊은 곳에서 저릿한 것이 솟구친다.

풍기 시내에서 인삼가게를 하는 친구를 찾아갔다. 고향에 들르면 거의 매번 들르는 곳이다. 친구는 그곳에 있었다. 항상 그 모습 그대로 웃으며 나를 반겼다. 친구는 분주하게 방 안으로 들어가더니 책 한 권을 가지고 나왔다. 지난번 왔을 때 시집을 받아 갔는데 또 시집을 냈단다. 뭔가가 나를 콱 지지르는 것 같다.

'너는 지금껏 뭐 하고 살았냐?'라고.

친구는 수필집과 시조집, 두 권의 시집 그렇게 네 권의 책을 냈다. 나는 두 권의 시집을 선물 받았다. 사실 나는 수필을 쓰고 있기 때문에 그녀의 수필집을 읽고 싶은 마음이다. 하지만 나는 '네 수필집 읽고 싶어. 남은 것 있으면 한 권 줄래?'라는말을 하지 못했다. 쓸데없는 자존심이 가로막았기 때문이었을까, 나도 글을 쓰고 있다는 사실을 그녀에게 한마디도 하지 않았다.

'나도 책을 낼 거야. 그리고 언젠가는 너에게 줄 거야' 그런 생각만으로 나는 나를 다독였다. 나의 부족함을 그것으로 위안 삼으려 했다. 하지만 위로가 되기는커녕 그녀를 보면 내가 더 작아지는 느낌만 든다. 그러면서도 고향에 가면 그녀의 집을 꼭 찾는다. 무슨 심리인지 모르겠다.

고향은 내가 상상했던 것처럼 편안하지도 만만하지도 않았다. 그런 곳이 아니다. 그러나 나는 고향을 생각하면 언제나 편안한 곳 내가 칭찬받고 행복에 겨워할 수 있는 곳으로 상상한다. 하지만 막상 고향에 가서는 모든 기대가 어긋나고, 상상은 깨진다. 이번에도 나는 또 생채기를 입은 채 돌아왔다.

낯익은 곳인 줄 알고 버스에서 내린 정거장은 나를 반겨주지도, 내가 편안하게 쉴 곳도 마련되어 있지 않았다. 낯설었다. 내가 찾은 고향은 나에게 열등감을 안겨주고 소외감만 더해 주었다. 그곳은 한 끼의 밥으로 배를 채우기는 했지만, 외로움과 갈증을 해소하지 못한 노숙자처럼 나를 초라하게 만들었다. 언젠가 그리워질 그때가 되면 다시 찾게 될 정거장이지만 나는 뒤돌아보지 않고 그곳을 떠나야만 했다.

시(詩)를 먹다

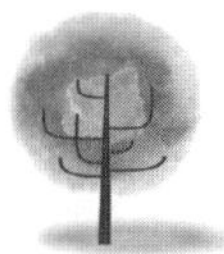

따스한 햇볕이 초록을 더욱더 눈부시게 비추는 한낮, 방목하는 염소를 자주 목격한다. 몹시 추운 겨울이 아니면 염소 가족은 야산을 오르락내리락하면서 풀을 뜯는다. 이곳저곳 옮겨 다니는 염소들을 따라 눈길을 움직이다 보면 여러 폭의 풍경화를 한꺼번에 볼 수 있다. 마음이 평화롭다. 하늘은 높아서 못 먹고 돌은 딱딱해서 못 먹지, 세상의 모든 것을 먹는 염소라고 한다. 소화 능력이 대단하다는 말일 것이다. 그런 만큼 배설도 아주 잘하는 것 같다. 산책이라도 하려고 몇 발짝 산으로 발을 뗄라치면 여지없이 염소 똥을 밟게 된다. 더럽다는 생각이 든다거나 화들짝 놀라 발을 드는 일은 없다. 까맣고 동글동글한 염소 똥이 이곳에 자리 잡은 풀에 좋은 일을 해준다는 생각에 오히려 흙으로 다독인다.

염소가 먹이 활동하듯 나는 오늘 아침에도 시를 읽는다.

"시는 읽는 것이 아니라 먹는 것입니다."

시학을 가르치던 교수님의 말씀이 생각난다. 대충 씹어서 꿀꺽 삼켜버리는 것이 아니고 소가 되새김질하며 음식을 먹듯이 해야 한다는 것이다. 질겅질겅 씹어서 한쪽으로 밀어두었다가 다시 꺼내 씹고 또다시 씹어서 먹어야 한다고. 시어 하나하나 낱낱이 조각내고 부스러트려서 흐물흐물해질 때까지 씹고 또 으깨어서 시어가 모두 마음속 구석구석에 스며들 때까지 되새김질하며 읽어야 시를 제대로 읽는다고. 그때는 그 말에 담긴 뜻을 제대로 이해하지 못했다.

책은 읽는 것이다. 시 또한 종이에 쓰인 활자다. 시집도 소설도 교과서도 책이다. 글자를 읽고 이해하면 되는 게 아닌가. 그때는 그랬다. 어쩌면 양파를 벗겨보지도 않고 겉껍질만 훑어보고 양파를 다 안다고 한 것은 아니었는지. 하지만 시를 읽을 때마다 그 교수님 말씀이 새록새록 떠오르는 것이었다. 그래도 한 번 읽었던 책을 두 번 이상 읽기가 쉽지 않듯, 시 또한 늘 새로운 작품을 찾아서 읽기에 바빴다. 그냥 하루에 한 편의 시라도 읽는 것에 만족했다. 하지만 이제는 한 작품의 시에서 참 많은 것을 알게 된다. 한 번 읽을 때와 두 번 읽을 때 느낌이 다르다는 것을 조금 알게 되었다.

몇 개월 전부터 지인으로부터 매일 아침이면 시 한 편이 카톡으로 배달되었다. 솔직히 처음에는 귀찮기도 했다. 어떤 날은 읽고 또 어떤 날은 제목만 읽기도 했다. 오늘은 바빠서 내일 읽겠다고 스스로 위로하며 그냥 넘겨버린 날도 있었다. 며칠만 보내다가 끝날 줄 알았는데 그게 아니었다. 날이 가고 달이 바뀌어도 여전했다. 매일 아침 누군가에게 시 한 편을 보낸다는 게 쉬운 일이 아닐 것이라는 생각에 조금 미안한 마음이 들고 고맙기도 했다. 그래서 가끔 감사하다는 답을 보내기도 했다.

"바빠서 당분간 시를 못 보냅니다."

어제는 시 대신 이런 문자가 왔다. 시를 읽다가 내 마음과 비슷하다는 생각이 든다든가 다음에 글을 쓸 때 도움이 될 것 같은 시는 노트에 메모하기 시작했는데. 이제 겨우 매일 아침 시 읽는 재미를 느끼는 중인데 말이다.

무심하게 지나치던 것도 끝이라는 말이 동반되면 자세하게 들여다보고 다시 보게 되는 것이 알 수 없는 사람 마음인 것 같다. 내일부터 시가 배달되지 않는다는 문자에 참 많은 생각을 하게 되었다. 끝이란 것이 상실감과 같을 수도 있다는 것. 옆에 있던 누군가가 갑자기 사라지는 그런 상실감은 아니더라도, 끊어진 철길 끝에서 아연한 그런 느낌이랄까.

발로 밟고, 차기도 하면서 지나치던 돌멩이를 집짓기를 위한 주춧돌로 사용하기 위해 차근차근 살피듯, 보내준 시를 찾아서 처음부터 읽기 시작했다. 이건 재미없어, 이 시는 나와는 생각이 달라, 너무 어려워서 이해할 수 없는 시어라며 넘겨버렸던 시들이 다르게 와 닿았다. 재미있다고 읽었던 시도 읽고 넘겼던 때와 느낌이 또 달랐다.

하루를 산다면 원망하는 마음과 미워하는 마음 하나 없이 오롯이 사랑하는 마음 하나만으로 살 것이라는 어느 시인의 말이 새삼 떠오른다. 시가 배달되어 오는 것이 끝났다고 느낄 때, 지금까지 내가 하루에 한 편의 시를 읽을 수 있었다는 것이 얼마나 큰 축복이었는지 이제 깨닫게 된다. 처음 배달 온 조동하 시인의 「나 하나 꽃 피어」를 다시 곱씹어 본다.

> 나 하나 꽃 피어 풀밭이 달라지겠냐고 말하지 말아라/ 네가 꽃 피고 나도 꽃 피면 결국 풀밭이 온통 꽃밭이 되는 것 아니겠느냐/ 나 하나 물들어 산이 달라지겠느냐고도 말하지 말아라/ 내가 물들고 너도 물들면 결국 온 산이 활활 타오르는 것 아니겠느냐

이 작품은 열 손가락이 모자랄 만큼 읽은 것 같다. 처음에는 한글을 처음 배운 어린아이처럼 그야말로 글자만 읽었다. 두 번째 읽을 때는 꽃이 보이고 그다음에는 풀밭이 보이는 것이었다. 세 번째 읽을 때쯤에는 시인의 마음이, 다섯 번째 읽을 때에는 시를 보낸 분의 마음이 느껴졌다. 이제는 이 시가 내 마음 같다.

오늘날은 모든 것이 넘쳐나는 세상이다. 먹을 것이 차고 넘쳐 다이어트를 위해서 먹는 것을 자제해야 할 지경이다. 그뿐 아니라 정보도 무궁무진하다. 우리 몸은 얼마나 많은 영양과 정보를 받아들일 수 있을 것인가. 그러나 먹어도 먹어도 허기는 더 많이 느껴지고 지식을 받아들이고 받아들이는 것 같아도 세상에 뒤처지는 것 같은 공허함이 밀려든다. 이런 때 온전한 마음을 다해 정서를 따뜻하게 데워줄 시 한 편 읽는다면 아니 먹는다면 복잡하던 머리도 고요해질 것이고, 허기로 꾸르륵거리던 뱃속도 진정될

것 같다.

시를 읽는다. 아니 먹는다. 꼭꼭 씹어 먹는다. 억세고 딱딱해서 잘 씹어지지 않을 때는 질겅질겅 씹다가 잇몸 어디에 저장해 둘 것이다. 그야말로 소가 되새김질하듯 다시 꺼내서 찬찬히 읽다 보면 어느 때에 자연스럽게 마음속으로 스며들지 않을까. 그러다 보면 정서 어느 한 곳을 간질여 나도 염소 똥 같은 작은 작품 낳지 않을까. 그것을 읽는 누군가의 심상에 아주 조그마한 양분을 넣어줄 수 있다면 그보다 더 바랄 것이 없겠다.

6부 엄마의 항아리

맛있는 소풍

입맛 돋게 파랗게 무친 고춧잎, 매콤함이 콧속까지 전해지는 빨간 무생채, 식용유 넣고 노랗게 구운 두부, 그리고 어제 버무린 파김치와 찌갯거리도 오늘의 도시락 메뉴이다. 밭으로 가서 농막에 있는 밥솥에 밥만 안치면 된다.

매일 가다시피 하는 밭이지만 아침마다 도시락을 준비하는 시간은 즐겁기만 하다. 오늘은 특히 들깨를 수확하는 날이다. 일주일 전에 베어서 펼쳐놓았으니 털어도 될 정도로 말랐을 것이다. 들깨 수확량이 얼마나 될지 기대된다. 학교 다닐 때 소풍 가서 하는 보물찾기 게임처럼.

기분 좋게 소풍을 나서는데, 뜬금없이 옛날 어느 한 시점에 내 생각이 가서 머문다. 여섯 살부터 일요일이면 혼자서 교회에 갔다. 어린 마음에 일거리가 많은 집에서 잠시나마 벗어나기 위한

피난처가 필요했을까.

일요일 아침이 되면 어김없이, 그야말로 시련을 겪어야만 했다. 부추를 다듬어야 했고, 뽕을 따야 했고, 삼을 삼아야 했다. 엄마는 일정량을 하지 않으면 교회 갈 생각도 하지 말라고, 그야말로 콩쥐팥쥐에 나오는 계모처럼 무겁게 명령했다. 엄마의 목소리는 크지 않았지만, 어기면 화산이 폭발할 것 같은 두려움 그 자체였다. 교회에 가야 하니까 일을 안 하고 싶다는, 그 말 한마디 못 하고 일해야만 했다.

집에는 항상 일거리가 지천이었다, 작은 손이라도 빌리지 않으면 안 되었기에 시키긴 했지만, 엄마의 마음은 편치 않았던 모양이다. 한참을 그렇게 일하다 보면 그만하고 교회 가라는 허락이 떨어진다. 어느 가을날이었다. 엄마는 누렇게 익었지만, 완전히 마르지 않은 콩을 수북이 쌓아놓고는 교회에 가려면 콩을 다 까놓고 가라고 했다.

교회 시작 시각 전에 일을 끝내기 위해 고개를 푹 숙이고 콩을 열심히 깠다. 그때 교회 시작을 알리는 종소리가 댕그랑댕그랑 들렸다. 어느 사이 내 눈에서는 눈물이 뚝뚝 떨어졌다. 그걸 보았는지 엄마는 동전 하나를 주며 그만두고 교회에 가라고 했다. 돈을 받아 들고 일어서는 나는 바짝 마른 콩 꼬투리에서 튀어 오르는 콩 알갱이 같았다. 다른 아이들이 주일마다 하는 헌금을 할 수 있게 된다는 기쁜 마음에 뒤도 돌아보지 않고 뛰었다. 교회로 내달리는 내 어깨에는 날개가 달린 듯했다.

초등학교 5학년쯤이었을 것이다. 교회에서 소풍 가는 날이 다가왔는데도 나는 가족 누구에게 말하지 않았다. 가지 말라고 할 것이 뻔했기 때문이다. 여느 일요일처럼 집안일을 조금 하다가 교회에 갔다. 친구들은 소풍 간다며 기분이 들떠서 떠들어댔다. 특히 가족이 모두 교회에 다니는 친구는 양손 가득 음식을 든 부모님 앞에서 한껏 으스댔다. 소풍 장소는 다리 건너 앞산이다. 장소가 문제가 아니었다. 나는 가고 싶었다. 삼삼오오 모여서 출발 준비에 소란스러운 틈을 비집고 나는 집으로 뛰었다. 소풍 가는 길이 우리 집 앞이니 일행이 오기 전에 준비할 생각이었다. 준비라는 것이 바로 도시락이었다.

다행히 집에는 아무도 없었다. 여러 개의 도시락 중에 한 개를 집어 들고 밥을 퍼 담았다. 그런데 찬장을 아무리 들여다봐도 도시락에 담을 만한 반찬이 하나도 남아 있지 않았다. 찬장 문틀을 잡고 올라서서 구석까지 들여다봤지만 정말 반찬이 없었다. 할 수 없이 도시락을 들고 장독대로 가서 고추장을 한 숟가락 퍼서 밥 위에 얹었다. 뚜껑을 닫고 집을 나서면서 도시락을 가지고 소풍 갈 수 있다는, 그것만으로도 얼마나 기뻤는지 모른다.

마침 일행들이 막 우리 집 앞을 지나고 있었다. 나는 거기에 끼어들어 찻길을 건널 때는 달리기하고 징검다리는 껑충껑충 뛰어서 앞산으로 소풍을 갔다. 점심시간이 되자 친구들은 제 엄마가 있는 곳으로 뛰어갔다. 친구 엄마와 선생님이 같이 먹자고 나를 불렀지만, 보리밥 위에 고추장 한 숟가락이 얹힌 도시락을 들고 사람들이 있는 곳으로 갈 수가 없었다. 나는 아무도 오지 않을 큰 바위에 앉아 고추장에 비빈 밥을 먹었다. 그때 혼자서 점심을 먹었던 기억을 떠올리면 지금도 피식 웃음이 나오곤 한다.

토닥토닥.

남편은 들깨를 털고 있다. 들깨 특유의 비릿하면서 고소한 향이 내가 있는 곳까지 날아온다. 점심때 맞추어 돼지고기를 적당히 썰어 넣은 김치찌개가 가스레인지 위에서 보글보글 끓기 시작하고, 밥솥에서는 김빠지는 소리가 요란하다. 반찬 한 가지라도 더 추가하려고 밭골에 들어갔다. 풋고추·붉은 고추·고춧잎까지 아낌없이 내어준 고추나무는 이제 뽑혀 앙상한 가지만 남아 있다.

고추가 한창 주렁주렁 달려 있을 때 고추 따던 생각에 흐뭇한 미소가 절로 지어진다. 지금은 재미로 할 수 있는 일인데, 어릴 때는 도망치고 싶을 만큼 고추 따는 일이 싫었던 건 무엇 때문이었을까. 그때는 아마 힘에 부치는 일이 맡겨졌기 때문이 아니었을까.

어릴 적 고추를 딴 내 바구니를 보고 엄마는 늘 눈살을 찌푸렸다. 붉은 고추만 따야 하는데 파란 고추가 반이나 섞여 있었기 때문이었다. 거기다가 고춧잎도 주렁주렁 매달려 있었다. 파란 고추와 잎을 골라내는 시간이 고추 따는 시간만큼 걸렸다. 이제는 익은 고추와 고춧잎 그리고 파란 고추를 한 바구니에 따지 않는다. 익은 고추를 딸 때는 빨간 고추만 바구니에 담겨있고, 고춧잎을 먹고 싶을 때는 파랗고 싱싱한 고춧잎만 한 소쿠리 담는다. 고추장에 찍어 먹을 풋고추를 딸 때는 풋고추 한 움큼 딴다.

고추 골이 끝나나 싶었는데, 아기 손바닥만큼 자란 상추가 보였다. 얼마 전에 뿌려놓은 씨앗이 벌써 먹어도 될 정도로 잎을 피웠다. '문 걸어놓고 먹는다'라는 귀한 가을 상추, 엄지와 검지를 살짝 집어넣어 조심조심 딴다. 한 잎 두 잎 따자 가을 상추의 쌉싸래하면서 달콤한 특이한 맛이 벌써 느껴진다. 입 안에 침이 고이고 상추 씹히는 소리가 아삭아삭 귓속을 간질인다. 이제는 밭일하면서도 소풍하러 와서 하는 게임처럼 즐겁다. 소풍하면 뭐니 뭐니 해도 도시락 먹는 재미를 놓칠 수 없다. 푸짐하게 챙겼으니 오늘도 맛있는 소풍날이다.

생일단상

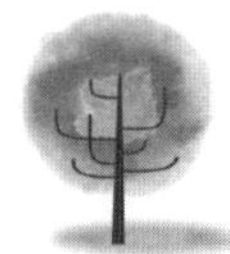

짝짝짝, 고사리 같은 손으로 손자들이 손뼉 치며 노래를 부른다.

"할머니의 생일을 축하합니다."

눈 깜짝할 사이에 세월의 다리를 훌쩍 뛰어넘은 것 같다. 마음은 어린아이에 머물러 있는데 얼굴에는 빗살 같은 주름살이 뒤덮였다. 부정하고 싶은 나이는 속절없이 먹히고 먹어버려 작년에 환갑을 지나고 또 한 살을 더 먹었다. 축하받는 자리이긴 한데 왠지 기분이 썩 좋지 않다. 살아갈 날이 살아온 날보다 적게 남은 것을 깨달았기 때문일까.

어릴 적 생일날은 정말 신이 났다. 그야말로 내 날이었다. 평소에는 있으나 마나 한 존재였지만 그날만큼은 내가 주인공이었다. 생일이 다가오면 엄마는 다정하게 묻곤 했다. 먹고 싶은 게 뭐냐고. 내 기억 속의 엄마는 다정하지 않을뿐더러 언제나 바빴고 일에 지친 모습이었다. 나에게 말을 걸기는커녕 눈길도 주지 않았다. 엄마의 품이 그리워 손이라도 잡을라치면 휙 뿌리쳤다. 그럴 때면 외롭고 추웠다. 이불을 뒤집어쓰고 혼자서 흐느끼다가 잠든 날도 있었다. 그렇지만 엄마가 딴사람이 되어 다정하게 대해주는 생일이 다가오는 그때가 되면 세상을 다 얻은 것처럼 기가 살았다.

생일날이면 하얀 쌀밥을 먹을 수 있다. 어릴 적 우리 밥은 온통 까만 보리밥이었다. 그래서인지 나는 보리밥을 좋아하지 않는다. 아니 싫어한다. 요즘 사람들은 건강 음식이라며 보리밥을 찾아서 먹기도 한다. 하지만 보리밥을 먹어야 한다는 생각만으로도 뱃속 저 아래에서부터 싫어, 싫다는 소리가 귀에 들릴 정도로 크게 올라온다. 그런데 생일날은 맛없고 먹기 싫은 보리밥을 안 먹어도 되었다. 하얀 쌀밥 위에 듬성듬성 보리쌀이 섞여 있는 아버지의 밥그릇보다 더 하얗다. 입에 넣는 순간 씹을 것도 없이 그냥 넘어가 버린다.

배도 먹을 수 있었다. 우리 집에는 과일나무가 많았지만, 배나무는 없었다. 아버지는 많은 자식에게 먹일 생각에 나무를 심었던 모양이다. 집 주위에는 자두나무·호두나무·감나무·고욤나무가 있었고, 밭에는 복숭아나무·밤나무·대추나무 그리고 사과 과수원이 있었다. 웬만한 나무는 다 있는데 배나무가 없는 것이, 나는 늘 불만이었다. 다행인지 불행인지 우리 옆집이 배 과수원을 했다. 나는 늘 옆집 언니를 부러워했다. 배를 마음껏 먹을 수 있다는 단 한 가지 이유로. 마침 내 생일 무렵이면 배가 누렇게 익는 때였다. 생일날 아침 일찍 엄마는 옆집에서 배를 사 오는 건지 얻어오는 건지 모르지만 고지 바가지에 한가득 담아왔다. 나는 배 꼭지와 까만 씨를 빼고는 다 먹어 치웠다. 시큼한 부분도 남기지 않고 다 먹었다. 그때 먹은 배 맛 때문인지 요즘도 배는 내가 좋아하는 과일 중 하나다.

내 생일 날엔 집에서 떡을 쪘다. 엄마는 그때마다 기정 떡 하기가 제일 힘들다고 말했다. 그 힘든 떡을 엄마는 왜 해주었을까. 생일이면 모든 것이 허용되었기에, 앙큼한 어린아이처럼 나는 엄마가 힘들든지 말든지 생일을 이용해서 먹고 싶은 욕심을 다 채웠던 것 같다. 그때의 기정 떡은 정말 맛났다. 요즘 그 어느 소문난 기정 떡집의 떡도 우리 엄마가 만든 떡과는 견주지 못한다.

생일이 왜 중요한지 알지 못하면서도 생일은 소중했다. 결혼하고 첫 내 생일이었다. 요즘 같으면 달력에 빨간 볼펜으로 동그라미를 크게 쳐 놓겠지만 그렇게 하지는 못했다. 시댁 가까이에 살고 있었기 때문에 남편은 시간만 나면 시댁으로 부모님 농사일 도와주러 갔다. 갓 시집간 새댁이 내 생일이라고 내놓고 떠들지도 못했다. 생일날 아침 손수 미역국을 끓여놓고 남편과 마주 앉았다. 무슨 말이라도 나오기를 기대했다. 적어도 무슨 날이기에 미역국을 끓였냐고, 그러면 대답하려고 준비하고 있었다. 오늘이 내 생일이어서 미역국을 끓였는데 맛이 어떠냐고, 그러고 나서 생일 축하한다는 말을 들으려고 했다.

하지만 돌아앉은 돌부처에 절하는 꼴이 되고 말았다. 밥을 먹는 내내 그리고 밥을 다 먹고도 궁금하지도 않은지 일언반구 말이 없었다. 숟가락을 놓자마자 한다는 소리가, "나 집에 갔다 올게.”였다. 일순간 가슴에 먹구름이 확 밀려왔다. 눈에서 금방이라도 소낙비가 쏟아질 것 같았다. 왜 참으려고 안간힘을 썼는지 모르겠다. 아무 말도 못 하고 속으로 삭이려고 하다가 마침내 서운한 속내를 드러내고 말았다. 대문을 나서는 순간까지 오늘이 생일이냐고 생일 축하한다고, 그렇지만 농사일 때문에 집에 다녀와야겠다고 변명이라도 했다면 그 소낙비 같은 눈물을 쏟아내지 않아도 되지 않았을까. 내 생일인데, 생일인지도 모르고. 무슨 남자가 자기 집밖에 모른다고 소리치면서, 엉엉 소리 내어 울었다.

더 어처구니없는 것은 울고 있는 나를 그냥 내버려 두고 냉정하게 뒤도 돌아보지 않고 가버린 것이다. 여섯 가구가 다닥다닥 붙어사는 다세대 집이어서 아낙네들 입방아에 오를까 봐 조심해야 하는 것도 까맣게 잊었다. 부끄러운 줄도 그땐 몰랐다. 남편을 보내고 방에 들어왔는데도 계속 서럽기만 했다. 아장아장 걷은 아이가 밖에 나가자고 졸라서 나갔지만 계속 우울했다. 그런데다가 주위에서 현장을 목격한 아줌마들이 “신랑이 시댁에 간다고 울고 난리를 치던데 요새 젊은것들 못 쓰겠어.”

하고 수군대는 게 아닌가. 엄마가 해주는 하얀 쌀밥을 미역국에 말아서 후루룩 맛있게 먹고 있어야 할 내가 왜 이런 꼴을 당해야 하는지 분하고 속상해서 남편이 시댁에서 돌아오지 않았으면 하고 바랄 정도로 남편이 원망스럽고 미웠다.

저녁때가 다 되어서 남편이 왔다. 퉁퉁 부은 눈으로 마주 보는 것도 싫고 해서 아이를 끼고 누워서 일어나지도 않았다. 남편은 일어나라는 소리도 없이 외투를 벗고는 부엌으로 나갔다. 무엇을 하든 나는 관심도 없었다. 아니 관심을 보이지 않으려 했다. 얼마의 시간이 흘렀는지 늦가을의 저녁은 어두워 있었다.

남편은 상을 들고 들어와서는 말했다. “엄마가 자기 생일이라고 닭 잡아주셨어. 그걸 내가 요리했으니까 먹어봐.” 하며 나를 달랬다. 그렇게까지 하는데 고집을 부리고 누워있을 사람이 있을까. 나는 마지못해 일어나는 것처럼 일어나서는 고기도 억지로 먹는 것처럼 작은 것으로 골라 입에 넣었다. 그런데 입으로 들어간 고기는 씹을 사이도 없이 목으로 넘어갔다. 아마 그 닭고기를 거의 다 먹어 치웠던 것 같다. 간이 잘된 고기는 부드러웠고 야들야들하니 정말 맛있었다. 언제부터인지 신년도 달력을 받는 즉시 남편은 내 생일 날짜에 커다랗게 동그라미 해놓는다. 그냥 지나가려고 해도 그냥 지나갈 수가 없다. 결혼하고 처음 생일날 그 난리를 쳐서 그런지 서로의 생일은 잘 챙기며 지냈다.

아들 둘이 초등학교 3학년과 2학년이었을 것이다. 둘이서 쑥덕거리더니 부산스럽게 집 안팎을 들락날락했다. 조그마한 녀석들이 어디를 갔다가 오는 것 같은데 물어도 대답하지 않고 생글거리며 웃기만 했다. 방에 들어가서 나오지 말라고 했다. 잠시 후 나오라고 해서 거실로 나갔더니 놀라운 광경이 벌어졌다. 너무나 의외여서 정말 깜짝 놀랐다. 초코파이 세 개 위에 불이 붙은 초가 꽂혀 있었다. 그리곤 생일 축하 노래를 불렀다. 내가 웃으면서 ‘후’ 하고 불을 끄자, 둘이서 눈짓을 주고받더니 동글 넓적하게 포장한 비닐을 내밀었다.

“엄마 우리가 돈이 없어서 싼 것 샀어요. 나중에는 좋은 것 비싼 것 사줄게요."하는 것이었다. 하얀색 티셔츠였다. 그날은 내 생애 최고의 생일이었다. 비록 초코파이 세 개였지만 어떤 비싼 케이크보다 빛났으며, 천 원짜리 옷이었지만 최고의 선물이었다.

먼 곳에 사는 남자와 결혼해서 친정이 멀었다. 친정에 한 번 가자면 버스를 네 번 갈아타야 했다. 하지만 친정아버지와 엄마의 생신에는 꼭 친정에 갔다. 물론 시아버지와 시어머니의 생신은 꼭 챙겨드렸다. 친정 부모님의 생신에 친정에 가는 데에는 나름 명분 같은 이유가 있었다. 명절 때에 가지 못하니까 부모님 생신날만이라도 빠짐없이 참석하고 싶었다. 생일은 특별한 날이고 행복해야 한다는 것이 어려서부터 무의식중에 자리 잡았으니까. 먹고 싶은 음식 먹어야 하고, 보고 싶은 사람 만나야 한다고, 그래서 부모님에게 가야 했다. 그것은 엄마가 생일을 특별하게 기억하도록 만들어주었기 때문일 것이다.

이제는 생신을 챙겨드려야 하는 양쪽 어른들이 다 안 계신다. 그분들의 모습이 떠오른다. 시아버지는 환갑을 겨우 넘기시고 돌아가셨다. 이런저런 일로 환갑날 자식들은 다 모이지도 못했고, 환갑 잔칫상 같은 것도 차려드리지 못했다. 하지만 시아버님의 말씀을 늘 기억하고 있다.

"사람이 태어날 때 두 주먹 안에 복을 다 가지고 태어난다. 평생 어떻게 살 건지 그 두 주먹 안에 이미 정해져 있다. 그러니 너무 안달복달하지 말고 살아야 한다. 사람이 사는 곳에는 항상 액운이 따르게 마련이다. 액운은 언제나 지나가지만, 그중에서 돈으로 때울 수 있는 액운이 가장 쉬운 것이다. 이미 태어날 때 가지고 태어난 운을 어떻게 해보려고 한다면 힘만 든다. 순리대로 살아야 한다." 시아버님은 평생 살아오면서 깨달은 참 진리를 나에게 가르치신 것이다.

친정아버지는 칠순을 갓 넘기고 돌아가셨다. 생신날이면 술이 거나하게 취하셔서는 "이렇게 내가 살았을 때 맛있는 것 사서 찾아오는 게 효도지 나 죽은 후에 산소에 와서 울어도 아무 소용이 없다"라고 하셨다. 친정엄마는 칠십 중반에 돌아가셨다. 엄마가 살아계실 때는 몰랐던 것이 돌아가신 후에야 알게 되니 참 안타까운 일이다. 엄마만 생각하면 가슴이 아프다. 같은 여자로서 그 세월을 살아내기가 얼마나 힘들었을까. 나이가 들어서야 조금씩 알게 되니 말이다. 좀 더 일찍 알았더라면 조금만 더 일찍 철이 들었더라면 엄마 가슴에 못 박는 소리 하지 않았을 것을, 엄마에게 낳아줘서 감사하다고 했을걸. 생신날만 찾아가서 뵈면 그게 큰 효도인 양 부모님 앞에서 의기양양했던 내 모습이 지금 생각해도 부끄럽다.

요즘 들어 어른들이 하시던 말씀이 자주 떠오르는 이유는 앞으로 내 생일이 몇 번 남아 있지 않다고 생각하기 때문일까. 어른 네 분 중에 가장 오래 우리 곁에 계시던 시어머니는

"생일이 뭐 대수냐. 니들을 볼 수 있으면 그게 제일이지. 앞으로 니들을 몇 번이나 더 볼 수 있겠냐"라는 말씀을 늘 하셨다.

가족들이 기억해 주는 생일은 일 년 중 가장 행복한 날이다. 마냥 좋기만 했던 그때처럼 오늘은 생일이니까 귀여운 손자들을 품에 안고 마음껏 즐겨야겠다.

처음처럼만

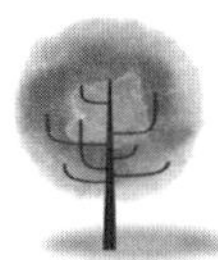

그믐인가. 맑은 하늘에 별이 유난히 빛난다. 여러 개 모여 있는 별도 있고, 뚝뚝 떨어져서 혼자인 것도 있다. 혼자인 별이 더 빛난다.

문득, 혼자 뚝 떨어져 있는 별에 말을 걸고 싶어진다.

'너는 무엇을 하며 시간을 보내니. 적적한 시간을 어떻게 채우니. 해야 할 일이 많을 때는 어떻게 처리하니'라고.

어제저녁부터 마음이 편치 않았다. 아니 며칠 전부터인가, 새해가 시작되고 나서 일 것이다. 새로운 해가 시작된다는 희망의 기대는 바람을 잔뜩 불어넣은 애드벌룬처럼 가슴이 둥둥 하늘로 떠오를 것 같았다. 그것도 잠시 일 년 동안 내가 해야 할 일들과 작년과 다르지 않을 시간이 눈앞으로 지나가면서 희망으로 벅찼던 마음이 점점 무거워졌다. 하나둘 돌을 집어넣은 부댓자루처럼 축처졌다. 농사일을 하는 것이 힘겨워서일까. 밭에 이랑을 만들어 씨앗을 뿌리고 수확하는 것이 즐겁지만은 않은 일이라는 것을 이제는 알게 되어서일지도 모르겠다. 오늘이 어제처럼 내일이 오늘처럼 그날이 그날이지만 하루하루 해내야 하는 내 몫이 귀찮고, 현실에서 벗어나고 싶지만 벗어나지 못한다는 것을 알아서일까. 아침에 눈을 뜨면 얼굴을 밀고 올라오는 태양을 마주하며 오늘도 너를 만나게 되어서 기쁘다고 말해주다가도 무료한 하루 무엇으로 시간을 보내겠느냐는 생각에 풀 죽기 때문인지도 모르겠다.

이것도 저것도 아니면 스스로 정해놓은 숙제 때문일까.

11년 전 첫 손주인 손녀가 태어났다. 손녀의 모습이 너무나 귀엽고 예뻐서 오래오래 기억해 두고 싶었다. 내가 아이를 낳아서 키울 때는 느끼지 못했던 감정이었다. 언제까지나 알고 있을 것 같지만 돌아서면 희미한 옛일이 되는 기억, 기억이란 믿을 것이 못 된다는 것을 살면서 알게 되었다. 그래서 일 년 동안 아이의 주변에 무슨 일이 있었는지 그 상황에서 아이가 어떤 행동을 했는지 마음에 담아 두고 싶었다. 오랜 시간이 흘러도 잊지 않을 방법이 무엇일까 생각해 보았다. 일기장에 조금씩 메모했다. 그러다가 내 느낌을 손녀와 함께하고 싶어졌다. 그래서 시작한 것이 편지였다. 편지는 오랜 시간이 지나도 간직된다. 물론 사진으로도 세월을 묶어 둘 수 있겠지만, 편지처럼 마음을 담지는 못한다. 오랜 시간이 지나 누렇게 빛바랜 낡은 편지를 꺼내 읽다 보면 타임머신을 타고 세월을 되돌리는 것처럼 그때의 모습, 감정까지도 생생하게 느껴진다. 무료하던 일상을 타개할 즐거운 나의 소일거리가 생긴 것이다. 손주와 함께 보낸 시간, 손주가 일 년 동안 겪었던 일들을 할머니의 관점에서 관찰한 내용이라고 하면 맞을 것이다.

처음에는 즐거웠다. 첫 손녀의 첫울음, 첫걸음마. 몸서리치게 신기했다. 손녀의 입에서 흘러나오는 "함미"라고 나를 부르는 소리, 옥구슬 구르는 소리가 이보다 듣기 좋을까. 이른 아침에 듣는 새소리가 이렇게 정다울까. 그 조그마한 입에서 어렵게 함미라고 부르더니 또렷하게 "할머니"라 부를 때 마음마저 녹아버리는 것 같았다. 손녀의 하는 행동 모든 것은 나를 향한 재롱이었다. 오랫동안 저장해 두려 했다. 집안의 행사를 치를 때 아이의 행동을 주의 깊게 관찰했다, 이것은 편지에 꼭 써 주어야지 하며. 특히 아들의 직업 특성상 이사를 여러 번 다녀서 손녀에게는 해마다 할 이야기가 많았다. 손녀가 새로운 곳에서 친구를 사귀기에 어려움을 겪는 것 같아서, 또는 새로운 곳에서 좋은 친구를 만나서 즐겁게 지내는 것을 축하해 주는 편지를 써야 했다. 그런데 한 해 두 해가 지나면서 이제는 즐거움이 아니라 일 년에 몇 번 해야 하는 숙제처럼 되어버렸다.

어느 사이 나에게는 손녀와 손자가 네 명이나 생겼다. 오 년 동안 한 해 한 번 쓰던 편지를 네 번 써야 했다. 첫 손녀에게 편지를 쓰기 시작할 때 네 명의 손주들에게 편지를 쓰게 될 줄은 솔직히 못 했지만, 두 번째 손주인 손자의 돌이 다가오자 당연히 그 귀엽고 사랑스러운 모습을 편지에 담아서 써 주었다. 그리고 둘째 아들이 첫 손주를 안겨주었을 때의 기쁨과 사랑스러움을 그 아기가 첫돌이 되기를 기다렸다가 편지를 전했다. 내 세대에는 마지막 손주라고 할 수 있는 네 번째인 손자가 돌이 되는 날 첫 번째 편지를 써서 주었다. 둘째 아들의 첫아들인 손자의 생일이 있는 1월을 시작으로, 처음으로 나의 손주로 온 손녀의 생일이 있는 4월까지 오롯이 아기들 생각만 머릿속에 가득했다. 아기들에게 줄 수 있는 게 있다는 것이 행복했고, 글을 쓸 수 있게 해준 손주들이 고마웠다.

작년 4월 손녀에게 편지를 써 준 후였을 것이다. 올해는 '다 끝났다. 올해의 숙제를 마쳤다'는 편안한 마음이 들었다. 처음처럼, 무슨 일이든 처음처럼만 한다면 나무랄 것이 없다고 했던가. 손주들에게 편지 쓰는 것을 힘들어하다니, 처음의 그 신선하고 상쾌했던 마음이 변한 것 같았다. 이런 마음을 버려야 한다며 나를 다독였다. 그런데 새해가 되어 아직 편지를 쓰지 않았는데도, 숙제처럼 되어버린 그 마음이 연결되는 것 같다. 나이가 들어 생각하기 싫어해서일까. 아니면 아이들이 커가면서 내가 관찰하고 신기해하던 모습이 보이지 않아서일까. 생각해 보았지만 별다른 이유를 찾아내지 못했다.

며칠 전부터 시작한 올해 두 번째 편지 초고를 다 썼다. 이제 틈틈이 읽어보면서 고칠 곳이 있으면 고치고, 보충할 것이 있으면 더 쓴 후 마무리해서 생일날 보내면 된다. 키보드를 두드리며 편지를 쓰는 순간은 즐겁고 행복하다. 하지만 편지를 써야 한다는 부담감이 학교 다닐 때 선생님에게 받는 숙제처럼 느껴지는 것은 왜인지 모르겠다. 앞으로 손주들에게 편지는 계속 쓰고 싶다. 이것도 못 한다면 내가 할 수 있는 일이 아무것도 없을 것 같다. 이것마저도 할 수 없는 날이 올까 봐 두려운 것일까.

밤하늘에 무수하게 반짝이는 별들은 무엇을 하며 세월을 살고 있을까. 물 위에 떠 있는 오리가 평안해 보이는 것은 물속에서 셀 수 없이 많은 발놀림을 하고 있기 때문일 것이다. 저 하늘의 별 또한 우리가 보지 못하는 무수한 일을 분주히 하고 있을 것이다. 나 또한 내가 할 수 있는 손주들을 사랑하는 일을 멈추고 싶지 않다. 가끔 누군가에게 질문을 받기도 했다. 언제까지 편지를 쓸 것이냐고. 그때 나는 대답했다. 내가 글씨를 읽고 쓸 수 있을 때까지라고.

고요한 밤 나를 찾는 이 하나 없는 오늘도 나는 누군가와 같이 있다. 양어깨에 매달려 있는 손자들의 감촉을 느낀다. 노래 부르고 춤추며 나를 웃게 만드는 손녀와 손자의 귀여운 재롱을 보고 목소리를 듣는다. 누군가가 강제로 시켜서 하는 것이 아니고, 내가 만들어서 하게 된 숙제, 이것이야말로 즐거운 나의 삶이 아닐까.

이 봄, 손주들에게 쓰는 편지로 한 해의 시작이다. 나도 모르게 손주들이 태어난 계절에 대해 깊이 관찰한다. 특히 그달에 애정이 간다. 다행인 것은 일월에 시작된 숙제가 사월에 다 끝난다는 것이다. 이것도 다행 아닌가. 일찍 숙제를 마치고 남은 시간은 밖에 나가서 마음껏 놀아도 되니까. 처음처럼, 사랑을 써야지.

손녀의 일기

일요일 저녁 전화벨이 울린다.

"여보세요."

"할머니."

"오, 우리 공주님, 왜 전화했어."

"음, 할머니, 나, 일기, 써야 하는데."

한 단어씩 옮겨가며 하는 말이 꽤 시간이 걸린다. 오랜만에 손녀 입에서 일기라는 말이 나오자 너무나 반가웠다. 두어 달 만이다. 그러니까 손녀가 2학년이 되면서부터 매주 일요일이 되면 걸려 오던 전화가 어떤 이유에서인지 뚝 끊겼었다. 내심 시원하기도 했었다. 바쁜 중에 전화가 오면 사실 조금 귀찮기도 했다. 하지만 아이에게 마음을 들키고 싶지 않아서 항상 웃으며 통화했다. 그런데 막상 한두 주가 지나자 시원하던 마음은 허전함으로 바뀌었다. 그렇다고 아이에게 전화해서 요즘 일기를 쓰고 있는지, 할머니에게 도움을 요청하지 않는 이유가 무엇인지 물을 수는 없었다. 그런데 할머니와 일기를 써야 한다면서 전화를 한 것이다. 나중에 바쁠 때 바쁘더라도 반가운 마음에, "그래 무엇을 쓰고 싶은데 할머니가 도와줄게"라고 했다.

나이가 들면 서운한 게 많아진다는 이야기를 들었다. 그리고 조그마한 일에도 노여워지고 화를 내게 된다고도 했다. 누군가가 그 말을 할 때 나는 고개를 가로저었었다. 나이를 먹게 되면 삶의 경험이 쌓여 화가 나는 일이 있어도 지혜롭게 순간을 잘 해결하게 될 것 같았다. 그리고 사랑하는 마음도 풍부해져서 주위의 사람들을 편안하게 해줄 수 있을 것 같았다. 하지만 나이 들기 전에 했던 그 생각은 살아보지 않고 했던 오만에 지나지 않았다. 자주 화가 나고 조그마한 일에도 서운해진다. 인정하고 싶지 않지만, 나이를 먹었나 보다.

며느리가 손녀에게 전화를 개통해 주면서 나와 전화하는 것을 무제한으로 허락해 줄 정도로 우리는 전화를 자주 했다. 놀이터에 놀 때도 친구 없이 혼자 놀고 있다면서 전화했다. 왜 혼자냐고 물으면 동생이 자고 있어서 엄마는 동생을 지키고 있어야 하고 저는 놀이터에 놀고 싶어서 나왔다고 했다. 친구가 아무도 없으니 집으로 들어가라고 하면 할머니와 전화하면서 놀면 된다는 것이었다. 어떤 날은 집에 혼자 있다면서 전화했다. 엄마가 마트에 동생만 데리고 나가면서 숙제하고 있으라고 했단다. 어서 숙제하라고 전화 끊자면 무서우니까 전화 끊지 말라고 떼를 쓰기도 했다.

어느 날 손녀가 엉엉 울면서 전화했다. "나 집에 왔는데 엄마가 없어. 할머니, 나 많이 아파"라고. 가슴이 철렁 내려앉았다. 거리가 가까우면 달려가기나 하지, 그러지도 못하고 속만 태울 수밖에 없었다. 그 시각이면 학교에서 공부해야 하는데 집에 있다니, 무슨 일일까. 더군다나 학교에서 너무 많이 아파서 일찍 집에 왔는데 엄마가 없다니. 손녀에게 "엄마한테 전화해 봤어?"라고 물으니까 전화를 안 받는다는 것이었다. 엉엉 우는 아이를 겨우 달래놓고 며느리에게 전화했다. 헉헉 숨이 턱에 차는 소리로 며느리가 전화를 받았다.

공교롭게도 일이 일어나려면 한꺼번에 겹치게 되나 보다. 두 아이를 학교로 유치원으로 보내고 시장을 보러 갔는데 마침 전화기가 방전되었단다. 전화기 충전시키는 곳에서 선생님에게서 온 전화를 받고는, 며느리는 손녀에게 전화했다고 말했다. 아프다며 통곡하는 아이와 통화하고 집으로 부랴부랴 가는 중이라고 했다.

이렇게 전화로 손녀의 일과를 알고 지내왔다. 그뿐만이 아니라 일주일에 두 편의 일기를 써야 한다면서 토요일과 일요일이면 매번 전화를 해왔다. 엄마하고 일기를 쓰라고 하면 "엄마는 만날 화만 내. 할머니하고 일기 쓰면 안 돼?"라고 말하는 손녀에게 매몰차게 거절할 수가 없었다.

우선 어떤 내용을 쓰고 싶으냐고 묻고, 제목을 정하라고 한다. 제목과 무엇을 쓰고 싶은지가 정해지면 일기 쓰기는 반 이상 쓴 거나 마찬가지다. 손녀가 전화하는 시간에 집에 있으면 다행인데,

모임이 있어 밖에 있을 때나 밭에서 일하고 있을 때는 여간 난감하지 않다. 그래서 손녀에게 사정 이야기를 하고 기다리라고 하면 손녀는 빨리 집에 가서 전화 달라는 다짐을 받곤 했다. 어떨 때는 제 엄마와 쓰기를 바라기도 했지만, 손녀가 글쓰기 하는 데 도움을 줄 수 있다면 초등학교 저학년까지는 해 나갈 생각이었다.

그러기를 몇 달이 지났다. 그런데 무슨 이유인지 손녀에게서 오는 전화가 뜸해졌다. 궁금해서 학교 끝나고 집에 올 시간이 되었다 싶어서 전화하면 전과는 다르게 시큰둥하게 받는다. 학교에서 무슨 일 있었느냐고 물으면 아무 일 없었다고 했다. 토요일이나 일요일 날 통화하면서 일기는 썼느냐고 물었다. 그러면 엄마하고 썼다고 간단하게 답했다. 은근히 부아가 치밀었다. 손녀로부터 따돌림을 당하는 것 같았다. 며느리가 미워졌다. '할머니와 친해져서 딸이 자기 말을 안 들으니까 전화를 못하게 눈치 주는 게 분명해'라는 생각을 하면서도 대놓고 며느리를 나무랄 용기도 없었고 물어볼 자신도 없었다. 한두 달이 지나자 며느리가 미워지는 마음이 진짜로 바람이 빵빵하게 들어간 풍선처럼 커졌다. 풍선에 바람이 더 들어가면 어떻게 될까. 빵, 터지는 수밖에. 당연히 터졌다.

전화를 아주 드물게 하는 아들에게서 전화가 왔다.

"요즘 서현이한테 무슨 일 있나."

"아뇨."

"그런데 왜 서현이가 전화 안 하냐."

"모르겠는데요. 왜 그러지. 나중에 물어볼게요."

"물어보기는 뭘 물어봐. 요즘 서현이가 이상하던데. 나하고 전화하다가 제 엄마 들어온다고 갑자기 전화 끊어버리고 하던데. 제 엄마가 나한테 전화 못 하게 하는 게지."

그 말을 하는데 주책없게 눈에서 눈물이 주르르 흐르는 것이었다.

"그런 일이 있었어요?"

울음 반 소리침 반으로 중얼거리는 나를 아들은 오히려 놀리는 게 아닌가.

"엄마 왕따 됐네. 흐흐."

"엄마도 나이가 들었나 보다. 자주 전화하던 서현이가 나하고 말 안 하려고 하는 것 같아서 서럽다. 그 이유가 며느리에게 있는 것 같아서 며느리도 미워지고. 이 일을 어쩌면 좋으냐." 웅얼거리는 내 말을 듣던 아들이

"근데 서현 엄마가 그럴 리가 없어요. 제가 물어볼게요"라고 했다.

부끄럽고 창피했지만 이미 엎질러진 물이고 깨진 유리병인 걸 어쩌겠는가. 하지만 답답한 마음을 다 털어내서 그런지 속은 시원했다.

그 뒤로 며느리가 손자 손녀의 사진을 자주 보내왔다. 그리고 그전보다 전화도 자주 하는 것 같다. 그런데 여전히 손녀에게서 일기 쓰자는 전화는 오지 않았다. 그런데 전화가 온 것이다. 할머니와 일기를 쓰고 싶다고. 일기 숙제를 해야 하는데 어려워서 할머니가 도와줘야 한다고.

정해진 단어가 몇 개 있는데, 그 단어를 넣고 일기를 쓰는 게 숙

제란다. 일기 쓰고 싶은 내용을 묻자 동생하고 자전거 탄 것을 쓰고 싶다고 했다. 자전거를 타고 아빠 마중 간 이야기를 나에게 자세하게 들려주었다. 나는 그 이야기를 듣고 정리해서 문자로 보냈다. 금방 손녀에게서 전화가 왔다.

"할머니가 쓴 것 읽었는데 참 좋더라."

숙제 검사를 하던 선생님의 입에서 듣는 칭찬에 그렇게 기분이 좋을까. 조그마한 입에서 나오는 그 말이 지금까지 내가 들었던 어떤 말보다 나를 행복하게 만들었다.

"할머니가 네 말 듣고 써 봤는데 네가 더 넣을 것 있으면 쓰고 이상한 곳 있으면 고치고, 빼고 싶은 것 있으면 빼고 정리해 봐."

"알았어."

내가 하는 말에 그렇게 대답하고 전화를 끊더니 금방 다시 전화가 왔다. 그러고는 들릴락 말락 하는 작은 소리로.

"이대로 똑같이 쓰면 안 돼?"라고 한다. 옆에 엄마가 있고, 다른 사람이 써 준 걸 똑같이 쓰면 안 된다는 것을 벌써 알 만큼 손녀가 자란 것 같아 대견했다. 손녀의 생각을 물어 몇 군데를 고치고 완성해서 그날의 일기를 마쳤다. 조금 지나자 손녀에게서 또 전화가 왔다.

"할머니 나 일기 숙제 벌써 다 했어"라며 신이 나서 자랑하는 손녀에게 "그렇게 빨리 다했어. 우리 손녀 잘했네." 장단을 맞췄다.

아이가 질문이 뜸해진다는 것은 스스로 해결할 수 있는 것이 많아졌다는 뜻일 테지. 2학기가 되니까 스스로 일기를 짧게 쓸 수 있게 되어서 나에게 전화하지 않았을지도 모른다. 그런 것을 며느리를 탓하고 아들에게 부끄러운 모습까지 보이게 되었으니. 어쩌면 손녀가 나로 인해 글쓰기 공부를 했으면 하는 바람이 컸기 때문인지도 모르겠다. 이제는 손안에 들어오지 않는 것을 가지려고 욕심부리지 말아야겠다. 그래도 다가오는 일요일 날 손녀에게서 일기 같이 쓰자는 전화가 왔으면 좋겠다. 아직은 손녀에게 도움을 줄 수 있는 할머니가 되고 싶으니까.

민달팽이 1

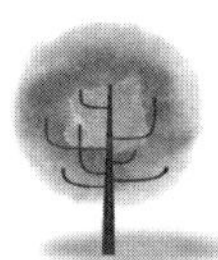

며칠 만에 마주한 밭은 어느새 상큼한 초록빛으로 물들어 있다. 풍성한 봄비를 흠뻑 맞은 덕분인지 배추는 연하고 부드럽다. 가지고 간 바구니가 넘치도록 배추를 뽑았다. 흐르는 물에 잘 씻어 밥 한 순갈에 된장 적당히 얹어 쌈 싸 먹을 상상만으로도 입 안에 침이 고였다.

아직 여물지는 않았지만, 풋마늘을 넣어 김치도 담그고 싶었다. 부자가 된 것 같다. 수돗물을 틀어놓고 배추를 한 켜 한 켜 씻고 있는데 손에 물컹한 것이 잡혔다.

"이게 뭐야!"

배추를 뽑아서 바구니에 담을 때는 보지 못했다. 깜짝 놀라 손을 떼고 보니 달팽이였다. 껍데기도 없고, 속이 훤하게 들여다보이는 민달팽이다. 낯설었다. 징그러웠다. 몸통 길이만 한, 두 쌍의 더듬이를 불안하게 움직이는 그것을 쓰레기봉투에 넣어버렸다. 밭에서 일하면서 낯선 어떤 것에 멈칫하듯 살면서도 그럴 때가 있는 것 같다.

아들이 결혼할 사람이라며 여자를 데리고 왔다. 사실 친구로 사귀면서 우리 집을 몇 번 드나들던 아이라서 아주 낯설지는 않았다. 하지만 막상 아들이 결혼할 상대라고 하자 처음 본 얼굴같이 거리가 멀게 느껴졌다. 언젠가는 결혼하고 내 품을 떠날 줄은 알았지만, 그날이 이렇게 빨리 올 줄은 몰랐다. 갑작스러웠고 어떻게 해야 할지 몰랐다. 아직은 내 아들을 다른 누구와 나누고 싶지 않다는 것이 솔직한 내 심정이다. 나는 강하게 반대했다. "안 돼. 조금만 더 있다가 해. 아직 나이도 어린데 뭐가 그리 급해서. 몇 년 더 벌어서 자리가 잡히면 그때 해." 나는 궁색한 핑곗거리를 찾아 횡설수설했다. 말은 그럴싸하게 포장했지만 나는 아들을 내 품에서 내놓고 싶지 않았다. 언제든지 안아주고 쓰다듬어 주고 먹여주고 싶은데 결혼을 시키게 되면 이제는 그런 것들은 내 차지가 아니다.

아들 옆에서 고개를 숙이고 다소곳이 앉아있는 아이에게 어쩌면 나는 잠깐이나마 적대감을 느꼈는지도 모르겠다. 너 때문에 내 아들이 나를 떠나려고 한다고. "내 아들이 아직 나이도 어리고 돈도 조금밖에 벌지 못한다. 우리가 도와주지 못하는데도 결혼할 거냐"라며 다소곳하게 앉아 있는 아이에게 나는 다그치듯 물었다. 아이는 작은 소리였지만 분명하게, "그래도 결혼하고 싶어요"라고 했다. 순간 나는 화가 났다. 하지만 대놓고 화를 내지는 못했다.

결혼하면 당장 행복해질 것 같은 생각을 하는 철부지 아이들을 다른 방법으로 설득해 보려고 이리저리 궁리해 봤지만 마땅한 말이 떠오르지 않았다. 내 마음은 아랑곳하지 않고 아들은 요지부동이었다.

아들은 당장 결혼하겠다고 했다. 만류하는 나에게 우리가 결혼할 때 남편의 나이가 지금 자기의 나이였고, 여자 친구도 내가 자기 형제를 낳을 때보다 나이가 많으니 어리지 않다고 했다. 우선 아들을 진정시켜야 했다. 그래서 양가 부모가 만나서 정식으로 결혼을 전제로 교제하는 것을 허락하겠노라고 했다. 아들의 생각을 돌려보려고 우리 부부는 여자아이의 부모를 만났다. 하지만 두 아이가 좋은 사이로 한동안 만나는 것을 허락하려고 상대 부모님을 만나려고 했던 우리의 의도와 목적은 온데간데없이 그만 상견례 자리가 되어버렸다. 딸 가진 쪽에서 결혼 날을 잡겠다고 하는 데야 어찌할 방법이 없었다.

사실 여자아이가 가끔 우리 집에 올 때면 장래에 저 아이가 우리 며느리가 될지도 모른다고 생각하기도 했었다. 그러면서 관찰했다. 아들의 활달한 성격에 비해 조용하고 차분해 보이는 그 아이가 아들과 잘 맞겠다고 생각하기도 했다. 아들의 나이가 서른이나 되었다면 결혼하겠다는 아이들을 굳이 반대할 이유는 없었다.

저녁 준비를 하려고 싱크대에 섰다. 김치를 버무리고 씻어 엎어두었던 함지박을 드는데 뭔가 눈에 띄었다. '어! 아까 분명히 버리고 쓰레기봉투를 묶었는데?' 당근을 먹으면 주황색 똥을 싸고 녹색 채소를 먹으면 녹색 똥을 눈다는 달팽이는 녹색 창자가 투명하게 들여다보였다. 녹색 배추를 먹었기 때문일 것이다. 하지만 쓰레기봉투에서 기어 나와 물기가 없는 곳에 얼마나 있었는지 민달팽이의 등은 금방 갈라질 것처럼 바싹 말라 있었다. 민달팽이는 아주 조금씩 천천히 움직이고 있었다. 녹색 찬란한 배추밭에서 민달팽이는 얼마나 행복했을까. 연하고 보드라운 배춧속은 먹어도 먹어도 새로 올라와서 먹을 것은 지천이다. 아침이슬과 적당한 빗물이 촉촉이 몸을 적셔주었을 것이다. 그런데 배춧잎에 붙어서 긴 여행을 하고 전혀 낯선 곳으로 옮겨진 것을 알고는 얼마나 슬프고 무서웠을까. 문득 며느리가 될 아이의 모습이 떠올랐다.

조그맣고 가녀린 아이는 낯선 곳에서 얼마나 두려움에 떨렸을까. 그래서 고개를 푹 숙이고 내 얼굴을 바로 보지도 못했을 것이다. 자기 집에서는 귀하디귀한 딸이 분명하다. 귀여움과 사랑을 한 몸에 받으며 자랐을 아이가 낯선 곳으로 오려고 마음먹었다. 그랬는데 어른인 내가 오히려 새로운 만남에 대한 두려움을 피하려고 했다. 그리고 되지도 않은 어깃장을 놓으며 억지를 부렸다. 두 사람이 사랑하고 그 사랑이 결실을 보려고 하는데 칭찬은 해주지 못하고 막으려고만 했던 내가 어리석었다. 어쩌면 내가 아이들보다 철부지였는지도 모른다.

손가락에 물을 적셔서 말라가는 민달팽이 몸에 살살 묻혀준다. 이제는 징그럽지도 않다. 마음을 바꾸니 눈도 바뀌었는지 생김새가 귀엽고 사랑스럽다. 이제 얼마 있지 않아 우리 집에 새 식구가 들어오게 된다. 이제는 내가 진짜 어른이 되는 것이다. 어른답게 더욱 성숙한 모습으로 며느리를 맞아들여야겠다. 그리고 그 아이가 편안한 마음으로 우리 집에 적응할 수 있도록 보듬어주고 아껴줘야겠다.

싱싱한 배춧잎 위에 민달팽이를 올려놓는다. 달팽이는 몸을 웅크리고는 잠시 꼼짝도 하지 않는다. 그러더니 더듬이를 조금씩 움직이고 온몸을 쭉 폈다 오므렸다 하며 천천히, 아주 천천히, 배춧속으로 기어들어 간다.

민달팽이 2

촉촉이 내린 봄비를 맞아서일까. 얼마 전에 솎아내어 쌈 싸 먹었던 상추는 어느새 잎을 여러 개 키워놓고 누군가를 기다리고 있다. 봄바람을 빌려 나를 향해 손짓하고 있어, 당연히 거기에 답한다. 연한 상춧잎이 부러질세라 조심스레 하나씩 따는데, 뭉클하면서도 끈적끈적한 무엇이 손에 닿았다.

"어, 이게 뭐야!"

민달팽이가 손에 닿는 촉감이었다. 이젠 놀라지 않을 만큼 여러 번의 경험으로 안다. 그래도 손에 닿는 이물감은 여전히 인상을 쓰게 한다.

어느 날 작은아들이 사진 한 장을 내밀었다. 군대 다녀와 복학한 지 얼마 지나지 않았을 때였다. 풋사과 같은 얼굴의 여자아이가 그곳에 있었다. 아들은 어떠냐고 다짜고짜 물었고, 나는 괜찮은 것 같다고 했다. 아들은 자기 여자 친구를 사진으로 선보인 것이었다.

그런 일이 있고 6년이 지나 작은아들이 결혼해야겠다고 했다. 아가씨는 우리 집 행사에 가끔 참석했다. 여름휴가나 명절 때면 가족은 아니지만, 가족처럼 함께 시간을 보내기도 했던 터라 진작부터 둘째 며느리라 여기기도 했었다. 아들의 나이가 서른이나 되었고 직장이 있으니 결혼한다고 해도 찬성했으면 했지, 반대할 이유는 전혀 없었다.

며느리가 될 아이는 처음에 내가 느낀 인상 그대로였다. 성격이 명랑해서 같이 있는 사람을 즐겁게 했다. 이야기의 소재를 꺼내 대화가 끊어지지 않게 분위기를 조절할 줄도 알았다. 거기다가 나는 키가 작은데 키가 훤칠해서 보기에도 좋았다.

이런 아이가 내 며느리가 된다니 더 이상 바랄 것이 없었다. 그런데 결혼이라는 인륜지대사에는 참 여러 가지가 얽히고설켜 있다는 걸 새삼스레 깨닫곤 한다. 그것은 신혼집을 얻는 일이었다. 큰아들은 사택이 있어서 살림살이만 마련해서 신접살림을 시작했다. 큰아들 결혼시킬 때 고민하지 않았던 일이 걱정거리로 닥쳤다.

작은아들의 신혼집은 간단하지 않았다. 아니, 우리 부부는 간단하게 생각했었다. 아들이 중국에 파견 근무하러 곧 떠나야 하고, 며느리 될 아이가 직장 생활하고 있으니 작은 원룸 얻어 간단한 살림살이만 장만해서 신접살림하면 될 것 같았다. 그런데 아들의 말은 그게 아니었다. 며느리 될 아이는 집을 꼭 사고 싶어 한다고 했다. 너무 뜻밖이어서 잠시 할 말을 잃었다. 그때부터 우리 부부와 며느리 될 아이 사이에서 아들은 공처럼 이리저리 차이기 시작했다.

아들에게 금방 우리나라로 들어올 수 있냐고 물었고, 한 번 나가면 2·3년이나 길면 5년까지 걸리니 그럴 수 없다고 했다. 결혼 후 며느리가 계속 직장에 다닐 거냐고 물으니까 그것도 아니었다. 아들 따라 중국에 들어갈 수도 있다는 것이었다. 고작 몇 개월 살자고 집을 사고 살림살이를 마련하느냐고, 조금 살다가 집을 비워두고 갈 것 아니냐며, 설득하려고 했다. 중국에 살다가 우리나라에 들어올 즈음에 집을 사도 늦지 않느냐고 했지만, 요지부동이었다. 며느리 될 아이를 이해할 수가 없었다.

이해할 수 없었지만, 그 아이의 말대로 하기로 했다. 마음 한구석에는 집을 꼭 사야 할 일은 아닌데, 라는 잡풀 씨가 자꾸만 싹을 틔우며 올라왔다. 그렇다고 이제 막 새 가족의 일원이 되어야 한다는 긴장감 속에 있을 아이에게 대놓고 내 속마음을 털어놓으며, 이해할 수 있도록 말하라고 하지도 못하고 답답했지만, 집을 알아보러 다녔다.

며느리 될 아이는 집 달팽이가 되고 싶었을까. 민달팽이는 등에 집을 지고 다니는 달팽이와 달리 집이 없다. 그래서 상처가 더 잘 생길 것이다. 밭에서 푸성귀를 취하다가 종종 민달팽이가 손에 닿을 때가 있다. 손에 닿기 전에 눈에 뜨여 옆으로 살살 털어낼 수 있으면 좋으련만. 그러면 나도 놀라지 않을 것이고, 민달팽이도 그 여린 살갗에 무엇인가 닿는 두려움에 떨지 않아도 될 텐데.

아들이나 딸은 핏줄로 맺어졌다. 이와 달리 며느리나 사위는 관계로 이어진 사이다. 아들과 딸은 태어날 때 이미 자식이지만, 며느리나 사위는 어른으로 성장한 후에 자식으로 만난다. 아들이나 딸과 달리 며느리나 사위는 자식이기는 하지만 오묘하면서 특이한 것 같다. 아들과 딸은 부모에게 싫다거나 밉다는 감정을 솔직하게 내놓는다. 그러다가 아무렇지 않게 희희낙락한다. 어떤 말을 해도 서로 상처받지 않는다는 강한 유대감이 있다. 혹 상처를 입어도 금방 치유된다. 거기에 반해 며느리나 시부모, 사위나 처부모는 부모와 자식 간이지만 왜 그리 거리가 멀게 느껴지는지 모르겠다. 서로를 배려해서 상처 주지 않으려고 노력하지만, 오히려 쉽게 상처 입는 것 같다.

서로 살아온 환경이 다르고 자라온 부모가 다른 상태에서 내 자식과 다르기 때문에, 혹은 내 부모와 달라서 어려워하는 것은 아닐까. 그렇다면 전적으로 오래 산 사람이 이해하고 포용하는 것이 맞는 것 같다. 그 아이는 훤하고 큰 집을 원했다. 자라면서 먼 훗날 어떤 집에서 살고 싶다는 꿈을 꾸었는지, 집을 보러 다니면서 마음에 드는 집을 이야기하기도 했다. 나도 만족하고 며느리 될 아이도 만족하는 아주 넓지는 않지만, 남향으로 난 적당한 아파트를 계약했다.

민달팽이는 집 없이 살아가야 하지만, 우리 며느리는 이제부터 단단한 껍질과도 같은 집, 바람과 폭우를 막아줄 수 있는 든든한 바람막이를 갖게 될 것이다. 그리고 온종일 해가 들어오는 집에서 더 나은 내일을 꿈꾸며 살기를 바란다.

민달팽이가 기어가는 꿈을 꾸는 다음날은 반가운 손님이 올 수도 있다는데, 오늘 밤 꿈에 민달팽이가 나타나면 좋겠다. 아들과 며느리 될 아이를 볼 수 있게.

금쪽이 하나

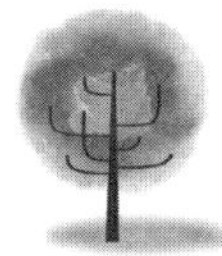

서현이 안녕!

첫 생일 축하해.

따사로운 봄볕에 연분홍 진달래가 활짝 웃고 있어. 산들산들 봄바람에 노란 산수유가 춤을 추기도 하고 눈길 닿는 곳마다 꽃이야, 조금 고개를 돌리면 물오른 버들강아지가 싹을 틔우는 것이 보여.

저마다 아름다움을 자랑하는 꽃들이 피어나고, 졸졸 흐르는 냇물은 봄볕을 받아 즐겁게 노래를 부르는 계절에 태어난 우리 서현이. 벌써 일 년이 지나 돌이 되었구나.

봄꽃 같은 서현이, 누구를 닮았을까? 물론 아빠와 엄마를 닮았겠지. 그럼 아빠와 엄마는 누구를 닮았을까? 아빠는 아빠의 아빠 엄마를 닮았고, 엄마 역시 엄마의 아빠 엄마를 닮았겠지. 그리고 그 위로 거슬러 올라가면 먼 과거로부터 깊은 뿌리를 가진 소중한 사람이 서현이란 걸 알게 되지. 깊고 깊은 뿌리와 튼튼하고 강한 줄기를 가진 가지에 맺힌 꽃봉오리 서현이가 미래에는 얼마나 아름다운 꽃으로 피어날까.

튼튼하고 강한 줄기를 가진 나무에서 피는 꽃은 아름다워. 아름다운 꽃은 많은 사람의 사랑을 받게 된단다. 사랑받기 위해 태어났고, 사랑받아 마땅한 우리 서현이. 언제나 가슴 가득 사랑을 간직하길 바란다. 그리고 훗날 사람들에게 받은 만큼 넉넉한 사랑을 주는 사람 되기를.

많은 사람의 관심을 받는 우리 서현이, 사랑스러운 네가 한 번 웃을 때마다 여러 사람을 웃게 만들고, 너의 울음소리는 여러 사람을 안타깝게 하기도 한단다. 서현이는 우리 집에서 어떤 존재일까? 물론 서현이는 태어나기 전부터 집안의 소중한 존재였어. 우리는 서현이가 태어날 날을 손꼽아 기다렸단다. 어떤 모습으로 만나게 될지 상상도 많이 했지. 그뿐이 아니라 집안의 모든 친지도 서현이 태어나는 것에 관심이 많았어. 관심을 많이 받고 세상에 나온 우리 아기. 하루가 다르게 무럭무럭 잘 자라고 있어서 대견하단다. 태어난 지 벌써 일 년이 되었구나. 서현이가 울고 웃으며 자라는 모습은 가슴에 깊이 자리 잡아가고 있단다. 앞으로도 서현이가 자라는 모습은 할아버지 할머니의 큰 재산으로 쌓일 거야.

아무도 못 말릴 정도로 우리 서현이는 호기심이 많은 것 같아. 지난번 할머니 집에 왔을 때 너무나 놀란 일이 있었어. 우리는 모두 음식점에 갔었지. 불판에서는 꼬리를 흔드는 장어 고기가 익어가고 있었어. 너는 모든 것이 신기해서 무엇이든 만지고 싶었나 봐. 엄마가 쥐여 준 상추가 싫증이 났을 무렵 할머니 앞에 있는 소스 접시가 눈에 들어왔는지, 망설임도 주저함도 없이 너는 손을 뻗었어. 위험을 느낀 할머니가 접시를 치우는 순간 너는 더 위험한 길로 가고 있었어. 뜨겁게 달구어진 불판 가장자리에 손을 대고 말았던 거야. 아찔한 순간이었어. 할아버지는 놀라서 소리 지르고, 그 외의 사람들은 너를 바라봤지. 죽을 만큼 고통스럽게 서현이가 울었지만, 대신 아플 수 없어서 마음이 무척 아팠단다. 서현이의 호기심 때문에 모두가 집중하고 조심했지만, 결과는 서현이의 울음이었어. 이틀이 지나 서현이 손이 완전히 나았다는 소리를 들은 후 마음이 놓였지만, 그날의 우리 깨달음은 서현이가 자랄 때까지 식당에서건 집에서건 고기를 구워 먹을 때에는 더욱 더 조심해야겠다는 것이었단다. 심지어 서현이가 어느 정도 자랄 때까지 고기를 구워 먹지 말아야겠다고 하기도 했어.

호기심으로 인해 때로는 조금 다치기도 하고 조금 아플 때도 있겠지만, 할머니는 서현이가 호기심이 많은 소녀로 자라길 바란단다. 그래서 봄이 되면 꽃은 왜 피어나는지, 가을에 떨어졌던 나뭇잎이 어떻게 봄에 다시 돋아나는지 등 많은 질문을 했으면 좋겠어. 그리고 끝까지 답을 찾기 위해 노력하는 사람이면 좋겠어. 보이는 모든 것에 궁금해 하고 궁금한 것에 대한 답을 찾기 위해서 노력하는 그런 서현이로 자라길 할머니는 바라본다. 사물을 만지며 느끼고 싶어 하는 호기심은 지적 호기심으로 큰 사람이 되게끔 영양분이 될 거야.

사랑받고, 사랑할 줄 아는 아이. 호기심이 많은 소녀. 그런 사람이길 바라. 그리고 미래의 서현이는 자립심이 강하고 독립심이 강한 여성으로 성장하길 바란다.

서현이의 돌날을 맞아 할아버지 할머니는 서현이에게 무한한 사랑을 보낸다. 서현이가 어른이 될 때까지 지켜볼 수 있을지 모르지만, 서현이 오늘의 모습을 간직할 거야. 건강하고 또 건강하게 자라길 바라면서.

금쪽이 둘

현우가 태어난 지 어느새 일 년이 되었네.

1년 전 그날이 생각난다. 산과 들의 봄기운이 현우가 태어나는 것을 축하해 주었고, 봄꽃들이 현우가 세상에 나오는 것을 반기며 활짝 웃어주었지. 살아있는 모든 것의 축복을 받고 아름다운 4월에 태어난 현우, 생일 축하해.

현우는 할아버지 할머니에게 두 번째 손주이면서 첫 번째 손자란다. 할머니는 현우가 태어난다고 한 예정일 일주일 전에 현우네 집에 갔단다. 현우가 태어나면 축하해 주려고. 할머니는 현우 엄마를 데리고 집 주변을 산책하기도 했지. 집 주변에 야트막한 산에는 봄꽃이 활짝 피어 있었어. 현우 엄마와 할머니는 꽃 이야기도 하고 뱃속에 있는 아기 이야기도 하면서 매일매일 즐겁게 지냈단다. 엄마가 운동하면 건강한 아기가 태어난다고 하니까 현우 엄마는 시간만 나면 걷기 운동을 했어. 그런데 예정 일이 되어도 아기가 엄마 배에서 나오지 않아 조금 걱정했단다. 그런데 예정일 이틀이 지나 현우 엄마 배에 기별이 왔어.

태어나는 아기를 축하해 주기 위해서 마침 작은 아빠와 작은엄마도 현우네 집에 와 있었어. 온 가족이 저녁을 먹은 후 즐겁게 이야기하고 있을 때, 현우 엄마가 배가 아프다고 했단다. 현우가 이제 밖으로 나오겠다고 신호를 보냈던 모양이야. 엄마는 안방 침대에서 진통을 시작했어. 그 모습을 지켜보는 현우 아빠와 누나는 가슴이 아팠을 거야. 아빠와 누나는 엄마와 같이 있었거든. 우리는 모두 거실에서 현우가 무사히 태어나길 기다리며 현우 엄마의 아픔을 함께하고 있었지. 밤 열한 시가 넘어서 엄마는 아빠와 함께 산부인과에 갔단다. 현우가 곧 세상에 나올 것 같았기 때문이야.

그때 문득 할머니는 현우 아빠를 낳을 때가 생각나는 거야. 할머니는 아빠가 나오려고 기별을 보내왔을 때, 경운기를 타고 병원에 갔단다. 현우가 이해할지 모르겠다. 아무튼 할머니는 현우 아빠가 태어날 때의 기억이 떠올랐어.

병원으로 간 지 얼마 지나지 않아서 아빠한테서 연락이 왔어. 건강한 아들이 태어났다고. 모두 현우가 세상에 무사히 태어난 것을 진심으로 기뻐하며 축하했지. 할머니는 한 달 정도 현우와 현우 엄마를 보살피다가 할아버지가 있는 동해로 왔어.

그러고 얼마 지나지 않아 현우 아빠한테서 전화가 왔어. 현우 엄마가 병원에 입원하게 되었다고 말하는 거야. 할아버지와 할머니는 허겁지겁 현우네 식구가 있다는 병원으로 갔어. 그야말로 처참한 광경이었단다. 네 엄마는 아파서 고통스러워하고 누나는 겁에 질려서 울고 있고, 네 아빠는 아픈 엄마와 너희들을 보살펴야 해서 정신이 빠진 것처럼 보였단다. 그런 와중에 너를 아빠한테서 받아 안았지. 그때 현우는 아무것도 모르고 방긋방긋 웃었던 것 같다.

그래서 현우 엄마가 퇴원할 때까지 현우를 할머니가 보살피게 되었어. 현우 엄마는 태어난 지 며칠 되지 않은 현우를 할머니에게 맡기고 병원에 있을 때 많이 힘들었을 거야. 그런데 현우는 할머니가 주는 우유도 잘 받아먹고 건강하게 자라줬어. 정말 고마웠단다. 현우가 어른들이 걱정하는 것을 다 아는 것 같았어.

현우 태어나서 50일 기념사진을 찍어야 하는데 엄마가 병원에 있어서 할머니가 현우를 안고 사진관에 갔단다. 목도 못 가누는 아기를 이리 놓고 저리 놓고 사진을 찍는 걸 보고 할머니는 마음이 편치 않았단다. 그리고 현우도 속이 불편했는지 먹었던 우유를 토하기도 했어.

그렇지만 시간이 지난 후에 그때 찍은 현우의 50일 사진을 보니까 잘했다 싶었어. 현우가 조금 토하기는 했지만, 비교적 사진을 잘 찍었고, 그때 현우의 귀엽고 예쁜 모습이 사진으로 남아있어서 좋았단다.

이렇게 모든 사람의 축하와 사랑을 받으며 세상에 태어난 현우, 언제 보아도 사랑스러운 우리의 손자. 할아버지와 할머니는 현우가 건강하게 잘 자라기를 바랄 뿐이란다. 또 바람이 있다면 어떤 상황이 된다고 해도 웃으면서 긍정적으로 현실을 받아들이는 사람이 되었으면 하는 거야. 그리고 현우가 많이 웃고 주위에 있는 사람들에게 항상 기쁨을 줄 수 있는 사람이면 정말 좋겠어. 엄마 얼굴을 보고도 할머니와 눈 맞출 때도 항상 방글방글 웃는 우리 현우, 태어나서 처음 생일인 첫돌을 진심으로 축하한다.

금쪽이 셋

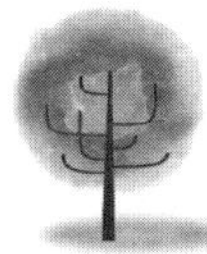

현진아, 첫 생일 축하해!

현진이 생일이 다가오니까 그런 건지, 너를 만나러 갈 날이 얼마 남지 않았다고 생각해서 그런지 요즘 들어 현진이가 더 많이 보고 싶단다.

바닷가를 걷다가 조그마하고 귀여운 조개껍데기가 눈에 띄었는데, 현진이와 닮은 것 같아서 가지고 왔단다. 요즘엔 예쁘고 귀여운 것만 보면 현진이처럼 귀엽다거나 현진이처럼 예쁘다고 말하게 된단다.

할아버지 할머니의 둘째 아들의 첫째 아들로 태어난 현진이가 우리에게 오기 전에 아기가 태어나면 이름을 무엇으로 지을까 고민하던 때가 생각나는구나. 가족이 모두 의견을 내놓았고, 조그마하고 귀여운 아기에게 현진이라는 이름을 붙여주었단다. 현진이를 사랑하는 모든 사람은 현진이를 불렀고, 이제는 현진아! 하고 부르면 고개를 돌릴 만큼 똑똑해졌어.

일 년 전 현진이가 태어나던 때로 거슬러 올라가 볼까. 현진이는 세상 구경을 빨리하고 싶었나 봐. 현진이는 예정일보다 빨리 세상에 태어났단다. 현진이가 태어났다는 연락을 받고 할아버지 차를 타고 천안에 있는 병원에 갔지. 아기 포대기에 싸인 현진이를 처음 봤을 때 느낌은 너무 조그마하다는 거였어. 아주 조그마한 아기가 입을 오물거리면서 무엇인가를 먹으려고 했어. 저렇게 조그마한 아기가 무슨 힘이 있어 엄마 젖을 빨아 먹겠느냐는 걱정도 했단다. 그래서였는지 현진이는 병원에 자주 갔단다. 태어나서 두 달 정도 되었을 때 현진이 아빠 전화를 받고 병원으로 달려갔단다. 조그마한 네 몸에 주삿바늘이 꽂혀 있는 걸 보고 할머니는 울음을 멈출 수가 없었어.

그 후에도 현진이는 병원 응급실에 입원했다가 퇴원하기를 반복했지. 현진이가 자라면서 계속 아플까 봐 걱정을 많이 했단다. 다행히 한 달 두 달 지나면서 병원에 가는 횟수가 줄어들었어. 할머니는 하느님에게 감사하는 마음을 가졌단다. 물론 현진이를 보살피고 잘 길러주는 현진이 엄마에게도 고마운 마음이지.

영상통화 하면서 깜짝 놀란단다. 태어난 지 일 년도 되지 않은 현진이가 잘 걸어 다니고, 귀엽고 깜찍한 입에서 맘마, 엄마, 아빠라는 말이 나오기 때문이야. 정말 신기했어. 치아도 다른 아기들보다 빨리 났지. 걷기도 빨랐고 말까지 빨리하려고 해. '현진이는 정말 똑똑하구나'라는 말이 절로 나온단다. 그런 현진이를 빨리

보고 싶구나.

목이 말라서 물을 마시지만, 시간이 지나면 또 목이 마르는 것처럼 현진이를 만나서 보고도 헤어지면 또 보고 싶고, 영상통화를 하고 나면 더 보고 싶단다. 그 이유는 아마 현진이가 태어났을 때 한 달 동안 안아주고 업어주고 목욕시켰기 때문일 거야. 현진이가 자라서 어른이 된다고 해도 할머니는 그때의 그 느낌 그 감동을 잊지 않을 거야. 며칠 후면 현진이 돌이라, 그날 우리 만날 수 있겠다.

우리 서로 건강하고 재미나게 지내다가 현진이 돌 잔치하는 날에 만나자.

현진이 첫 번째 생일 축하해.

곰쪽이 넷

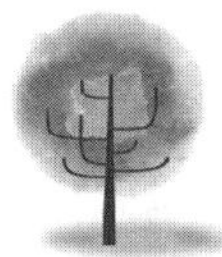

사랑하는 손자 우진이, 안녕!

하늘에 두둥실 떠오른 해님이 우리 우진이가 방그레 웃을 때처럼 활짝 웃어주니 겨울이 산 너머로 바쁘게 도망가는 것 같아. 오늘도 우진이는 엄마에게 재롱부리며 잘 놀고 있겠지.

겨울이라는 계절이 우리의 몸을 웅크리게 했지만, 어느새 봄이 다가오고 있어. 산으로 도망간 겨울 때문에 높은 산은 하얀 눈 속에 덮여있지만, 해님이 웃어주는 양지쪽에는 파란 새싹이 보여. 나뭇가지에는 꽃망울이 우진이 손가락 마디만큼 자라났어. 가만히 있어도 해님의 따사로움으로 봄이 오는 걸 느낄 수 있지.

봄의 문이 열리는 3월에 우진이가 태어났기 때문에 보이는 모든 것에 의미를 부여하게 되었단다. 깃털처럼 따스한 햇살, 귀를 감미롭게 해주는 새소리, 보고만 있어도 가슴이 뭉클해지는 연초록 새싹, 마술 같은 힘으로 누구나 웃게 만드는 꽃, 새 힘이 불끈 돋게 만드는 경쾌한 시냇물 소리. 모든 것들이 너를 떠올리게 하지.

첫 생일인 돌날 주려고 편지 쓰는데 우진이의 갓 태어났을 때 모습이 떠올라 빙그레 웃는단다. 아주 조그마하고 건강한 아기가 얼마나 잘 생겼던지. 정말 기뻤어. 할아버지 할머니의 사랑하는 아들의 둘째 아들로 태어난 우진이는 네 번째 손주면서 우리 가족 구성원으로 열 번째란다.

할머니는 10이라는 숫자를 좋아해. 가장 좋아하는 숫자가 무엇이냐는 질문을 받으면 망설임 없이 10이라고 대답한단다. 10은 완벽한 것 같고, 부족함이 없이 꽉 찬 느낌이야. 어쨌든 할머니가 좋아하는 10만큼 우리 가족의 숫자가 되었으니 할머니는 더 바랄 것 없이 행복해. 할머니가 좋아하는 숫자만큼 되도록 해준 우리 우진이 정말 고마워.

우진이는 천안에서 태어났지, 병원에서 퇴원하자 곧바로 동해로 왔어. 우진이 배꼽에 붙어있던 탯줄이 일주일도 지나지 않아 떨어졌단다. 그래서 목욕시키기도 쉬웠지.

태어난 지 백일이 되는 날 우진이 아빠와 엄마는 예쁘게 상을 차려서 우진이를 모델로 사진을 찍었어. 할아버지와 할머니는 옆에서 축하해 주었단다. 그리고 얼마 지나지 않아 우진이네 식구는 천안으로 갔어. 그 후 한참 동안 귀에서 우진이의 울음소리가 들리는 것 같았고, 눈앞에는 우진이의 방긋 웃는 모습이 자꾸만 떠올랐단다.

그렇게 조그맣던 아기가 벌써 걷기도 하고 엄마 아빠를 부르기도 하니 얼마나 고마운지 모르겠다. 우진이는 첫 생일이 석 달이나 남았을 때 넘어지지도 않고 잘 걸었어. 이제는 다른 사람이 전화하는 모습을 보고 흉내를 내기도 하지. 귀에다 손을 대고 전화하는 것처럼 하는 우진이 몸짓이 귀여워서 할머니는 웃음을 멈출 수가 없어.

우리 우진이는 3월에 태어났지. 3월은 겨울 동안 얼어붙어 있던 땅에서 새싹이 힘차게 올라와 파란 잎을 피우는 봄이란다. 앙상한 나뭇가지에 물이 오르고 꽃망울이 맺히고 이어서 꽃이 활짝 피기도 한단다. 우리 우진이도 3월의 기운을 받아서 건강하고 씩씩하게 잘 자라리라 믿어.

아기의 몸은 엄마의 젖을 먹고 자라고 아기의 마음은 사랑을 먹고 큰단다. 우리에게 온 네 번째 손주에게 너를 아는 모든 사람은 한없는 사랑을 줄 거야.

이 세상에 있는 그 어떤 것을 주어도 아깝지 않을 우리 우진이, 첫 번째 생일을 축하한다.

엄마의 항아리

새로 지은 집이라 지금은 흔적도 없지만, 옛날 친정집을 생생히 기억한다. 정남향으로 마주하는 집은 바깥마당과 안마당이 있고, 안채와 사랑채는 흙 담장으로 나뉘어 있다. 안채로 들어가려면 나무 대문을 통해서 갈 수 있다. 안마당에 들어서면 맨 왼쪽에 나락을 넣어두는 뒤주가 있다. 뒤주 오른쪽에는 열 때마다 삐거덕 소리가 나는 검게 그을린 커다란 문이 있는 부엌이 있고 그 옆으로 마루가 있다. 마루는 방 세 칸을 연결하는 통로이기도 했다. 부엌에 붙은 안방, 아주 조그마하고 은밀한 방인 샛방, 그리고 가장 크고 환한 사랑방은 마루를 통해서 다닐 수 있다.

집의 둘레에는 여러 과실 나무가 있어 식구가 여럿인데도 철철이 과일을 푸짐하게 먹을 수 있었고, 뒤꼍과 마당에는 계절마다 다른 얼굴의 꽃들이 피어 있어서 봄부터 늦은 가을까지 꽃과 이야기를 나눌 수 있었다. 엄마가 가꾸어 놓은 꽃 중에 세 가지가 기억에 뚜렷이 남아있다. 사랑방에서 가장 가까운 담장 뒤쪽에는 고욤나무와 호두나무가 지붕에 그늘을 드리워주었다. 고욤나무와 호두나무 사이에는 나리꽃 풀이 빼곡하게 잎을 나풀거리고 있었다.

우리가 난초라고 부르던 나리는 어느 날 보면 꽃이 활짝 피어 있다가 어느 때는 파란 잎이 무성했다. 그 옆에는 수국이 솜사탕처럼 몽실몽실 탐스럽게 피어 있었다. 지붕과 큰 나무 때문에 그늘이 많고 볕이 조금밖에 들지 않아도 꽃은 정말 예쁘게 핀다. 그럴 때면 꽃을 보려고 나는 뒤꼍을 들락거렸고, 숨바꼭질할 때면 꽃 옆에 가서 가만히 있기도 했다. 요즘에 나리꽃이나 수국을 만나면 어린 시절 숨바꼭질할 때 뒤꼍에서 만났던 꽃을 보는 것처럼 반갑다. 가을날 마당 한쪽에서 활짝 피어나는 국화는 엄마의 친구였다. 엄마는 우리보다 꽃들과 대화가 더 잘 통하는 것 같았다. 꽃에 다정하게 말하는 엄마의 얼굴은 꽃보다 더 환하게 보이기도 했다. 대답하지 않는 꽃들과 뭐가 그리 즐거울까 궁금하기도 했지만, 지금에서야 그때의 엄마 마음이 어땠는지 조금은 이해가 된다.

호두나무에서 몇 발짝 떨어진 곳, 그러니까 뒤란을 돌아 나오면 뒤주 옆 장독대 위에 노란 감꽃을 떨어트리는 감나무 두 그루가 있다. 감나무 아래에서 감꽃을 주워 먹으며 주위에 있는 이름 모를 화초들에 마음을 뺏길 때도 있었다. 안채를 한 바퀴 돌고 작은 대문을 나서면 왼쪽에 아래채가 있다. 아래채에는 방이 하나 있다. 이 방에는 주로 손님들이 머물렀다. 외양간에서 소죽을 끓이면 방바닥이 뜨뜻했다. 화장실과 잿간이 외양간과 이어 있다. 바깥마당을 감싸고 있는 담장을 빙 둘러 열매를 달고 있는 나무가 나란히 서 있다. 자두나무 두 그루와 밤나무 그리고 바깥 대문 옆에는 살구나무가 있다. 모든 과실 나무에 어쩌면 그렇게 풍성한 열매가 달릴 수 있었을까, 지금 생각해도 신기하다.

장맛비가 그치고 나면 파랗게 설익은 자두를 매단 가지들이 뚝뚝 부러져 있었다. 풋과일이지만 먹을 것이 귀하던 때라 아이들은 혹 하나라도 주워 먹겠다고 나무 밑으로 몰려들었다. 엄마는 고무대야를 가져와서 부러진 나무에 있는 자두를 따 담았다. 그리고 가져가고 싶은 만큼 가져가라고 인심을 썼다. 그럴 때면 나는 왠지 우리가 부자가 된 기분이 들었다.

유독 우리 집에는 과실 나무가 많았다. 이유는 부지런한 엄마와 아버지가 자식들을 위해 심어 놓았기 때문일 것이다. 정말 그랬다. 평소에는 먹을 걸 조금이라도 더 얻으려고 눈을 부라리다가도, 살구가 노랗게 색깔이 변해 몰랑몰랑해지는 한 여름의 어느 때가 되면 이웃들과 나누기도 한다. 또 자두가 주먹만 하게 익고 감이 빨개지고, 호두 껍데기가 단단해지는 가을날이나 고욤이 달콤하게 익어가는 겨울의 한밤에 우리 남매는 더할 수 없이 마음이 너그러워진다. 먹을 것을 양보할 때가 이때이다.

엄마는 준비성이 많은 사람이었다. 그만큼 엄마는 비밀도 많았다. 엄마만 아는 비밀 장소는 얼마 지나지 않아 우리 여섯 남매에게 들켜버리기 일쑤다. 아버지가 큰돈을 가지고 오시면 장롱 안의 잘 덮지 않는 이불속에 넣어둔다. 잔돈이 생기면 안방으로 들어오는 높은 곳에 매달아 놓은 복조리에 넣어둔다. 우리 여섯 남매는 엄마가 돈을 어디에 넣어 두는지에 관심이 없다. 그러나 딱 한 곳에는 언제나 눈길이 갔다.

엄마는 시장에 다녀올 때면 항상 엿을 사 왔다. 보름달처럼 둥글고 커다란 엿을 여러 조각내서 제비가 새끼에게 먹이를 주듯 한 조각씩 입에 넣어 준다. 그리고는 남은 것은 비닐에 싸서 누런 돌가루 종이에 둘둘 말아 액자 뒤나 창호지 문 뒤쪽에 넣어 둔다. 여섯 남매 중에 언제 떼쓰는 자식이 있을지 몰라 그때 쓰려는 것이다. 엄마가 시장 다녀오고 얼마 지나지 않아 액자 뒤에서 누런 눈물이 흘러내린다. 엄마는 그것을 잊어버리고 있는 것이 분명하다. 발견한 사람이 꺼내 먹어버리면 그만이다. 그러나 딱 한 곳은 아무도 몰랐다. 그 일이 일어나지 않았다면 지금까지 몰랐을 것이다.

부엌은 엄마만의 공간이었다. 부엌에서도 안쪽으로 들어가야 하는 곳. 적은 양의 빛도 들어오지 않는 캄캄한 고방이다. 나도 그곳에 들어간 적은 있었다. 엄마가 혹 먹을 걸 숨겨두지 않았을까 해서였다. 그곳은 너무 어두웠고, 손에 닿는 것은 바닥을 드러내고 있는 항아리뿐이었다. 엄마 외에는 누구도 들어가지 않으려 하는 곳이었다. 그런데 겁도 없이 불청객이 들었다.

큰언니 친구인 그녀는 우리 집이 비었다는 것을 알고 엄마 외에는 아무도 들어가지 않으려는 그 고방에 들어갔다. 고방에는 먹을 것도, 재미난 장난감도 없는데 그 언니가 왜 거기 갔을까. 그런데 그곳은 정말 엄마만 아는 은밀한 항아리가 있었다. 우리 식구도 모르는 것을 그 언니가 어떻게 알았을지 그건 모르겠다. 아무튼 그녀는 우리 고방에 들어와서 그 컴컴한 곳에서 용케도 하얀 쌀이 소복이 들어 있는 엄마의 비밀 항아리를 찾아냈고, 그곳에 있는 쌀을 몽땅 털어서 가지고 가려 했다. 마침 그때 엄마하고 아버지가 논에서 돌아왔고, 아버지는 씻으려고 우물에 가고 엄마는 점심을 준비하려고 부엌으로 들어서는 찰나였다.

엄마는 어려운 살림을 하면서도 쌀을 저축했다. 넉넉한 살림이 아니어서 항상 먹을 것이 부족했고, 더구나 쌀은 더 귀했다. 열이 밥이라면 여덟아홉은 잡곡이었고, 겨우 한둘만 쌀이었다. 그 귀한 쌀을 한 줌 아니면 반 줌이라도 때마다 덜어내서 항아리에 모았다.

나도 은연중에 엄마를 닮아가고 있었던 것일까. 남편이 매달 받아오는 월급에서 팔 할을 저금했다. 그 덕분에 작은 집을 사서 이사할 수 있었다. 나름대로 정착했으니 이웃과 정을 트며 살고 싶었다. 그래서 만난 이웃이 생활비가 없다며 빌려 갔다. 빌려 달라는 돈의 액수가 점점 커졌다. 우리보다 큰 집에 사는 그들이었고, 씀씀이가 넉넉해 보여서 돈을 못 받으리라는 생각은 한 번도 하지 않았다. 하지만 어느 날 억장이 무너지는 소리를 했다. 눈물도 나지 않았다.

그녀는 돈 받는 것을 포기하든지 시가보다 빚이 많은 집을 가지든지 마음대로 하란다. 배짱도 그런 배짱이 없다. 지금까지 가까이 지내며 밥도 같이 먹고 가끔 두 부부가 만나서 술도 한 잔씩 나누던 사람들이 맞나 싶은 정도로 낯설었다.

어쩔 수 없이 이사할 수밖에 없었다. 넓은 집으로 이사 가려고 돈을 모으는 거 아니었던가. 그 집이 우리가 사는 집보다 넓기에, 자구책으로 내린 결론이다. 어릴 때의 일이 떠올랐다. 그 언니에게 가지고 갈 만큼의 쌀을 주어서 보낸 엄마에 대한 기억이 새롭다. 누구에게도 그녀의 죄를 발설하지 않았던 엄마이다. 다만 우리에게 먹을 게 없더라도 남의 것을 탐내서는 안 된다는 교훈을 줄 때만 이야기했다.

엄마는 열심히 살았으며 알뜰했다. 그러면서도 베푸는 것에는 인색하지 않았다. 동네 어귀에 우리 집이 있어서인지, 엄마의 인심이 후해서였는지, 동네를 들며 날며 들어오는 사람이 많았다. 엄마는 빈 입으로 그들을 보내지 않았다. 무엇이든 사람들과 나누는 것을 즐겼다. 내가 결혼한 후 시댁에서 첫 친정 간다고 귀한 포도를 주셨다. 제법 많은 양이었음에도 이틀 가지 않아 동이 났다. 친척들에게 나누어주고 동네 사람들과 함께 먹었다. 풍족하지 않은 살림살이임에도 엄마는 어떻게 그런 넉넉한 마음을 가질 수 있었을까.

엄마에게 항아리에 쌀이 가득 차면 어떻게 했냐고 물은 적이 있다. 자식들 잘되라고 기도드리러 갈 때 가지고 갔노라고 했다. 어려운 살림살이에도 자식들 먹을 것에 정성을 다했고, 자식들 잘되라고 기도하는 데에 온 마음을 다했던 엄마. 만약 엄마에게 내 이야기 했더라면 뭐라고 했을까. "니 복이 그만한 모양이다. 고만 잊어버려라"라고 하실 것 같다.

나는 어떤 항아리에 무얼 저축하며 사는 걸까. 엄마만큼 살고 있는지, 나이를 먹을수록 엄마의 발자취를 더듬게 된다. 어쩌면 나는 욕심에 눈이 멀어 텅 빈 항아리를 부둥켜안고만 있는 건 아닐까. 이제부터라도 엄마처럼 항아리 하나 세워놓고, 의미 있는 무엇인가로 채우는 삶을 살아야겠다.

아직도 못다한 이야기

아직도 못 다한 이야기

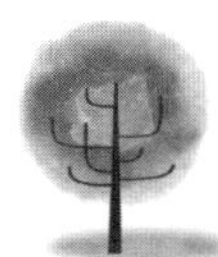

얼마 전에 고향에 갔습니다. 선산도 없고, 묘도 없지만, 부모님이 그리울 땐 자매들과 만남을 약속하고 기차를 타고 갑니다. 부모님이 살아계실 때도 마음 아팠는데 돌아가시고도 가슴이 저립니다. 어느 누가 아버지 엄마를 부를 때 아픈 울림을 느끼지 않을까요. 부모님 보내드린 강가에 서면 우리 자매들 아픔은 다른 누구보다 더합니다.

버려지다시피 보살핌을 받지 못한 부모님 묘를 아들이 없다는 핑계로 파묘하는 어리석음을 저질렀습니다. 그 때문에 엄마 말만 듣고 강가에 제 어미를 묻어놓고 비만 오면 그 무덤이 떠내려갈까 봐 걱정하는 청개구리처럼 시시때때로 가슴이 아려옵니다.

부모님 묘를 파묘하는 날이 생각납니다. 벌초하지 않은 묘는 봉분조차 보이지 않았습니다. 일하시는 분들이 풀을 베고 가까스로 작업을 했습니다. 아픔과 서러움이 북받쳐 울음도 터지지 않았습니다. 아버지 묘를 정리하고 엄마가 잠자는 집을 부수자 돌아가실 때 입혀드렸던 옷을 칭칭 감은 몸이 물 위에 둥둥 떠 있습니다. 얼마나 추웠을까. 저곳에서 벗어나고 싶어 얼마나 몸부림쳤을지 그 고통이 고스란히 전해지는 것 같았습니다. 어쩌면 이렇게라도 엄마를 그곳에서 해방해드리게 돼서 다행이라며 잠깐 위로하기도 했습니다.

화장장에서 부모님의 유골을 받아 아버지가 평소에 고기 잡고, 엄마가 매운탕 끓이던 그 거랑으로 향했습니다. 차마 강물에 뿌려지는 아버지 엄마를 볼 수 없어 나는 큰길가에 혼자 남아 먼 하늘만 바라보았습니다. 그래서였을까요. 부모님의 마지막을 보지 않았다는 죄책감에 마음이 편하지 않았습니다. 부모님을 강으로 보내드리고 일 년이 가까이 오자 그 마음은 극에 달했습니다. 부모님을 그렇게 보내드릴 수밖에 없었다는 변명을 하기 위해서라도 그곳에 꼭 가야 했습니다. 자매들에게 전화했더니 모두 같은 마음이었습니다. 그때를 계기로 일 년에 꼭 한번 부모님을 뵈러 갑니다.

기찻길 옆에는 앞 가리마 말쑥하게 타고 잔칫집 가는 어린아이 같은 모내기를 마친 논이 까르르 웃으며 나에게 인사 건네고 있습니다.

영주 역전에서 시내버스를 타고 중앙시장 정류장에서 내렸습니다. 시장에 잠깐 들렀다가 시외버스를 타야합니다. 꼭 시장이 있는 가까이에서 버스를 갈아타야 하는 이유가 있습니다. 엄마가 좋아해서 즐겨 키우시던 국화를 사기 위함입니다.

오랜만에 재회한 동생이 나보다 국화에 먼저 눈길을 보냅니다. 오늘따라 국화가 이쁘다며 찬사를 합니다. 국화 여섯 송이 아버지 엄마에게 드렸습니다. 네 송이는 물줄기 따라 유유히 떠내려가는데, 뒤에 내려가는 꽃송이가 하나밖에 보이지 않아서 다른 곳으로 떠내려간 줄 알고 주위를 살피는데 한 송이로 보이던 꽃이 몸을 살짝 돌리는 게 아닙니까. 마치 아버지 엄마 두 분이 까꿍 하며 장난스레 "우리 여기 있다"라고 하는 것처럼 말입니다. 두 송이가 어깨동무하고 나란히 하얀 나비처럼 춤추고 있습니다. 네 송이는 벌써 저만치 떠내려가고 있는데 두 송이는 가기 싫어 억지 걸음을 천천히 옮기는 부모님 마음 같습니다.

어깨동무하듯 나란히 물 위에 떠 있는 국화를 보며 떠드는 자매들의 말이 허공에서 부딪힙니다.

"아버지 엄마가 우리 모습을 더 보려고 머무는 것 같아."

"두 분이 어깨동무하고 있는 것 같지 않아?"

"저승에서 화해하셨나?"

"엄마는 지긋지긋하다고 아버지 옆에 묻지 말라고 당부했는데, 저렇게 사이좋은 모습일 리가 없지."

"아냐, 아버지 엄마는 이승에서 벌써 화해하셨어."

동생의 말에 언니와 나는 깜짝 놀랐습니다. 뒤이어 동생은 우리가 모르고 있던 이야기를 풀어놓습니다.

엄마가 돌아가시기 전에 동생에게 전한 속내를 듣는 내내 가슴이 뭉클하면서 눈시울이 뜨거워졌습니다. 아버지는 임종 직전에 엄마와 많은 이야기를 나누었다고 합니다. 두 분은 젊을 때부터 지금껏 살아온 추억을 더듬기도 했고, 자식들의 이름도 불렀답니다. 그리고 아버지가 엄마의 손을 잡고 그동안 당신이 잘못했고, 많이 미안하다는 말씀도 하셨다고 합니다.

자매들이 아버지와 엄마의 추억에 젖어 한참 수다 떨고 있을 때, 언니가 깜짝 놀라며 손가락으로 가리켰습니다. 그곳에는 국화 두 송이가 내려가지 않고 우리가 앉아 있는 주위로 다시 올라오고 있었습니다. 물줄기에 떠밀리지 않고 우리에게로 돌아오는 것 같았습니다. 신기했습니다. 우리들이 수다 떨고 있으면 우리들 옆에서 벙그레 웃으며 지켜보시던 부모님처럼 우리가 있는 옆으로 와서 멈추기까지 합니다.

물론 물줄기에 따라 두 송이가 우연히 우리가 있는 쪽으로 떠밀려 왔겠지만, 우리는 아버지 엄마가 우리 곁에 더 머물고 싶어 하시는 거라고 국화를 보며 의미를 부여했습니다. 우리가 의미를 억지로 붙이지 않아도 될 만큼 국화 두 송이는 너무나 자연스럽게 당연하다는 듯이 우리 곁에서 떠나지 않고 멈추었습니다. 우리는 아버지 엄마가 옆에서 듣기라도 하는 것처럼 아버지 엄마가 싫어하실 것 같은 나쁜 말은 하지 말자는 말도 했습니다.

아버지 엄마가 생전에 계실 때처럼 당연히 그 자리에 계신다고 믿었듯이 꽃 두 송이가 우리 옆에 있다는 것도 망각하고 주거니 받거니 한참 수다 떨다 일어나려 했습니다. 그때까지도 두 송이 국화는 떠나지 않고 그곳에서 물결 위를 살살 떠다니고 있었습니다. 언제까지 그 자리에 있을 수 없었기에 "아버지 엄마 우리 이제 가려고 해요"라는 말을 했습니다. 그러자 정말 신기하게 꽃이 방향을 바꿔 내려가는 물줄기에 합쳐졌습니다. 그때까지도 두 송이는 떨어지지 않고 어깨동무하고 있습니다. 우리를 향해 아버지께서는 '나 니 엄마한테 잘못했다고 벌써 사과했다'라 하시고 엄마는 '니들 우리 걱정하지 말고 잘 살아라'라고 말씀하는 듯했습니다. 어쩌면 이렇게 신기한 일이 있을까요.

발걸음이 떨어지지 않습니다. 우리 옆에서 우리의 말을 듣고 웃고 있던 부모님께 건네듯 다음에 또 오겠다는 인사하고, 두 송이 국화가 보이지 않을 때까지 손을 흔들었습니다.

부모님과의 작별은 몇 번해야 익숙할까요. 어쩌면 부모님은 돌아가셔도 작별이란 없는 것인지도 모르겠습니다.